喫茶去

천하조주 끽다거 기행

최석환 지음

茶의 세계

일.러.두.기

1. 이 책은 저자가 1999년부터 2020년까지 장장 20여 년간 조주종심 선사의 자취를 쫓아 동아시아 삼국을 누비며 조주의 끽다거 전승을 담은 기록으로 〈천하조주 끽다거 기행〉은 2011년 2월 18일 산동성(山東省) 칭다오(靑島)를 출발하여 조주의 고향인 린쯔시(臨淄市)의 조주(趙州) 학향(郝鄕)을 거처 안후이성(安徽省) 남전사지와 장시성(江西省) 진여선사와 조주선사가 끽다거를 전파한 허베이성(河北省) 자오현(趙縣) 백림 선사 〈조주관음원〉과 허베이성 정딩현(正定縣) 임제사와 원오극근이 주석한 쓰촨성(四川省) 소각사와 전남 화순 쌍봉란야까지 장장 16개월(2011년 2월~2012년 8월)간 월간 《차의세계》를 통해 연재한 〈천하조주 끽다거〉 기행을 중심으로 20년간 끽다거의 자취를 추적한 방대한 자료집이다.

2. 1999년 8월 〈중국 선차문화 순례단〉을 이끌고 백림선사를 찾아가 조주고불 탑전에 헌다를 올린 뒤 바람결에 조주탑전을 휘감고 그 향기가 코끝을 스쳐갔는데 그때 〈한중우의 조주고불 선차기념비〉를 세워 조주의 끽다거를 천하에 전하려 염원했다.

3. 2001년 10월 15일 중국 허베이성 자오현의 백림선사에 〈한중우의 조주고불 선차기념비〉가 건립되면서 비로소 조주 차는 천년의 향기로 되살아났다.

4. 이 책의 출간에 서문으로는 조계종 종정 진제(眞際) 스님, 중국 백림선사 방장 징후이(淨慧) 스님과 발간 축사에는 청담문화재단 이사장 동광(東光)스님, 선원수좌 대표인 의정(義正)스님, 낙산다회 회주인 홍파(泓坡)스님, 명원문화재단 김의정 이사장, 중국 축사에는 중국 저명 차인 커우단, 산동 영암사 주지 쓰훙언(釋弘恩), 남전선사 주지 중쉐에(宗學), 일본 측 축사 옥림선사 조실(玉林禪寺 祖室) 다쿠도 요시히코(啄堂是彦) 스님과 발문에는 중국 백림선사 방장 밍하이(明海) 스님 등이 참여해 조주기행 발간 의미를 축하했다.

5. 중국의 도시와 현대 인물들은 현지발음으로 표기했다.

6. 부록으로는 조주선사 행장, 조주고불당기, 한중우의 조주고불선차기념비 등을 수록했다.

7. 주석은 미주로 편집했다.

天下趙州喫茶去紀行

천하조주 끽다거 기행

최 석 환 지음

舌劍唇鎗殺活機
雄雄鏖戰破重圍
如今四海清如鏡
贏得龎眉對蒼睟
　右趙州古佛頂相
　宗乳請讚旹大德
　丁未春南嶽

조주종심선사 법상 (趙州從諗禪師法像)

조주종심선사 법상(趙州從諗禪師法像[唐代石碑柘片])

전 백양사 방장 서옹선사(前 白羊寺 方丈 西翁禪師)의 '喫茶去'

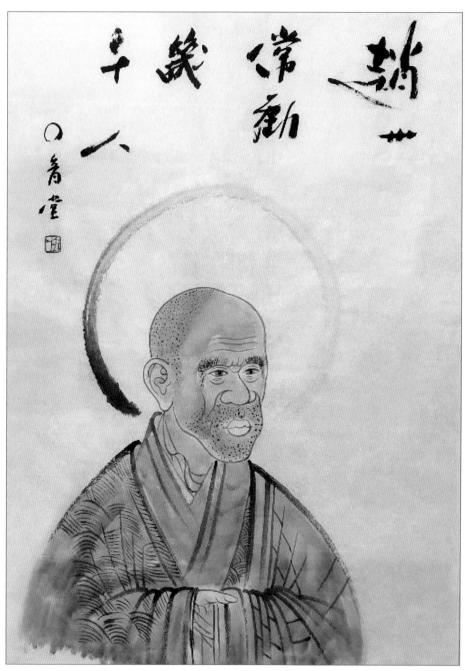

범진(梵眞) 스님이 선필로 소주화상식비 판본을 모시한 조주 선사 상(像)

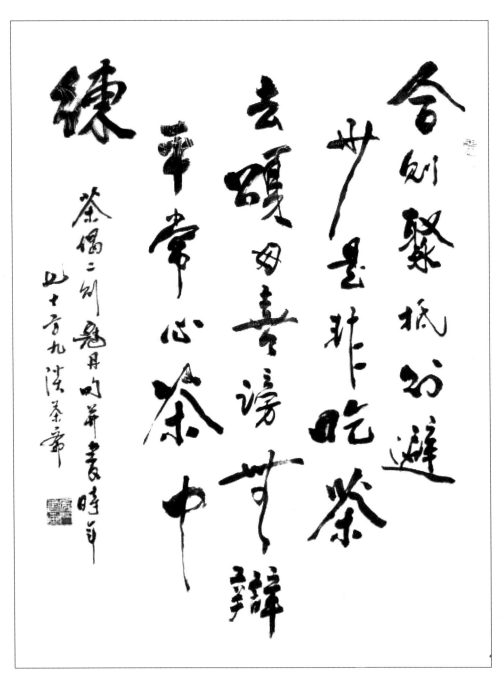

令則聚頭吃茶
也是非吃茶
去頭母喜謗也辭
平常心茶中

茶偈二則
兒丹四華書時年
山十方九漢茶齋

커우단(寇丹) 선생의 조주선사(趙州禪師) 茶語

9

조주(趙州)와 원주(院主)가 나눈 끽다거(喫茶去) 공안을 중국의 예술가인 톈위인(田耘)이 그림으로 묘사했다.

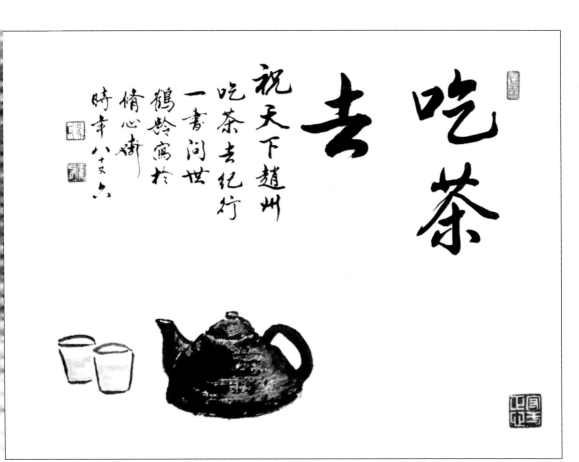

중국 수묵화의 거장 펑하링(冯鹤龄) 선생이 〈천하조주끽다거기행〉을 출간 축하의 수묵화(水墨畵)

佑民寺鈌一　馬祖道場洪州　岁在辛丑元月

중국 장시성 난창 우민사 방장 춘이(純一) 스님의 서법 '끽다거'

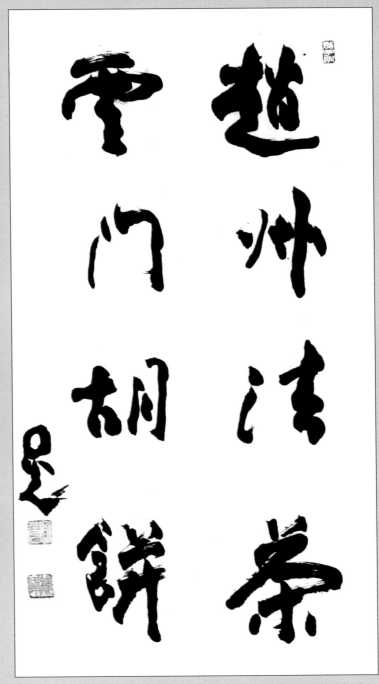

경봉(鏡峰) 선사가 즐겨쓴 '조주청차(趙州淸茶)'와 '운문호병(雲門胡餠)'을 담은 휘호

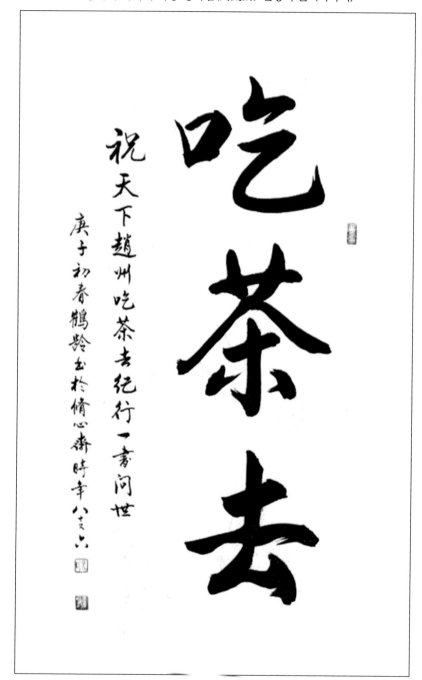

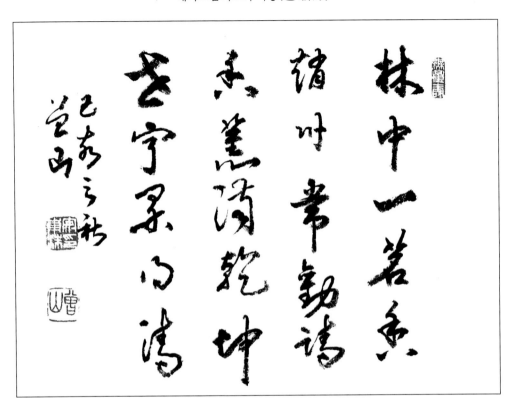

林中一茗香   숲속에 한 잔의 차향기

趙州常勤請   조주선사 항상 권하시니

香薰滿乾坤   향기로운 향훈이 온 천지에 가득하네

世寧界得淸   삼세는 편안하고 사방은 맑아지네

己亥之秋 曾山　기해년 가을 증산

백림선사(栢林禪寺) 경내에 우뚝 선 〈한·중 우의 조주고불 선차기념비(韓·中友誼趙州古佛禪茶記念碑)〉

2001년 10월 백림선사 경내에서 거행된 〈한·중 우의 조주고불 선차기념비〉 제막식

조주고불趙州古弗의 선풍으로
만리 차향을 전하다

진제법원(眞際法遠, 大韓佛敎曹溪宗 宗正)

계수조주증고불(稽首趙州曾古佛) 하노니

다생(多生)으로 중생계(衆生界)에 법체(法體)를 나투시어

무진여탈제시(無盡與奪提示)를 자재함이라.

유시(有時)에는 거일경초(擧一莖草)하여 작장육금신(作丈六金身)하며

유시(有時)에는 장육금신(丈六金身)으로 작일경초용(作一莖草用)이로다.

조주(趙州) 선사에게 한 객승이 찾아와 말하기를,

"오대산(五台山) 입구에 한 노파(老婆)가 있는데 오대산 길을 물으면 '바로 죽 가시오' 하고서, 물은 스님이 네다섯 걸음 하면 '저 스님이 잘 가는구나' 하고 조롱합니다." 하니, 조주종심(趙州從諗) 선사께서

"내가 가서 그 노파를 혼을 내리라." 하고 바로 오대산 입구로 가셨다. 그리고 는 이전의 모든 스님들과 똑같이 그 노파에게 오대산 길을 물으셨다.

이에 노파가 말하기를

"바로 죽 가시오." 하였다.

조주선사께서 네다섯 걸음 하시니, 역시 노파가

"저 스님이 잘 가는구나." 하였다.

조주선사께서는 그대로 절에 돌아오셔서 대중에게 말씀하시기를,

"내가 그 노파를 혼을 내고 왔노라." 하시었다.

모든 대중이여, 조주선사가 노파를 혼낸 곳이 어느 곳인고? 알겠느냐?

조주선사는 백일하에 작백념적(作白拈賊)이로다.

조주의 차趙州的茶

징후이(淨慧, 中國 四祖寺 方丈)

　조주는 차의 산지가 아니다. 하지만 당나라 때 조주에 주석(駐錫)하였던 조주선사(趙州禪師)의 '차'는 무궁한 의미를 지니고서 천고에 길이 전해진다. 그것은 차가 선(禪)과 '일미(一味)'이기 때문이다. '다도(茶道)'는 조주선사의 차와 불가분의 관계를 지닌다.

　1천 여년 전 당나라 무렵, 조주선사는 '황량한 마을의 퇴락한 사찰'인 관음원〔觀音院: 지금의 허베이성(河北省) 자오현(趙縣) 백림선사(栢林禪寺)〕에 머물며 사방으로부터 참구하러 오는 학인들을 맞아들였다. 어느 날, 두 명의 행각승이 관음원을 찾았다. 그들은 서둘러 조주선사를 참방하고 수행과 깨달음의 도를 물었다. 조주선사는 그 가운데 한 명에게 이전에 다녀간 적이 있느냐고 물었고, 그는 다녀간 적이 없다고 대답하였다. 그러자 조주선사는

　"차나 마시게!(喫茶去)"라고 하였다. 또 다른 행각승에게도 이전에 다녀간 적이 있느냐고 물었고, 이번에는 다녀간 적이 있다는 대답을 들었다. 하지만 조주

선사는 또

"차나 마시게!"라고 하였다. 이때 곁에서 지켜보던 사찰의 원주(院主)가 의문을 품고 물었다.

"스님, 다녀간 적이 없는 자에게 '차나 마시게!'라고 하신 것은 이해가 됩니다만, 다녀간 적이 있는 자에게 어째서 또 '차나 마시게!'라고 하시는지요?" 그러자 조주선사는 갑자기 원주의 이름을 부르더니 역시

"차나 마시게!"라고 말씀하셨다.

다녀간 적이 있는 자, 다녀간 적이 없는 자, 원주 이 세 사람에게 조주선사는 일률적으로 차 한 잔씩을 주었다. 이 차는 조주선사의 수용이자 선심(禪心)이다. 조주선사는 전혀 망설임 없이 남에게 그것을 나누어 준 것이다. 이 차는 선림(禪林)에서 '조주차(趙州茶)'로 부르며, 천 년의 세월 동안 무수한 선인(禪人)들을 길러냈다. 이것 이외의 수행에 대하여 조주선사가 어떤 가르침을 주기를 바란다면, 그것은 참으로 어리석은 짓이요, 조주의 차를 저버리는 것이다.

"차나 마시게!"

이는 절대적인 것이다. 생각과 분별을 허용하지 않고, 일체의 의혹과 근심을 씻어내고, 일체의 망상을 털어내고, 진실하고 순박하게 당하(當下)에서 살아가는 것이다. 원주의 의문은 망망한 고해(苦海)이자 마음의 추락이었다. 조주선사는 차 한 잔을 통하여 그를 구한 것이다.

이것은 조주선사가 학인을 제접(制接)한 빼어난 기교이다. 전광석화처럼 펼치는 일문일답의 순간 속에서 장차 잃어버릴지도 모를 마음을 일깨웠던 것이다. 그는

"만약 근기(根機)를 따라서 사람을 제접한다면 저절로 '삼승십이분교(三乘十二分敎)'가 생기게 된다. 나는 여기에서 단지 본분사(本分事)를 가지고서 사람들을 제접할 따름이다."라고 말한 적이 있다.

'본분사'라는 것은 당처(當處)·당하(當下)의 마음으로, 경전의 문구를 살피고 논할 필요가 없다. 현재 진행 중인 것이며 활발하게 드러나는 것이다. '절대의 마음'이라고도 할 수 있으며, '자심현량(自心現量)', '제법실상(諸法實相)' 등을 일컫는다. 불교의 이론 체계로는 이를 깨달아 이르는 일련의 수행과정이 있다. 하지만 조주선사에게는 단지 한 잔 차뿐이다. 생활과 신앙, 형이상과 형이하의 것, 가장 초월적인 정신적 경지와 가장 물질화된 일상생활이 전혀 빈틈없이 긴밀하게 연계된 것이다.

이것이 바로 '다선일미(茶禪一味)'의 진체(眞諦)이며, 다도 정신의 원천이요, 동양의 지혜가 인류 문화에 바친 가장 귀중하고 찬란한 보배이다. 일체의 망상과 분별을 버리고 본연의 절대심으로 자족하며 당하에서 살아간다면 정토는 자신의 발 아래에 있고, 부처와 함께 나란히 걸어가며, 삶 자체가 하나의 커다란 해탈의 장소가 되는 것이다. 그럴진대 어찌 차를 마시는 것만이 '도(道)'라고 하겠는가. 생활 속 모든 것이 '도' 아닌 것이 없고 '진실' 아닌 것이 없는 것이다. 선심은 마치 등불처럼 삶을 비추고 모든 것에 새로운 의미를 부여한다.

다도를 통하여 우리는 선(禪)의 경지를 깨닫고, 선의 오묘한 경지를 터득할 수 있으며, 삶의 도에 들어갈 수 있다. 한 잔의 차는 우리 자신의 본성을 회복시키고, 심신의 피로를 말끔히 씻어주며, 영혼의 상처를 달래주고, 대자연과의 관계를 긴밀하게 만든다. 다도는 현대의 과학 기술이 만들어낸 물질화와 온갖 분열을 치유하는 훌륭한 약이다. 다도는 오늘날 전 세계를 석권한 서구 물질문명에 맞서는 동양 문명의 가장 유력한 존재이기 때문이다.

최석환(崔錫煥) 선생은 한·중 양국의 불교계와 차계(茶界)를 수년간 분주하게 오가며 차문화(茶文化)와 선문화(禪文化)의 발전에 노고를 아끼지 않고 있다. 필자는 그의 헌신적 정신과 원대한 식견에 감동하여, 이에 몇 마디 글로 본서의 서문을 대신한다.

趙州的茶

淨慧 (中國 四祖寺 方丈)

趙州不產茶, 但唐代駐錫于趙州的趙州老人的"茶"却意味無窮, 流芳万古, 因爲它與禪一味. "茶"之爲道是與趙州老人的這杯茶分不開的.

那是在一千多年前的唐代, 趙州老人住在"荒村破院"的觀音院(現河北趙縣柏林禪寺)接引四方參禪的學人. 有一天, 有二位剛到寺院的行脚僧迫不及待地找到趙州老人, 請敎修行開悟之道. 趙州老人問其中一僧以前來過沒有, 答曰沒來過. 禪師說"吃茶去!"又問另一僧以前來過沒有, 答曰來過, 禪師說"吃茶去!"寺院的監院僧這時在一邊滿腹狐疑, 問道: "師父, 沒來過的, 叫他吃茶, 可以理解, 來過的, 爲什麼也叫他吃茶去呢"禪師驟然喊了一聲監院的名字, 監院應諾, 禪師說"吃茶去!"

曾到者, 未到者, 監院三個人, 趙州老人一律捧給他們一杯茶. 這杯茶是趙州老人的受用, 是他的禪心, 他毫不遲疑地拿出來給我們分享. 這杯茶,禪林中人名曰"趙州茶"，千載以來，哺育了無數的禪人. 此外如果你還要老趙州給以什　修行的開示和指導，那你眞是笨瓜，辜負了趙州的茶.

吃茶去！ 這是絕待的，不容思量，分別，划除一切疑惑，擔憂，一切塵勞妄想，是眞實,單純地活着，活在當下. 監院的疑問，是茫茫苦海，是心念的墮落. 趙州老人以一杯茶把他救回來. 這是趙州老人接引學人的善巧，在電光火閃，一問一答的瞬間將迷失的心喚醒. 他曾說："若隨根機接人，自有三乘十二分教，老僧這里只以本分事接人." 所謂"本分事"就是當處，當下的心，勿需向經文中討尋，是正在進行的，活潑現成的. 也可称爲絕待之心，称爲"自心現量"，"諸法實相"等名目，在佛敎理論體系中幷有通達它的一系列修行次第，用功方便. 在趙州老人這里只是一杯茶. ― 生活與信仰，形而上的與形而下的，最超越的精神境界與最物化的日常生活，就這樣水乳交融，一體無間.

這就是禪茶一味的眞諦，是茶道的精神源頭，是東方智慧奉獻給人類文化的最珍貴,最璀璨的瑰寶. 歇息一切妄想，分別，以本然，絕待的心自足地活在當下，淨土就在脚下，佛祖與我們同行，生活只是個大解脫場. 這樣一來，何只吃茶是道，生活中的一切无不是道，無不是眞實. 禪心如同一盞燈把生活照亮，賦予事事物物嶄新的意義.

可見，藉由茶道，我們可領略禪的意境，通達禪的堂奧，進而步入生活之道. 這一杯茶可引導我們回歸自性, 可滌除我們身心的勞瘁, 可治療我們精神的創傷, 可以整合我們與大自然的關系. 近現代發達的工業文化和科技文化造成人的物化與分裂, 而茶道正是療治這一流行病的良藥. 所以茶道是東方文明對近現代席卷全球的西方式物質文明的最有力的回應.

崔錫煥先生多年來奔走于中韓佛教界與茶文化界之間, 爲推動茶文化與禪文化的傳播不辭勞苦, 辛勤耕耘. 我十分欽佩他的獻身精神與遠見卓識, 謹以數語爲此書之序.

천년을 이어준 조주의 끽다거

동광 (東光, 청담문화재단 이사장)

조주선사는 조주고불로 일세를 풍미했던 날카로운 선기(禪氣)를 드러내 선문(禪門)의 귀감이 되었던 선지식이었습니다.

당대력(唐大歷, 778년) 13년에 조주는 학향(지금은 산동성)에서 태어난 뒤 어려서 고향 호국원(護國院)에서 출가했습니다. 그 뒤 조주는 덕행이 으뜸이라는 소문을 듣고 안후이성(安徽省) 츠저우(池州)의 남전산(南泉山)으로 남전보원(南泉普願) 선사를 찾아갔습니다. 선사가 방장실에서 누워 있다가 조주를 보고 불쑥 물었습니다.

"어디서 왔느냐."

"서상원에서 왔습니다."

"그래, 상서로운 모습 보았느냐."

"상서로운 모습은 보지 못했습니다만 누워 계신 여래를 보았습니다."

남전이 벌떡 일어나 물었습니다.

"너는 주인이 있는 사미냐, 주인이 없는 사미냐?"

"주인이 있는 사미입니다."

"누가 너의 주인이냐?"

"정월이라 날씨가 차갑습니다. 바라옵건대 스님께서는 존체만복 하옵소서."

그 말끝에 남전이 제자로 받아들였습니다.

스승과의 첫 만남에서부터 조주의 진면목이 드러나는 순간이었습니다.

120살을 살다 간 조주는 오랫동안 조주 관음원에 머물렀기에 사람들은 그를 조주고불이라고 불렀습니다. 한국에 널리 알려진 '무(無)' 자 화두나 '뜰 앞의 측백나무', '끽다거' 등 조주가 읊은 무수히 많은 공안들이 회자되었습니다. 그러나 관음원에서 대중을 제접했던 끽다거 공안으로 조주의 차향이 천 년간 이어지게 됐습니다. 필자는 2001년 10월 19일 〈조주고불 선차기념비(趙州古佛禪茶記念碑)〉 제막식에 참가하여 허베이성(河北省) 백림선사(栢林禪寺)에서 처음으로 열린 '다선일미' 학술대회에서 조주의 선차 정신을 온몸으로 느꼈습니다. 조주가 살았던 삶을 되돌아 볼 때 오늘에도 여전히 조주고불로 추앙받고 있는 사실을 알고 무한한 감동을 받은 바 있습니다.

이는 조주가 읊은 끽다거의 공로입니다.

조주는 그를 찾아온 납자에게 물었습니다.

"스님은 여기에 와 본 적이 있습니까."

납자(衲子)가 말했습니다.

"와 본 적이 있습니다."

그러자 조주스님이 말했습니다.

"차나 마시게."

조주는 어떠한 질문이 오가도 '차나 마시게'라고 말했습니다.

이 말에 담긴 의미에서 조주의 살림살이를 엿볼 수 있습니다.

이 책은 최석환 거사가 17년간 조주를 탐구한 끝에 세상에 내놓은 역작입니다.

이 책의 서문을 쓰게 된 것은 최석환 거사와의 오랜 인연에서 비롯되었습니다. 2001년 백림선사에 건립된 〈조주고불 선차기념비〉 제막식에 참석하게 되었을 때 기념비에 '일찍이 정중무상(淨衆無相)은 서촉의 주인이 되어 그 문하(門下)에 마조도일(馬組道一)이 있었다'라는 구절을 보고 크게 감동 받은 바 있었는데 한·중·일을 넘나들며 조주의 자취를 쫓아 한 권의 책으로 엮어낸 것은 저자의 크나 큰 공로라고 말하지 않을 수 없습니다.

이 책에 담긴 조주의 차향이 오대양 육대주에 널리 퍼져 세상을 밝히는 향기로운 등불이 되길 간절히 바랍니다.

2020년 청명날에

동광 東光

조주의 다풍茶風이 만세토록 빛나리

관송의정(觀松義正, 전국 선원수좌 대표)

조주다풍(茶風)은 세월을 뛰어넘어 삼국(한·중·일)에 영향을 끼친 까닭은 조주종심(趙州從諗) 선사가 1,200년 전 조주 땅 관음원(觀音院)에 주석하고 있을 때 수행자가 찾아와 간절하게 가르침을 여쭈어오면 '차나 한 잔 마시게(喫茶去)'라는 말로 선승들을 깨우치면서 천년의 세월을 뛰어넘어 승속(僧俗)을 막론하고 조주의 차어는 금과옥조처럼 다가오고 있습니다.

조주선사가 읊은 '뜰 앞의 측백나무', '정전백수자', '주인공아', '개에게도 불성있는가' 등의 화두(話頭)들이 오랫동안 한국 선종사에 영향을 끼쳐왔습니다. 까닭은 조주선사가 법(法)을 이은 남전보원 선사와 법형제(法兄弟) 되는 신라의 철감도윤((澈鑒道允) 선사를 통해 조주의 문풍(門風)은 신라·고려·조선, 현대로 이어지게 되었다고 볼 수 있습니다.

조주는 마조도일(馬祖道一)로 이어지는 남전보원(南泉普願) 선사에게 선법을 이어 조주고불(趙州古佛) 의 훈훈한 선풍이 한국선가에 널리 전해졌습니다.

한국 선종사에 영향을 끼친 끽다거의 자취를 쫓아 20년간 조주의 생애를 연구한 저자인 최석환 선생은 《천하조주 끽다거》의 출간 소식을 듣고 기쁜 마음으로 축하의 글을 전하는 바입니다. 예전(2014년 11월)에 마조의 법제자인 백장회해 선사가 주석했던 백장사에서 제9차 세계선차문화교류대회에 참가하여 〈칙수백장청규와 선다례〉를 발표한 바 있는데 '백장회해 선사에 의해 청규가 제정된 이후 총림의 수행공동체라는 말은 백장선사가 제정한 이래 중국의 총림에서 일사불란하게 그 전통을 면면히 전승해오고 있는 것은 선종사에서만 볼 수 있는 귀한 역사입니다.

따라서 오랜 역사를 이어온 선과 차는 선의 공덕으로 이끈 방편으로서 역할을 확실하게 해왔고 선과 예경의식은 선종의 독특하고 새로운 수행방법이라 '새로운 다풍의식으로 발전해온 문화'라고 백장청규의 현장인 백장사에서 발표했던 그때의 기억이 잊혀지지 않고 있었는데 이번에 마조도일의 법제라인 백장회해로 이어지는 남전보원과 신라의 철감도윤 선사의 법형제 인연이 있는 백장사에서 천년이 지난 오늘에서야 고청규(古淸規)가 신라로 이어져온 사실을 알리게 된 것은 한국 선승으로 자긍심을 느끼게 되었습니다.

이번에 《천하조주 끽다거 기행》 출간은 일찍이 중국이나 일본에서조차 기획된바 없는 조주고불 위대한 생애를 20년간에 걸쳐 조주의 자취를 현장을 취재 구성 정리하고 〈천하조주 기행 순례단〉을 이끌고 중국 전국을 돌며 조주차를 오늘에 복원해낸 한국 국제선차문화 연구회 최석환 회장의 노고에 감사를 드립니다. 따라서 조주의 자취를 따라가면서 기획한 《천하조주 끽다거 기행》은 조주의 끽다거에 담긴 선어들을 널리 전하기 위해 삼국 최초 조주의 끽다거를 한 권으로 완성하게 됨에 선원수좌를 대표하여 찬사를 보내는 바입니다.

2020년 곡우날에

용문산 상원사 용문선원에서

해동海東으로 전해진 조주의 끽다거

홍파 스님(泓坡, 駱山茶會 會主)

　조주선사의 끽다거 공안이 금과옥조(金科玉條)처럼 전해지길 천 년의 세월이 흐르는 동안 무수히 많은 사람들이 끽다거를 선양(宣揚)해 왔습니다.

　조주의 공안 끽다거는 중국 땅에서만 유행하지 않고 신라·고려·조선·근현대로 이어져오면서 근세의 고승 경봉(鏡峰) 선사는 '시자야 차 달여 오라(拈茶來)'로 회자시켜 한국에서도 조주를 높이 평가해 왔습니다.

　끽다거가 유행하게 된 데는 차(茶)와 선(禪)의 만남으로부터 더욱 친근하게 다가오게 되었는데 조선 후기 우리차를 중흥시킨 초의(草衣) 선사의 《다신전(茶神傳)》에 '승당의 조주풍이 있으나 다도를 알지 못해 외람되게 베껴 쓴다' 하여 당시 선종에서 조주의 차를 중요시 여겼음을 알 수 있습니다. 그처럼 조주 차는 선차문화의 발전으로 천 년의 세월이 흘러가는 동안 살아있는 선어(禪語)로 다가왔습니다.

　조주선사는 남전(南泉)의 문인으로 120살을 살아왔는데 80세 때 조주가 관음원(觀音院)에 주석하고 있을 때 그를 찾아와 가르침을 청하는 이에게 "차나 한 잔 마셔라"고 제시한 다승으로 높이 존경을 받아왔습니다. 이번에 한국 국제선차문화연구회 최석환 회장의 신작《천하조주 끽다거 기행》출간 소식을 듣고 기쁜 마음으로 축하를 드립니다.

이 책은 저자가 끽다거 공안의 자취를 쫓아 20년간 혼신의 노력을 기울였다는 점에서 조주의 흔적을 가장 가까이에서 느낄 수 있습니다.

예전에 중국불교협회 회장을 지낸 자오푸추(趙樸初) 거사가 한·중·일의 황금유대(黃金紐帶)를 계기로 한·중·일 불교우호대회를 출범하는 데 큰 역할을 해왔던 기억이 스쳐갑니다.

2016년 후베이(湖北) 오조사(五祖寺)에서 개최된 제11회 세계선차문화교류대회에 참여했는데, 황매(黃梅)의 오조홍인(五祖弘忍) 선사탑 앞에서 천여 명이 일사분란하게 홍인선사에게 헌다의식(獻茶儀式)에 참여해 중국이 다선(茶禪)의 정통 맥이 살아있는 모습을 지켜보면서 감동한 바 있습니다.

저자가 2001년 백림선사(栢林禪寺) 방장(方丈) 징후이(淨慧) 스님과 연합하여 백림선사에 〈조주고불 선차기념비(趙州古佛禪茶記念碑)〉를 세워 한중 불교를 돈독히 하는 모습을 보고 감동한 바 있습니다. 더 나아가 한국이 선차라는 브랜드로 중국에서 선차대회를 열어 한국 선차문화의 위상을 높이는 데 공헌하면서 조주의 끽다거 공안을 중심으로 한 권이 완성될 수 있었다고 여겨집니다.

이 중요한《천하조주 끽다거 기행》을 통해 한국의 선차문화가 세계로 퍼져 나가길 바랍니다.

2020년 10월　낙산다회 회주 이홍파 합장

조주의 끽다거
전 세계 차인들의
마음을 밝혀주는 감로수

김의정(金宜正, 茗園文化財團 理事長, 韓國茶道總聯合會 總裁)

천 년 전 조주종심(778~891)이 그를 찾아오는 납자에게 '차나 한 잔 들게'라고 말씀했습니다. 그 이야기를 듣고 있던 원주는 "왜 스님께서는 생전 만나 본 적도 없는 사람에게도 '차나 한 잔 들게'하고 말씀하셨습니까." 하고 묻자 조주선사는 또 "차나 한 잔 들게"라고 답을 했습니다.

조주선사가 우리에게 전한 끽다거란 화두가 차인들에게 금과옥조(金科玉條)와 같이 받들어져온 까닭은 '끽다거'란 삼자선(三字禪)에 차인 정신이 담겨 있기 때문입니다. 선가(禪家)의 사람들은 조주선사의 끽다거를 선차일미(禪茶一味)라고 말하지만 차가(茶家)의 사람들은 다선일미(茶禪一味)라고 합니다. 그러나 조주선사의 끽다거는 선차일미이기도 하고 다선일미이기도 합니다.

중국뿐만 아니라 우리나라와 일본의 차인들에게까지 널리 알려진 조주선사의 끽다거는 저와 인연이 매우 깊습니다. 1980년 한국 다도의 선구자 명원 김미희 선생께서 최초로 사원 다례를 복원 전승하고 저 역시 1990년 선원 다례를 한국 차계에 최초로 선보였습니다. 그뿐만 아니라 한국의 다성으로 불리는 초의선사의 일지암을 복원했고 《동다송(東茶頌)》을 현대의 차인들에게 현대적 해석으로 선보였습니다. 이것 역시 1천 년 전부터 지금까지 도도히 흘러오고 있는 조주선사의 끽다거 정신을 이어가고 있는 징표입니다. 그리고 2001년 10월 중국 백림선사에 〈조주고불 선차기념비〉를 한국 차계를 대표해 불교춘추사와 공동으로 건립했습니다. 당시 고불총림의 방장이자 한국을 대표하는 선승이요 차승이었던 서옹선사가 〈조주고불 선차기념비〉 마지막에 기록한 게송(偈頌)을 지금도 잊을 수 없습니다.

"조주선사의 차 한 잔이 영원히 끊이지 않도다(趙州吃茶永不息)."

한국 다도의 종가 명원문화재단을 이끌고 한국의 선차정신과 문화를 계승 발전시키고 있는 필자 역시 제막식 때 〈조주고불 선차기념비〉 건립을 축하하며 "1천 년간 우리 차인들의 차 정신으로 내려오고 있는 끽다거는 차문화계가 다 함께 계승 발전해왔다"고 밝혔습니다. 《천하조주 끽다거 기행》은 월간 《차의 세계》 최석환 발행인이 오랫동안 순례하며 우리에게 선보이는 소중한 책입니다. 명원문화재단과 공동으로 〈조주고불 선차기념비〉 건립에 동참한 인연으로 한국 차계를 대표해 축하의 글을 쓰게 되어 기쁜 마음 금할 수 없습니다. 《천하조주 끽다거 기행》이 한국의 차인들뿐만 아니라 중국의 차인들, 나아가 세계의 차인들에게까지 조주의 차향을 전해주는 감로수가 되기를 간절히 바랍니다.

2020년 10월 6일 신문로에서 김의정 합장

직지인심의 끽다거

커우단 (寇丹, 중국 저명 차연구가)

　최석환 선생의 《천하조주 끽다거 기행(天下趙州喫茶去紀行)》은 동아시아 선차문화사에 기록될 만한 중요한 저작(著作)이라고 생각됩니다.　실제 조주의 자취를 찾아가 필법(筆法)으로 저술한 점에서 조주의 흔적을 가까이서 느끼게 합니다. 그는 1999년부터 2019년까지 20년 동안 조주 '끽다거'의 선풍(禪風)을 선양하기 위해　중·한 양국을 바쁘게 오가면서,　거의 소멸되어갔던 '끽다거' 선풍을 오늘날에 되살리려고 노력해왔습니다. 세계적인 선차(禪茶)문화학술교류를 통해 조주차를 세계에 알리고 발전시키며 이를 기록으로 남겨 선차문화에 공헌하기에 이르렀습니다. 특히 이런 선차문화의 전승에　최석환 선생이 주도하여 많은 사람들을 참여시키고 이끌어온 점에서 이 책에 담긴 조주의 '삼관(三觀)'의 소중한 자료들이기 때문에 다른 그 누구도 대신할 수 없습니다.

　'끽다거'의 공안이 천 년을 뛰어 넘으면서 오랜 세월 동안 동아시아와 전 세계의　변화 역시 매우 복잡한 양상을 보였는데, 근세 백 년 동안 중국은 외적 침략과 내란 그리고 자연재해와 사람으로 인한 재앙이 끊임없이 이어져 왔습니다. 세계의 어떤 국가와 비교해도 중국은 치욕을 참으면서 중대한 임무를 맡아 왔으며 가난하고 굶주렸던 시기는 차마 돌이켜볼 수 없습니다. 백여 년 동안에 중국 인구는 4억에서 14억까지 증가하였고, 침략을 당한 국가에서 발전 중인 경제대국으로 성장했습니다. 외부의 모습이 많이 변화했다고 해도 중화민족정신과 전통문맥은 마치 지하로 흐르는 하천과 같이 끊임없이 인민들의 마음에 자양분이 되어 힘을 주었습니다. 그중에 소박하고 분명하며 쉽게 이해할 수 있는 '끽다거'는 두 가지 의미를 담고 있습니다. 첫째는 철학적 정신을 담고 있고, 두 번째는 선리(禪理), 일종의 처세방식으로 유형적이나 무형적으로 늘 동양 사람의 심리와 사유에 영향을 미쳐 왔었습니다.

최석환 선생은 1999년부터 선차문화에 대한 기원을 찾는 연구를 시작하였는데 당시 중국은 동란의 생활을 끝내고 개혁개방을 맞아 경제과학 기술발전의 신시대로 들어가는 시기였습니다. 즉 장기적으로는 지하에 잠복했던 하천이 드디어 햇빛 아래에서 즐겁게 노래하면서 앞으로 내달릴 수 있는 시기였습니다. 조주선사의 '끽다거'라는 화두는 오늘날에도 많은 영향을 끼치고 있지만 당시로서는 잊혀져 갔습니다. 그런데 '끽다거'는 선차문화의 발전에 힘입어 세계의 많은 사람들에게 영향을 끼침에 따라 대중과 떨어질 수 없게 되었습니다.

세상의 일이 서로 뒤얽혀 있지만 '일의 성공 여부는 사람의 노력에 달려 있다〔事在人爲〕'라는 말에서 벗어날 수 없습니다. 천 년을 넘게 선양해 온 선차지풍(禪茶之風)이 한 잔의 지혜롭고 소박한 차탕으로 전파된다는 것은 선과 차의 본질적인 구현이라고 말할 수 있습니다. 당대 조주가 활동한 허베이성(河北省)에서는 차가 생산되지 않았습니다. 그런데도 선풍을 드날린 조주화상과 한 분은 보이는 데가 모두 다 무이차 생산구역에서 생활하는 푸젠(福建) 무이산(武夷山)의 구빙선사(扣冰禪師)를 포함한 역대의 고승대덕들이 왜 모두가 약속이나 한 듯 일치하게 '끽다거'라는 세 글자의 선어(禪語)를 말할 수 있을까요? 이는 수수 께끼처럼 사람을 일깨워주고 또 한 잔의 명등처럼 사람들의 마음속을 환하게 만들었습니다. 선차는 소박하여 사람들을 쉽게 가까워지게 만들고 허황하게 만들지 않으며 사람의 마음에 직접 닿아 지혜의 문을 열어 줍니다. 선의 도리는 차나무와 같이 가지와 잎이 어마어마하게 많고 다양하며 영원히 푸르고 싱싱합니다. 징후이 장로(淨慧長老)가 곳곳에 다 깨어진 기와 조각과 벽돌 부스러기의 백림사(柏林寺)를 오늘날에 장엄하고 웅대한 규모로 회복하였을 뿐만 아니라 또한 해마다 그와 수많은 제자들을 통해 천만 명의 청년학생들을 생활 선(禪) 캠프 활동에 참가하도록 하였습니다. 최석환 선생이 해마다 다른 국가와 지역에서 세계선차문화교류대회(世界禪茶文化交流大會) 및 세계 선차아회(世界禪茶雅會)를 조직하고 열어온 전 세계의 차인들이 뭉쳐 인류와 세계의 안녕과 화목을 위한 성실한 바램의 표현이며 사람들이 진위(眞僞), 선악(善惡) 그리고 미추(美醜)를 분별할 수 있게 하였습니다.

선차지풍은 이미 세계에서 널리 알려지고 전파되었습니다. 만약 우리가 선차의 기원이 도대체 어디에 있는가의 범주를 반드시 확정해야겠다면 실제로 이미 선차의 정신을 위배하였습니다. '평상심시도(平常心是道)', '청산처처개도량(靑山處處皆道場)', '일화일세계(一花一世界)'는 모두가 시간과 공간에 속박되지 않는 것입니다. 불법과 선차를 홍보하고 발양하는 활동에 선차 정신을 뿌리내려

형식주의적인 상(相)에서 벗어나 우리의 마음이 영원히 청정자재(淸淨自在) 상태에 있어야 합니다. '끽다거'의 지혜 지도하에 우리 자신과 세계 일체의 의심 덩어리를 해결하고 인류평화를 위한 공헌에 자신을 단속하면서 함께 지내야 합니다.

2020년 2월 중국 후저우시(湖州市) 담차재(淡茶齋)에서

直指人心吃茶去

寇丹 · 中國 著名茶研究家

　　崔锡焕先生《天下赵州吃茶去记行》的出版，以纪实的笔法记录了他自1999年到2019年的20年间，为了弘扬赵州"吃茶去"的禅风，在中韩两国之间奔走努力，把几乎湮没的，到如今发展成为世界性的一个禅茶文化学术活动，特别这些由崔锡焕先生亲自参与，亲自办理，亲自书写的"三亲"宝贵资料，是其他人无可替代的.

　　"吃茶去"的公案已经存在一千多年了. 在这漫长的岁月中，东亚和整个世界所发生的变化是极其复杂的. 就以中国近一百年的巨变为例，它遭受到的外侵内乱，天灾人祸，几乎没有一刻停止. 和世界有的国家相比，中国人民的忍辱负重，贫穷饥饿也是最不堪回首的. 近一百年，中国人口从四亿增至十四亿，从被侵略到成为发展中的经济大国，无论它的外部形象如何多变，然而中华民族精神和传统文脉就像潜伏在地下流淌的水流，默默地给人民心灵的滋润和力量从未中断. 其中，简朴，明了，易懂的"吃茶去"是一门哲学，一种禅理，一种处世方式，一直有形无形地影响着东方人的心理和思维. 崔锡焕先生在1999年开始了禅茶文化的寻根与研究，中国此时结束了动乱的生活，迈入了改革开放经济科技发展的新时期，也就是说，长期潜伏在地下的水流，终于在阳光下聚力欢唱奔腾向前了．"吃茶去"在今天已成为世界性的一种学术，说明任何一种事业和大的变革，离不开当时的社会大气候，大环境，离不开当时社会的经济条件和群众的精神需求．

世界上的事千头万绪，但又离不开"事在人为"四个字．弘扬千年的禅茶之风，通过一碗智慧的，简易的，质朴的茶汤来传播，这是禅与茶本质的体现．历代的高僧大德，包括同一时代的赵州和尚和福建武夷山的扣冰禅师，一个住在不产茶的河北，一个生活在触目皆茶的武夷茶区，为什么他们都不约而同地都道出"吃茶去"三字禅语？它像一个谜团，让人参悟；又像一盏明灯，点亮在每个人的心中．它平实近人，不作玄虚，直达人心，开启智慧．禅理和茶树一样千枝万叶，永远苍翠．净慧长老不仅仅把遍地瓦砾的柏林寺恢复到如今庄严，宏伟的规模，每年还通过他和他众多的弟子把千万个青年学生组织参与生活禅夏令营活动．崔锡焕先生每年在不同的国家和地方组织召开世界禅茶大会及其世界禅茶雅集，凝聚团结了全世界的茶人，为人类和世界的安宁祥和表达出真诚的愿望，让人们去分辨真伪，善恶和美丑．

禅茶之风已在世界广泛认知和传播．如果我们一定要界定禅茶之源在哪里，实际上已背离了禅茶的精神．"平常心是道"，"青山处处皆道场"，"一花一世界"都是不受时间和空间束缚的．在弘扬佛法和禅茶的活动中，我们要求把禅茶精神扎根于心，摆脱形式主义的"相"，让我们的心永远清净自在．在"吃茶去"的智慧指导下，解决我们自己和世界的一切谜团，共同为人类和平的贡献律己相处．

2020年2月 中国湖州市 淡茶斋

한 잔에 모든 백천百川의
무미無味를 마신다

쓰훙언(釋弘恩) 스님(中国大靈岩寺住持)

최석환 회장이 '조주차(趙州茶)'의 저작을 출판한다는 기쁜 소식을 듣고 먼저 진심으로 감탄과 축하를 드립니다.

겨울이 가면서 당시 그는 '제16회 세계 선차아회(世界禪茶雅會)'를 위한 일로 산둥성(山東省) 우롄현(五蓮縣)에 도착하였습니다. 거어위이삥(葛玉氷) 여사의 소개로 여행의 피곤함에도 지난(濟南) 공항에 내린 후에 바로 추위를 뚫고 영암사(靈巖寺)를 방문하였습니다. 비록 우리들은 짧게 만났지만, 최 회장은 선차문화에 대한 사랑을 표현하였고 20년 동안 선차문화의 고향 중국을 방문하며 각지를 바쁘게 뛰어다녔는데 선차문화를 널리 알리기 위해 희생한 그의 노력에 존경하는 마음을 지녔고 감동을 받았습니다.

반 년여 만에 만나 2019년 5월 산둥성 우롄현에서 열린 '제16회 세계 선차아회'에서 가빈(佳賓)으로 초대받아 선차포럼에서 각자의 논문을 발표하면서 우리는 다시 만났습니다. 발표자들의 논문 발표 시간은 6분이었지만 최 회장의 '조주차'에 관련된 논문은 그가 학문을 대하는 엄격함과 선차문화 연구의 깊이를 알 수 있게 하였습니다.

또한 이번 선차아회의 포럼을 계기로 영암사의 선차문화를 중국 내외 선차계 전문학자들이 매우 중시하게 하였습니다. 선차아회가 끝난 후 최 회장은 한국 대표단을 이끌고 한 번 더 영암사를 방문하였습니다.

이번에 우리가 서로 교류하고 의기투합하게 되어 최 회장이 영암사 항마장(降魔藏) 선사가 제창한 '선차'의 중대한 의의를 전문적으로 물어보았습니다. 여기에서 나는 필묵을 아끼지 않고 최 회장의 이번 서적 출판에 사족의 논(論)을 쓰게 되었습니다.

영암사 항마장 선사가 선차를 제창한 것에 대해 이미 다성(茶聖) 육우(陸羽)와 '끽다거'로 총림에 명성을 떨친 조주종심(趙州從諗) 선사가 중요한 역할을 해왔습니다. '항마차(降魔茶)'의 전파에는 두 가지 주요한 분파가 있는데 하나는 세속을 향한 전파로 북방인의 생활 습관을 바꿨습니다. 차를 마시는 것이 습관이 되지 않았던 북방인이 항마선사로 인해 음다(飮茶) 풍속이 바뀌게 되었습니다. 또 다른 하나는 북방에서 남방으로 전파되고 총림에서 '선승이 차를 사랑한다'는 풍습이 형성되면서 일본의 영암에서 참학(參學)한 고승 사이초(最澄)와 구카이(空海) 대사가 일본에 선불교를 전파했던 것입니다.

이 시기의 역사는 선차문화의 연구에 매우 중요합니다. 최 회장은 선차문화의 발전에 앞장서려는 노력과 열정을 높이 평가했습니다. 더 나아가 항마장이 선차를 일으킨 영암사가 선차문화의 전승에 앞장서서 확대 발전시키는 계기가 되었습니다. 동시에 선차조정인 영암사의 현임주지로서 선차문화의 사명의식을 느끼고 전승해 오고 있을 때 때마침 최 회장이 필자의 손을 잡으며 '우리와 함께 노력해 봅시다'라는 메시지에 감동하여 영암사가 최 회장의 새로운 책의 출판에 몇 문장을 쓰도록 요청을 받았습니다. 저는 진작부터 사양을 잘 하지 못하는 성격이라 영광스러우면서도 매우 부끄러웠습니다. 최 회장이 선차문화 전파를 위해 추진해 온 모든 노력에 진심으로 감사드립니다. 영암사의 선차문화에 대한 관심과 지지를 보내와 그 답례로 최 회장의 신작《천하조주 끽다거 기행》의 축원을 보냅니다. 선차불이(禪茶不二)의 선심(禪心)이 곳곳에 퍼지고, 중생이 인연 따라 깨달음을 얻고, 차향이 사해(四海)에 퍼지며, 이 서적을 읽는 즐거움을 누리기 바랍니다. 즉차즉선(卽茶卽禪), 즉심즉성(卽心卽性), 천하에 무릇 근심을 한 잔 속에 모두 거두어들이고 차나 마시게(喫茶去)!

산둥성(山東省) 지난시(濟南市) 창칭구(長淸區)

대영암사 주지 쓰훙언 경축

2019년 6월 1일

一盏饮尽百川无味

弘恩法师（中国大灵岩寺住持）

一盏饮尽百川无味

欣闻崔锡焕会长关于介绍"赵州茶"的著作要付梓出版了，首先表示由衷地赞叹与祝贺.

去岁冬季，当时他正在为"第十六届世界禅茶雅会"的事宜到山东省五莲县，因为葛玉冰女士的介绍，不顾旅途劳顿，从济南机场下机后，径直侵寒造访灵岩寺. 虽然我们只有短暂的会晤，但对于崔会长表现出的对禅茶文化的热爱，以及他二十年来在禅茶文化的故土中国，奔波各地，为弘扬禅茶文化所付出的艰辛大为敬佩与感动.

时隔半年多，于今年5月下旬，在"第十六届世界禅茶雅会"上，作为受邀嘉宾，我们再次相遇且都在论坛上发表了各自的论文. 虽然每个人的分享时间只有六分钟，但崔会长有关"赵州茶"的论文，让我看到了他治学的严谨及对禅茶文化的研究之深入.

也就是在这次雅会的论坛上，灵岩寺的禅茶文化引起了国内外禅茶界专家学者的高度重视. 在禅茶雅会结束后，崔会长专程带着他的韩国团队又一次造访灵岩寺.

这次我们相谈甚欢，崔会长专门询问了关于灵岩寺降魔藏禅师所倡导的"禅茶"的重大意义. 在此，我亦不惜笔墨，以作为崔会长此次书籍出版的添足之论.

灵岩寺降魔藏禅师对禅茶的倡导，在年代早于"茶圣"陆羽与以"吃茶去"享誉丛林的赵州从谂禅师. "降魔茶"的传播，有两个主要的分支，一是向世俗传播，改变了北方人的生活习俗，初不习饮的北方人，此后转相效仿，饮茶成风；二是向北方乃至南方的禅宗道场传播，形成丛林中的"禅僧皆爱茶"的风尚，并经由日本来灵岩参学的高僧最澄与空海大师传播到日本.

这段历史对于研究禅茶文化是极为重要的. 崔会长对这一发现也表现出了极高的热情，表示今后要帮助灵岩寺进行挖掘弘扬. 同时作为禅茶祖庭的现任住持，崔会长亦邀请我为他新书的出版写几句话. .

我素来不善客套，荣幸之际，亦颇多惭愧. 衷心感谢崔会长对禅茶文化传播推动所作出的努力，以及对灵岩寺禅茶文化的关心支持. 并虔诚祝愿崔会长的新作，以禅茶不二之真心，播禅心于处处，众生随缘而得悟，散茶香于四海，览者籍此而乐饮. 即茶即禅，即心即性，天下凡虑，尽收一杯之中，且吃茶去！

山东省济南市长清区大灵岩寺住持　释弘恩 敬祝

于2019年儿童节

조주선사를 기리며

중쉬에(宗學) 스님(中國 南泉禪寺 住持)

　조주(趙州)는 대선지식이며, 선림(禪林)에게 끝없는 감로(甘露)를 누릴 수 있게 해주었습니다.

　선종사(禪宗史)에서 '한 송이 꽃에 다섯 꽃잎이 피어나며〔一花開五葉〕'라는 말이 있듯이 남전(南泉) 조주 일계(一系)는 결코 자신의 종파를 형성하지 않았는데 남전의 '홀로 사물 밖으로 벗어났다〔獨超物外〕'는 선학종지(禪學宗旨)와 서로 일맥상통하며 남전의 법맥을 이어간 조주와 남전의 법계는 후세 선림에게 많은 영향을 끼쳤습니다. '한 꽃에 다섯잎이 피어난 뒤 열매는 자연히 이루어지리라'는 선종어록(禪宗語錄)의 말씀처럼 남전과 조주선사가 없었다면 만당(晚唐) 이후 선종사를 어떻게 쓸 수 있었을까요? 이러한 공안(公案)의 진리를 연구하여 깨달은 선사들을 어디에서 찾을 수 있었을까요?《무문관(無門關)》,《벽암록(碧巖錄)》등 경전의 공안집에서 이들 두 사람의 공안은 큰 비중을 차지하고 있습니다. 특히 조주의 '무(無)' 자 화두는 선사들이 평생 그 진리를 탐구하여 해탈의 길로 이르게 했습니다.

조주는 어렸을 때 남쪽으로 내려가 양쯔강을 건너 바로 츠양(池陽) 남전선사의 보원(普願) 선사를 만나자마자 첫 눈에 스승으로 모시게 되었습니다. 스승과 제자의 첫 대면에서 옛 친구처럼 친해지고 서로 진가를 알아보았습니다. 조주가 남전선사에서 몇 년간 수행하는 동안 보원선사의 사랑은 더욱 깊었고 남전선사의 원적 후에도 3년간 남전의 묘탑을 지키며 스승의 가르침을 마음에 담았습니다. 그처럼 남전과 조주의 정은 남달랐고 부자(父子)와 같았습니다. 조주는 보원선사의 선맥을 이어갔으며 스승과 제자의 인연이 되어 선림의 드라마로 나타났습니다. 저명한 '남전참묘(南泉斬猫)'의 공안은 후대 선림에 많은 영향을 끼쳤고 스승과 제자의 선문답을 통해 스승은 즉각 판단을 내려 그 단호함은 선림을 놀라게 했습니다. 다른 한편으로는 조주가 신발을 머리에 올리고 나간 것은 스승으로 하여금 제자의 선기(禪機)를 인증케 했습니다. 보원선사는 '평상심시도(平常心是道)' 사상을 평생 널리 알리려 했고, 조주의 질문에도 낱낱이 말하였습니다.

선사가 남전에게 물었다.

"도(道)가 무엇입니까?"

남전이 말했다.

"평상심이 도이다(平常心是道)."

선사가 말했다.

"그래도 향해 나아갈 수 있습니까?"

남전이 말했다.

"헤아려 간다면 바로 어긋난다."

선사가 말했다.

"헤아리지 않으면 어떻게 도를 알 수 있습니까?"

남전이 말했다.

"도는 아는 것에도 알지 못하는 것에도 속하지 않는다. 아는 것은 망각(妄覺)이고 모르는 것은 무기(無記)이다. 만약 진정으로 의심스럽지 않은 도에 이른다면 마치 큰 허공과 같이, 확 트이고 고요해진다. 어찌 시비를 가릴 수 있는가."

선사는 말 끝에 깊은 뜻을 단박에 깨닫고 마음이 밝은 달과 같았다.

남종선의 선풍은 남전보원(南泉普願) 선사로 인해 크게 떨치면서 발전되어 갔고 일상생활속의 선으로 방향이 전환되기 시작했습니다. 남전은 선학을 생활화의 방향으로 추진하고, 일상생활 속 방향으로 추진하였습니다. 선차는 선학 생활화의 성공적 모범이며 선으로 차에 들어서, 차를 빌려 깨달음을 얻는데 선차의 흥취는 바로 남전과 조주 두 사람의 걸작입니다. 양쯔강 하류의 환남산구(皖南山區)는 중국 차의 중요한 산지이며, 남전선사가 바로 그곳에 위치하고 있습니다. 남전선사는 제자에게 직접 차를 심고, 차를 만들게 했으며 음차의 풍속을 사원에 유행시켰습니다. 그뿐 아니라 남전선사는 선과 차를 결합시켰으며 평상심시도 사상을 차와 선으로 실천해 나갔습니다. 오늘날 우리들은 남전선사의 어록을 통해 당시 선차의 명장면들이 마치 눈앞에서 펼쳐지듯 엿볼 수 있는 것 같습니다. 조주가 남전을 떠난 수십 년 후 허베이성(河北省) 자오현(趙縣)의 관음

원(觀音院)에 머물며, '끽다거(喫茶去)'라는 천하의 명성을 얻으면서 다선일미의
연원이 되었습니다.

조주는 80세에도 여전히 행각을 하였으며 고된 수행을 통해 홍법하고자 노력
한 정신은 우리들이 배워야 할 필요가 있습니다. 한국국제선차문화연구회 최석
환 회장은 오늘날 한·중 문화교류를 확대시키고자 하는 국제적 저명 인사이며
중요한 활동가입니다. 2003년 12월 츠저우(池州) 학원 인웬한(尹文漢) 교수와
최석환 선생이 함께 조직한 한·중 남전선문화연구소에서 처음으로 개최한 '중·
한 남전보원학술연토회'에서 우리들은 처음 만났고 만나자마자 오랜 친구와 같
았습니다. 최 선생은 장기간 한·중 문화교류와 선차문화를 널리 알리고자 노력
했습니다. 수차례 중국에 와서 중국 각 대선원과 중요한 차의 역사 현장과 차 산
지를 찾아가 새로운 사실을 밝혀내면서 오늘날 선차문화에 새로운 활력을 불어
넣는 데 큰 공헌을 하였습니다. 최 선생의 이러한 나태함 없이 끈기 있게 끝까지
해내고, 노력 정진과 직접 모든 일을 하는 정신은 조주행각의 뜻이 들어가 있어
나를 매우 감동하게 하였습니다.

최근 최석환 선생이 새로운 저서 《천하조주 끽다거 기행》을 출간한다는 소식
을 듣고 축하의 말을 청하여 나는 매우 기쁜 마음으로 축하의 글을 쓰게 되었습
니다. 남전과 조주의 '평상심시도' 정신은 오늘날 사람들의 마음에 부합하며, 선
차문화로 발전하여 가장 좋은 생활 수행 방식으로 여기고 있습니다. 나는 최 선
생과 함께 노력하고, 평상심을 널리 알리며, 선차문화를 널리 계승 발전하기를
바랍니다.

2018년 가을 남전산에서 중쉬에

趙州禪師 的 颂德

宗学法师 (中国南泉禅寺住持 九华山大觉禅寺住持)

赵州是一位一流的禅师，他给禅林享饮不尽的甘露.

在禅宗史上，一花开五叶，南泉赵州一系并未形成自己的宗派，这与南泉"独超物外"的禅学旨趣相符. 然而，南泉与赵州师徒却对后世禅林产生了极为重大的影响，为五叶所共宗. 如果没有他们二人，晚唐以来的禅宗史将如何书写?那些以参究公案来悟道的禅师们将从何处入手?在《无门关》《碧岩录》等经典的公案集中，他们二人的公案占了很大比重. 尤其是赵州的那个"无"字，让多少禅师终身参究!

赵州年轻时便南下，渡过长江，直赴池阳南泉禅寺，礼普愿禅师为师. 师徒俩一见如故，互相欣赏. 在南泉的几十年中，赵州深得普愿禅师的喜爱. 赵州自赴南泉，便不他往，一直跟随，直至普愿禅师圆寂，之后又守塔三载. 师徒情深，一如父子. 赵州深得普愿禅师的禅学旨趣，二人在南泉演绎了一场禅林精彩大戏. 著名的"南泉斩猫"公案，一方面因普愿禅师当机立

断，一刀两断而让禅林惊悚，另一方面也因赵州的顶履而行而

圆满如法．普愿禅师一生举弘"平常心是道"思想，也因赵州之问而和盘托出：

师问南泉："如何是道？"泉云："平常心是道"师云："还可趣向否？"

泉云："拟向即乖．"师云："不拟争知是道？"泉云："道不属知不知，知是妄觉，不知是无记．若真达不疑之道，犹如太虚，廓然荡豁，岂可强是非也．"师于言下，顿悟玄旨，心如朗月．

禅宗发展到南泉禅师手里，开启了生活化的转向．南泉将禅学推向生活化，推向日用常行之中，禅茶便是禅学生活化的成功典范．引禅入茶，借茶悟道，禅茶的兴起正是南泉与赵州二人的杰作．长江中下游的皖南山区是中国茶叶的重要产区，南泉禅寺就坐落其中．南泉禅师带领弟子亲自种茶，制茶，不仅饮茶之风在寺院流行，而且南泉禅师已开始将禅茶结合到一起，将平常心是道的思想落实到饮茶之中．今天我们仍可以在南泉禅师的语录中窥见当时禅茶场景，如在眼前．赵州离开南泉数十年后，卓锡河北观音院，三声喝令"吃茶去"，"赵州茶"得以名扬天下，禅茶一味，由此正式开启．

赵州八十犹行脚．赵州禅师刻苦修行，努力弘法的精神值得我们学习．韩国国际禅茶文化研究会会长崔锡焕博士，是推动当代中韩文化交流的国际知名人士和重要活动家．在2003年12月池州学院尹文汉教授和崔锡焕博士共同组织的中韩南泉普愿禅学研讨会上我们首次相识，一见如故．崔博士长期以来致力于中韩文化交流和禅茶文化的弘扬，无数次来到中国，深入中国各大禅院和重要茶叶产地，主办《禅文化月刊》和《茶的世界》两本杂志，发起

世界禅茶文化交流大会和世界禅茶雅会，为当代禅茶文化注入了新的活力，作出了很大贡献．崔先生这种锲而不舍，努力精进，事事亲为的精神深得赵州行脚之旨，令我深深感动．

最近崔锡焕博士完成了新著《赵州禅师》，索序于我，我很高兴写下南泉与赵州的禅事因缘，以为序言．"平常心是道"的精神十分契合当代人心，禅茶也仍是当代最好的生活修行方式，我愿与崔先生共同努力，弘扬平常心，继承与发展禅茶文化！

조주선사의 끽다거 정신을 기린다

다쿠도 요시히코 (啄堂是彦, 玉林禪寺 祖室)

낙엽이 물들기 시작해 겨울을 향할 무렵 최석환 선생이 "끽다거"에 관한 기행문을 발행하니 임재승인 장곡에게 기고하라는 관음종 이홍파 노장스님으로부터 엄명의 전화를 받았습니다.

일일부작일일불식(一日不作一日不食)이라고 하는 백장회해 화상의 뜻에 따라 연구 연찬의 집대성으로 백림사(栢林寺)에 〈한중우의 조주고불선차 기념비〉를 건립하게 하였습니다.

게다가 〈천하조주 끽다기행〉의 원고를 완성해 발행함으로써 지금까지 그 이상으로 널리 세계에 백림사의 조주화상의 "끽다거"를 선포할 수 있었습니다.

이것은 오로지 최 선생의 땀방울의 결정체로 존경하는 마음에 두 손 들어 만세를 외치며 높이 평가하는 바입니다.

"축하합니다, 그리고 고맙습니다." 우선 "차나 한 잔 하시죠." "끽다거."

종문(宗門) 제일의 서적 《벽암록(碧巖錄)》에는 조주의 공안(公案)이 백 가지 조항 중 십이 조항이나 있습니다.

　무문혜개(無門慧開)가 혼자서 집어 평하며 칭송한 《무문관(無門關)》은 임재승이 한번 부딪치고 피땀을 흘리는 '무(無)' 자의 공안이 있다.

　'조주의 구자(拘子)' 조주화상에게 어떤 승려가 연유를 묻는다. 개에게도 불성이 있는지 없는지. 조주 말하기를 "무".

　《무문관》을 저술한 무문화상으로서 선정(禪定)을 수행하는데 6년의 세월이 필요했다고 조주의 '무' 자는 전연 모색불착, 이 말은 일대장경이며 전우주의 위대함이구나! '無' 자.

　조주의 공안 실내는 어떠한가 하고 물으니 은밀히 말하지 않고 밝히지 않고 '불립문자 교외별전'.

　차 한 잔 마시고 가시라 한다. 차 한 잔 마시고 깨우치고 오라고 한다.

　여기서 또 차 한 잔을 "끽다거", "끽다".

　대학 동창생이면서 나고야(名古屋)의 도쿠겐지(德源寺) 승당 선승인 미네 고가쿠(嶺興嶽) 노스님이 기행문 《중국조적순례의 여행(中國祖跡巡禮の旅)》을 출판하는데 서론에 '종교에는 국경이 없다' 중일 양국은 일의대수(一衣帶水)의 이웃이로다, 하고 징후이(淨慧) 선사께서 기고하셨습니다.

　베이징(北京)에서 한중일 불교회의가 개최되었을 때는 자오푸추(趙撲初) 거사가, 삼국은 불교라고 하는 '황금유대'로 맺어져 있다는 발언을 한 적이 있습니다.

이처럼 삼국의 모든 스님들과 법연(法緣) · 양연(良緣)을 얻게 된 것에 감사하고, 영광스럽게 생각합니다.

감사합니다, 세세, 아리가토~.

노스님과 함께 방중하게 되어 봤더니 임제사(臨濟寺)와 백림사가 징후이 선사의 불교쇄신의 끊임없는 결정의 증거가 눈에 비치는 가람으로 정비되어 있었습니다.

남전보원(南泉普願) 하에서 30년 수업을 하고 80세에 거주하여 120세로 돌아가실 때까지 세상에서 통봉(痛棒)으로 교화하신 조주종심선사 대화상.

원하옵건데 징후이 선사, 최석환 선생께서는 선사에게 배워 백세가 넘는 연령을 거듭하며 범부인 우리들의 선달로서 앞으로도 언제까지나 지도해 주시고 교화해 주시기를 바랍니다.

불기2564년(2020년) 11월 좋은날

옥림소주 다쿠도 요시히코 합장

趙州禪師の喫茶去精神を称える

啄堂是彦(玉林禪寺 祖室)

　落葉樹がごれから色ずき始める向冬の頃　崔先生が「喫茶去」についての紀行本
を発刊する。就いては臨済坊主の長谷に寄稿するようにと李泓坡老大和尚よりの
厳命だとの電話

　一日不作　一日不食の白丈和尚の意に沿って研究　研鑽の集大成が栢林寺に「韓
中友誼趙州古仏禪茶紀念碑」を建立せしめた。

　更には「天下趙州喫茶紀行」を稿了發刊されたことはこれまで以上に広く世界
に栢林寺の趙州和尚の喫茶去を宣布できた。

　これ一重に崔先生の汗の結晶にして尊敬と伴に諸手を挙げ萬歳の聲を出し賞讃
致します。

　　　「おめでとうございます。そして　ありかとうございます。」　ひとまず
「お茶を一杯」　「喫茶去」

　宗門第一の書　「碧巖錄」には趙州の公案が百則中十二則もある。

無門慧開が一人で拈評し頌した「無門關」は臨濟僧が一度はぶつかって血の汗をかく「無」字の公案がある。

　　「趙州の拘子」　趙州和尚因に僧問う拘子に還って佛性有りや無しや　州云無

　「無門關」を著した無門和尚にして禪定を修するに六年の歳月要したと　趙州の「無」字は全く模索不着　この語は一大藏經であり全宇宙偉なるかな無字

　趙州の公案 室内は如何と問うに密密に語らず明かさす「不立文字」　教外別傳お茶を飲んで行けといい。お茶を飲んで目をさましてこいという。

　ここで又お茶を一杯「喫茶去」　「喫茶」

　大學同窓生である名古屋　德源僧堂師家　嶺興嶽老師の紀行本　中國祖跡巡禮の旅を出版　まえがきに「宗教には國境がありません」中日兩國は一衣帶水の近隣にありと　淨慧法師が寄稿されいる。

　北京で「日中韓佛教會議」が開かれた折に趙撲初居士が三國は佛教という「黄金の絆」で結ばれているとの發言があった。

　斯くも左様に三國の諸師との法緣、良緣を得られたことに感謝　光榮に思います。

　カムサハムニタ　シエイシエイ　アリガトウ

　老師と共に訪中する様になって臨濟寺と栢林寺が淨慧法師の粉骨碎身　間断無

い結晶の証が眼 に映える伽藍として整備された

　南泉普願の下で三十年修行し八十歳にして止住し　百二十歳なくなるまで　世に痛棒を以て教化された趙州從捻禪師大和尚

　願わくは「淨慧法師」「崔　錫煥先生」には禪師に習って百歳に余る齢を重ねて凡夫の我々の先達としてこれからも未永く御指導御教化下さること願っております。

　　　　　　佛歴　二五六四年　十一月吉日

　　　　　　　　　　　　　　　玉林小住　啄堂是彦　白

조주종심趙州從諗 선사禪師의 진면목을 드러내다

천고에 변함없는 끽다거(喫茶去)란 선어(禪語)는 천여 년 전 조주종심 (778~897) 선사께서 읊었던 화두(話頭)입니다. 천여 년간 차(茶)와 선(禪)을 아우르는 사람치고 '차나 한 잔 하시게(喫茶去)'를 말하지 않은 사람이 없을 정도로 천하(天下) 사람들의 눈을 열어 놓았던 끽다거는 오랜 세월을 뛰어넘어 오늘까지도 여전히 살아있는 선어로 다가오고 있습니다. 그래서 선(禪) 수행자나 차인들은 조주선사가 살았던 관음원(觀音院)을 늘 그리워했습니다.

조주선사는 조주성(趙州城) 동쪽 관음원에 머물렀습니다. 생전에 조왕(趙王)이 조주선사를 흠모하여 극진히 받들어왔고 지금도 조주탑과 측백나무 숲을 이루고 있어 조주의 체취를 느낄 수 있었습니다. 그러나 천여 년이 흘러가면서 조주선사가 주석했던 백림선사(栢林禪寺)는 역사 속으로 사라졌고 자연스럽게 조주의 자취도 잊혀져 갔습니다. 천하고불(天下古佛)로 명성을 떨친 조주의 체취가 남아있던 백림선사는 근대로 접어들며 1987년 이전까지만 해도 범종(梵

鐘) 소리와 인적이 끊긴 쓸쓸한 모습이었습니다. 그러다가 1987년 10월 15일 당시 중국불교협회 상임이사이자 《법음(法音)》 잡지 주편인 징후이 스님이 '일중우호임황협회(日中友好臨黃協會)'의 단체를 이끌고 백림선사를 참배하면서 쓸쓸하게 조주탑만 덩그렇게 남겨진 광경을 보고 원력을 세워 1988년 마침내 백림선사가 중흥의 기틀을 마련케 되었습니다. 10년간에 걸쳐 백림선사가 징후이 스님에 의해 중흥되면서 백림선사는 생활선 도량으로 중국의 모범적 선종 도량으로 자리잡아 갔습니다. 그러나 저자는 한국 선가(禪家)에 오랫동안 회자되어 온 조주다풍(趙州茶風)의 자취를 쫓아 1999년 여름, 조주선사가 천하 납자의 눈을 열어 놓았던 허베이성(河北省) 백림선사를 찾아갔습니다.

조주탑 앞에 차를 한 잔 올린 인연 공덕으로 당시에는 조주의 끽다거가 깨어날 줄은 미처 예견하지 못했습니다. 조주선사에게 차를 올리고 난 뒤 햇빛이 반사되는 탑전을 한 바퀴 돌았습니다. 그리고 풍경 소리에 깨어나 탑 위를 바라보았습니다. 햇살이 닿으면서 탑이 광채를 띠었는데 우측 상단 모서리에 '푸른 개울에 비친 달이요 맑은 거울 속의 얼굴이라 우리 스님 우릴 교화하셨네 천하의 조주스님이여[碧溪之月 淸鏡中頭 我師我化 天下趙州]'라는 글이 선명하게 드러났습니다. 그 글을 읽는 순간 조주가 읊었던 끽다거란 화두를 널리 퍼뜨려야 되겠다는 생각을 갖게 되었습니다.

다음날 허베이성 스좌장(石家莊)을 찾아 끽다거 공안을 파헤치자 허베이 사람들은 자신들이 끽다거 공안을 잊고 있었던 것을 쑥스럽게 여기고 낯을 들지 못했던 기억이 떠올랐습니다.

2001년 중국에서 처음으로 다선일미 학술대회가 열리면서 중국의 선차가 깨어나기 시작했습니다.

우여곡절 끝에 2001년 10월 〈한중우의 조주고불 선차기념비(韓中友誼趙州古佛禪茶紀念碑)〉가 조주탑 앞에 건립되면서 잊혀진 조주의 끽다거를 되살렸고 그 기념으로 그 선차의 정신을 전승키 위해 2005년 천하조주 선차문화 교류대회가 태동하는 등 숨 가쁘게 돌아갔습니다. 그 여세를 몰아 2010년 가을 조주의 자취를 쫓아 중국 전역을 순례해봐야겠다는 생각이 일었습니다. 그리하여 2011년부터 2012년 10월까지 장장 20개월에 걸쳐 조주의 자취를 월간《차의 세계》에 연재하게 되었습니다. 그간 연재했던 글을 보완해 한 권의 책으로 묶어내기에 이르렀습니다.

선차의 길로 이끌어주신 중국의 백림선사 방장을 지낸 징후이 스님은 선차문화의 발전에 노고를 아끼지 않고 헌신한 저자에게 지지를 보내주셨고, 그 성원에 힘입어 이 책을 쓰게 되었습니다. 지금까지 조주의 끽다거는 흠모해왔지만, 조주선사가 읊은 끽다거 공안의 현장을 찾아가 보니 그 공안이 선가에 천 년 동안 회자되면서 선차 공안의 최고봉으로 널리 회자되고 있는데도 조주를 잊고 있었습니다. 한·중·일을 오가며 조주의 탄생부터 열반, 그 후 조주의 끽다거 공안이 천 년간 민중들을 사로잡게 된 근원을 쫓아 천하조주 끽다거 기행을 성공리에 마칠 수 있었음은 조주선사의 은덕이라고 말할 수 있겠습니다.

이 책이 나오기까지 격려를 아끼지 않으신 백양사 방장을 지낸 서옹(西翁)스님, 사조사 방장(四祖寺 方丈) 징후이 스님, 조계종 종정(曹溪宗 宗正) 진제(眞際)스님, 청담문화재단 이사장 동광(東光)스님, 허베이성 백림선사 방장 밍하이(明海)스님, 중국 남전선사(南泉禪寺) 주지(住持) 중쉬에(宗學)스님, 산둥(山

東) 영암사(靈巖寺) 주지 쓰홍언(釋弘恩)스님, 전국선원 수좌 대표 의정스님, 낙산다회 회주 홍파스님, 일본 옥림사 조실 다쿠도 요시히코 스님과 명원문화재단(茗園文化財團) 김의정(金宜正) 이사장의 지지에 힘입어 한 권의 단행본으로 나올 수 있었습니다. 이 천하조주 끽다거 기행을 시작하게 되면서 숙우회(熟盂會) 강수길(姜洙吉) 선생은 제자들과 함께 백림선사에서 열린 한·중 선차 교류 10주년이라는 의미 깊은 행사에 참여해 주셨습니다.

20여 년간 조주기행이 진행되는 동안 아낌없는 지지와 찬사를 보내주신 국내외 스님과 차인들의 성원에 힘입어《천하조주 끽다거 기행》이 완성될 수 있었습니다. 부족한 점에 대해서는 전국의 차계와 제방 선지식의 질책을 당부합니다. 조주기행이 하나의 순례 여정이자 깨달음의 여정으로 오랫동안 역사에 남길 마음속 깊이 되새기고, 조주의 자취를 세상 밖으로 끌어내고자 했습니다. 끽다거 정신이 세계로 퍼져 나가길 간절히 염원하면서 끽다거 정신을 잇게 한 조주선사 탑전(塔前)에 정성을 다해 봉헌(奉獻)한 뒤 조주선사의 다풍을 이어온 선고차인들에게 이 책을 삼가 바칩니다.

2021년 새해 아침, 최석환

조주차趙州茶의 흔적을 찾아
끽다거喫茶去의 기억을 깨우다

조주의 차가 깨어나다

조주의 차향이 담긴 이 책은 아주 우연하게 이루어졌다. 1999년 여름 조주 끽다거의 고향을 찾아 허베이성(河北省) 자오현(趙縣)으로 백림선사(栢林禪寺)를 찾아가 진제선사광조지탑(眞際禪師光祖之塔) 앞에서 한국에서 가져간 햇차를 올린 뒤 두 손을 합장하고 조주탑(趙州塔)을 한 바퀴 돌았는데 감미로운 차향이 코끝을 스쳐지나갔다. 당시로는 예사롭지 않았다. 그리고 마음속으로 조주의 차향이 천하에 퍼져 나가길 발원했다. 그때 천 년간 이야기해 온 조주의 끽다거 의미가 담긴 선차기념비(禪茶記念碑)를 조주탑 앞에 세워 조주 차의 정신이 만세(萬歲)토록 현양(顯揚)하길 간절히 발원했다.

당시 감원(監院)인 밍하이(明海)스님에게 "조주고불(趙州古佛)의 자취가 담긴 백림선사는 철감도윤(澈鑒道允)과 동문수학한 조주종심과 철감도윤 선사(禪師)의 법형제

지간의 인연으로 백림선사에 기념비를 세워 천추에 길이 빛내고자 합니다"라고 말씀드렸다. 뜻밖의 제안에 밍하이 스님은 감격한 듯 이 절의 방장(方丈)인 징후이(淨慧) 선사와 의논해 통보하겠다고 말씀하시는 것을 듣고 백림선사를 빠져나왔다.

1년을 기다린 끝에 2000년 봄날 밍하이 스님으로부터 연락이 왔다. 징후이 스님께서 허락을 해주시면서 백림선사를 내방해줄 것을 당부했다. 그렇게 하여 밍하이 스님의 인도로 백림선사 방장실에서 징후이 스님과 독대(獨對)했다. 나를 보더니 징후이 스님은 "외국인으로서 조사(祖師)를 흠모하는 최 선생의 제안에 감동하여 허베이성 자오현의 종교국과 협의 끝에 백림선사에 〈한중우의 조주고불 선차기념비(韓中友誼趙州古佛禪茶紀念碑)〉를 세우기로 합의했습니다"라고 말을 꺼냈다. 그리고 구체적 내용을 한국 측에 위임할 터이니 비석에 새길 찬문(撰文)을 보내줄 것을 당부했다. 이는 한국 측의 의지를 높이 평가해 조주 비에 새길 내용을 전적으로 한국에 위임한 것이다. 그렇게 하여 저자의 주도로 비문(碑文) 작업에 들어갔다.

징후이 스님의 배려에 감격하며 방장실에 걸린 '끽다거(喫茶去)' 화두(話頭)에 대해 여쭈었다. 그러자 징후이 스님이 빙그레 미소 지으며 한 손으로 찻잔을 가리키면서 '차나 한 잔 드시게'라는 무언의 말로 화답했다. 그렇게 징후이 스님의 혜안으로 백림선사 경내(境內)에 조주의 끽다거 정신이 담긴 선차기념비를 발원하게 된 지 3년 만인 2001년 10월 19일 〈조주고불 선차기념비〉를 백림선사에 건립하게 되었다. 〈조주고불 선차기념비〉에서는 '한·중의 불교는 한 뿌리이니 예로부터 한집안이며 선풍(禪風)을 함께하니 법맥(法脈) 또한 서로 전함이라'라고 분명히 밝히고 있다. 《조당집(祖堂集)》은 이렇게 전한다.

철감은 츠저우(池州) 남전사(南泉寺)로 찾아가 보원(普願) 선사를 뵙고 제자의 예를 바치니 남전선사는 우리 종(宗)의 법인(法印)이 모두 동국으로 돌아가는구나(吾宗法印 歸東國矣).

철감선사는 스승 남전선사가 열반(834)한 이후에도 13년 동안이나 당(唐)에 머물다가 당 무종(武宗)에 의해 회창법난(會昌法難, 842)이 일어난 3년 뒤인 문성왕 7년(845) 4월 50세의 나이로 귀국선에 오른다. 철감선사는 귀국하여 곧바로 금강산(金剛山)으로 들어가 장담사(長潭寺)에 주석하며 제자를 가르치기 시작한다.

이후 철감도윤 선사는 화순 쌍봉란야(雙峰蘭若)에서 대중을 제접(提接)하니 수행자가 구름처럼 모여들었다. 철감도윤 선사는 남전보원 선사로부터 선맥을 이어와서 선과 차를 전파했으니 조주의 차는 중국 땅에서만 유행한 것이 아니었다. 조주와 법형제 되는 철감도윤을 통해 차와 선이 신라로 이어졌고 그 여세를 몰아 근대까지 조주차의 정신을 이으려는 조주다풍(趙州茶風)으로 이어졌다.

백림선사에 〈조주고불 선차기념비〉가 세워진 내력

2001년 백림선사 경내에 〈조주고불 선차기념비〉가 세워지면서, 잊고 있던 조주선사의 끽다거를 깨움으로써 선차계에 일대 변화가 일어나기 시작해 사람들은 선차의 본의(本意)를 이해하기 시작했다. 천 년 전 조주선사는 끽다거라는 화두로 대중들을 제접했다. 망념(妄念)을 잊고 깨달음으로 이끌기 위해 조주선사는 차 한 잔으로 대중을 이끌었다. 그 후 차에 관한 많은 공안(公案)들이 탄생했는데 한 잔의 차로 구도자를 깨달음의 길로 이끌었다. 선차의 개념조차 희미할 때 끽다거의 공안을 찾아 허베이 사람들을 깨우면서 중국이 잊고 있던 끽다거를 되찾게 했다. 2001년 10월 백림선사와 한국의 불교춘추사는 〈조주고불 선차기념비〉 건립 기념으로 중국에서 처음으로 선차일미(禪茶一味) 학술대회가 개최되면서 선차의 날개를 달게 되었다. 그 후 2005년 10월 우여곡절 끝에 마침내 천하조주 세계선차문화교류대회가 개최되면서 중국을 깨어나게 했다. 2003년 세계선차대회가 발기되었을 당시 누구도 이 대회가 지속되리라고는 예상하지 못했다. 그러나 사람들로 하여금 선의 마음을 일으키면서 선차라는 브랜드가 동아시아 일대로 확대되어 갔다. 이 같은 변화는 징후이 스님과 저자의 노력의 결실이라고 말할 수 있다.

《천하조주 끽다거 기행》의 내용들은 조주종심의 생애를 추적하는 르포 형식으로 담겨 있다. 중국 전역을 순례하면서 끽다거의 자취가 담긴 흔적들을 곳곳에서 발견하고 벅찬 감격을 맛보았다. 이 책은 2011년 1월부터 2012년 10월까지 장장 20개월간 월간《차의 세계》에 연재한 글을 보완해 한 권으로 엮었다. 책을 엮으며 감명받은 것은 조주의 끽다거가 천 년의 시간과 공간을 뛰어넘어 여전히 민중들의 마음속에 살아있다는 점이었다. 중국불교협회 회장을 지낸 고(故) 자오푸추(趙撲初) 거사는 '부질없는 수천만 개의 게송보다 차 한 잔 마시고 가는 것이 낫다(空持千百偈不タ喫茶去)'는 선어(禪語)를 남겨 심금을 울렸다.

끽다거 기행은 조주의 고향 산둥성(山東省) 허쩌시(荷澤市)를 출발하여 안후이성(安徽省) 남전촌(南泉村)을 거쳐, 끽다거가 완성된 허베이성 자오현의 백림선사와 스좌장(石家莊)을 중심으로 조주의 자취를 찾아 중국 전역으로 확대되었다. 끽다거 기행은 천 년 전 조주의 사상을 되돌아보며 끽다거가 차가(茶家)에서 오늘날 어떻게 쓰이고 있는지를 낱낱이 파헤쳐 보고자 했다. 《천하조주 끽다거 기행》 순례단이 남전사지에서 조주선사께 헌다 의식을 올리면서 조주기행의 서막은 올랐다.

왜 끽다거인가

조주와 얽힌 이야기들은 가는 곳마다 미담으로 전해오는데 그중 진여선사(眞如禪寺)와 조주의 이야기는 지금도 잊을 수 없다. 조주선사가 진여선사(당시 용창선원(龍昌禪院))에 오자 주지인 운거도응(雲居道膺) 선사가 산문(山門) 앞까지 나와 맞이했다는 고사(故事)가 전해온다. 그로 인해 산문에 조주관(趙州關)이 세워졌다. 잘 알다시피 조주선사는 스승이 입적(入寂)하자 츠저우 남전사를 떠나 중국 전역을 행각하다가 80세가 되어서야 허베이성(河北省) 자오현의 관음원(觀音院)으로 들어갔다. 그곳에서 120세까지 사는 동안 끽다거란 화두로 천하 사람들을 제접(提接)했던 눈물겨운 이야기들이 여전히 천 년 동안 이어져 오고 있다. 이 책을 읽어 내려가다 보면 장시성(江西省), 허베이성 등 조주가 행각했던 자취를 따라가는 동안 그의 체취를 느낄 수 있을 것이다.

더 나아가 징후이 스님의 혜안으로 조주가 수행했던 진여선사의 차 묘목을 허베이성으로 가져와 태행산(太行山)에 이식하여 차 재배를 성공시킴으로써 남차북위(南茶北位)를 실현한 것은 차사(茶史)에 있어 기념비적인 사건이 아닐 수 없다. 또한 조주의 자취를 따라가는 곳마다 '차나 한 잔 드십시오' 하는 이야기를 들으면서 여전히 조주의 차가 살아 숨 쉬고 있음을 발견할 수 있었다.

백림선사는 1980년 초반까지만 해도 폐허나 다름없었으나 1987년 징후이 스님의 원력(願力)으로 오늘날의 백림선사로 중흥(中興)하게 되었다. 그리고 조주가 세상에 드러나게 된 것은 끽다거 공안 덕분이라고 말할 수 있다.

끽다거 화두는 어떤 연유로 천 년의 세월을 뛰어넘어 오늘 우리에게 와 닿는가. 그것은 바로 끽다거에 담긴 철학적 사유에서 비롯된다. 일본 차문화의 콜럼버스로 알려진 무라타 주코(村田珠光)는 '조주는 일미청정(一味淸淨)과 법희선열(法喜禪悅)을 이룩했지만 육우(陸羽)는 이런 경지에 도달하지 못했다'고 폭탄선언을 한 바 있다. 무라타 주코가 누구인가. 일본에 다선일미를 전해준 다승(茶僧)으로 알려진 인물이다. 우리는 이런 조주 끽다거의 전승 과정을 추적하면서 조주의 진면목을 살피려 한다.

허베이성이 선차의 중심이 된 까닭

항저우 불교협회 회장인 광취엔(光泉) 스님은 '자오현은 차가 나지 않으므로 당연히 선차의 중심은 항저우(杭州)가 되어야 한다'고 강하게 주장한 바 있다. 이처럼 지금 중국에서는 선차의 중심을 놓고 누가 그 자리를 차지하느냐가 관심사로 떠올랐다. 그러나 조주가 활동한 허베이 인근 위안스(元氏縣)의 봉룡산(封龍山)은 추사가 〈백석신군비(白石神君碑)〉로 필의한 '명선(茗禪)'의 발상지일 뿐만 아니라 끽다거의 발원지로 차사에 길이 남았다. 또한 허베이는 승려 단도개(單道開)의 수행 현장이기도 하다. 단도개가 허베이 소덕사(昭德寺)에서 틈틈이 다선을 했는지는 연구 대상이다. 그러나 임장(臨漳)이 당시 삼국 양진(三國 兩晉)에 속했을 때 대도성(大都城)이었고 단도개가 업성(鄴城) 임장에서 다선 수행을 했다. 이러한 다선 수행 방식은 중국 선찰의 총림으로 퍼져 나갔다. 승려 단도개가 다선 수행을 제창하면서 중국 승려들은 차(茶)와 선(禪)을 서로 합치는 큰 문을 열었고 후세에는 '다선일미(茶禪一味)'가 선림법어 탄생의 기초가 되었다. 이로서 산둥성 태산(泰山) 영암사(靈巖寺)에서 항마사(降魔師)가 음다(飮茶)를 크게 일으킨 것을 확인할 수 있다.

이처럼 허베이 차사를 일으킨 고승들의 편린에서도 주옥 같은 문장들이 전해 온다. 이조(二祖) 혜가와 조주와 임제가 허베이에서 활약했고 단도개와 《봉씨문견기(封氏聞見記)》를 쓴 봉연(封演) 등이 허베이 출신이라는 사실도 시사하는 바가 크다.

조주가 떠난 뒤 끽다거는 역사 속으로 사라져 갔지만 지금 끽다거는 음다인(飮茶人)의 바이블이 되었다. 천 년간 끽다거가 회자된 것은 조주의 유전자가 살아 있음을 뜻한다. 이제 천 년이라는 긴 시간의 터널을 지나 끽다거를 현대적 관점에서 파헤쳐 보게 되었다.

한국으로 이어진 조주다풍

조주는 산둥성 허쩌시의 조그마한 마을에서 태어나 고향을 떠나 안후이성으로 건너가 남전을 스승으로 모셨다. 80세의 나이에 허베이성 자오현으로 들어가 끽다거란 공안을 통해 천하 사람의 마음을 열어줄 수 있었던 것은 눈 밝은 제자를 두었기에 가능했다. 조주의 스승 남전의 선법은 선종의 창(窓)이 되어 두 갈래로 갈라졌다. 하나는 조주가 허베이로 건너가 끽다거를 일으킨 것이고 또 하나는 철감도윤 선사가 해동으로 건너가 전라남도 화순 쌍봉사에서 다선일미를 전파한 것이다. 이런 역사적 배경에서 끽다거 공안은 대중 속에 살아있는 화두로 자리매김했다. 조주가 멀고 먼 안후이성으로 남전을 찾아가는 순례길에서부터 천하조주 끽다거 기행을 시작했다.

조주의 차 정신은 중국 땅에만 머무르지 않았다. 한국을 거쳐 일본에까지 전해지면서 승속(僧俗)을 막론하고 끽다거는 천여 년의 세월 동안 회자되었다. 조주의 수많은 공안 중 끽다거가 대중을 사로잡은 까닭은 끽다거에 담긴 가르침이 시공(時空)을 뛰어넘어 오늘 우리에게 다가왔기 때문인 듯하다. 신라에 끽다거가 유행한 데는 조주종심과 철감도윤의 인연에 힘입어 조주선사가 세상에 드러난 영향이라고 말하지 않을 수 없다. 조주의 끽다거는 무궁무진한 날개를 펼치면서 그후 원오극근(圓悟克勤)이 다선일미를 들고 나와 선차일미의 정신은 동아시아로 퍼져나갔다.

조주선사와 법형제 지간인 철감도윤은 조주의 차 정신을 이어갔고 그후 고려의 진각국사 혜심과 태고보우 국사 등이 조주차를 실천해왔으며, 조선으로 건너와서 소요태능(逍遙太能)은 조주차를 마시며 깨우쳤다는 시를 남겼다. 추사 김정희 또한 눈앞의 '흰 잔에 조주차를 마시며'라고 썼다. 조선 후기로 넘어오면서 한국차를 중흥시킨 초의(草衣) 선사는 선당(禪堂)에 조주다풍(趙州茶風)이 있었으나 사라져감을 안타까워했다. 근세의 고승 경봉(鏡峰) 선사는 '운문(雲門)의 호떡(湖餅)과 조주의 청차(淸茶)'를 강조해오면서 끽다거의 정신을 '시자야 차를 달여오라'는 염다래(拈茶來)로 이끌어 한국 선차문화를 한 단계 드높였다.

천하조주 끽다거 기행을 통해 차는 우리의 영혼 속에 끽다거로 되살아났고, 천고의 변하지 않는 진리가 되어 세계로 퍼져나갔다. 천 년 전 조주선사가 대중들에게 읊었던 '끽다거'란 화두는 우리에게 진리의 차향이 되어 오랫동안 전해지고 있다.

寻踪赵州"吃茶去"

或: 千年"吃茶去"的新里程

这本散发着赵州茶香的书是在偶然间完成的. 1999年夏天笔者为了寻找赵州从谂禅师"吃茶去"的故乡,来到位于河北省赵县的柏林禅寺. 在柏林古塔前献上一杯从韩国带来的新茶,合掌绕塔一周. 甘甜的茶香掠过鼻尖,沁入心脾竟有一丝感动,似乎有一股力量推动笔者从内心深处发愿要将赵州茶香传扬天下,发愿要在古塔前树立记录千百年来赵州禅师"吃茶去"精神的禅茶纪念碑,将赵州茶的精神发扬光大. 笔者向当时的监院明海大和尚提到:"在有赵州禅师足迹的柏林禅寺,树立记载赵州从谂禅师和他的同门道友澈鉴道允禅师之间的因缘的纪念碑,意义将会永垂千秋". 明海大和尚对这个想法很关注. 笔者在得知明海大和尚已向寺院方丈净慧老和尚通报后便离开了柏林禅寺. 等了一年,在2000年春天接到明海大和尚的电话,净慧老和尚邀请笔者再次到柏林禅寺参访. 就这样,明海大和尚的引领下,在方丈室获得与净慧老和尚直接相处的机缘. 净慧老和尚说:"崔先生作为外国人,对祖师的景仰让人感动,河北赵县宗教局协议后决定在柏林禅寺树立《韩中友谊赵州古佛禅茶纪念碑》，委托韩方撰写石碑上的铭文". 把纪念碑上要刻的内容交与韩方撰写，是对韩方代表信念的高度肯定. 笔者立马回国着手准备碑文内容.

笔者对净慧老和尚的支持特别感动，看着挂在方丈室墙上的赵州禅师的画像向老和尚请教起"吃茶去"公案的内涵. 净慧老和尚微微一笑道："还是喝茶吧."

在净慧老和尚的慈悲摄受下，2001年10月象征赵州禅师吃茶去精神的禅茶纪念碑完工，离笔者在塔前发愿到完工历经三年. 《韩中友谊赵州古佛禅茶纪念碑》的建立，再次说明"韩中佛教同根同源，自古同室，禅风共进，法脉互传". 《祖集堂》里也有这样的记录：澈鉴道允到池州南泉寺拜见普愿禅师行弟子礼，向普愿禅师求法，南泉普愿说"吾宗法印归东国"。南泉禅师涅槃（公元834年）后，澈鉴道允又在大唐停留13年，唐武宗会昌法难后第五年（公元847年），50岁时回国，卓锡金刚山的长潭寺开始布坛弘法. 后来澈鉴道允在和顺双峰兰若（现名双峰寺）接引大量信众，传承南泉普愿禅师的法脉弘扬禅宗. 因此赵州茶不仅在中国大地上流行，赵州禅师的同门道友澈鉴道允也将赵州茶风带到新罗并延续至今.

在柏林禅寺树立<赵州古佛禅茶纪念碑>历程

《赵州古佛禅茶纪念碑》的树立，使被遗忘的赵州禅师的"吃茶去"重新振兴，禅茶界也发生了巨大的变化，禅茶开始被关注. 上千年前赵州禅师用"吃茶去"的话头接引大众，用一盏茶让大众放下妄念而开悟，后来又诞生很多与茶相关的公案，一盏茶把修行者引向开悟的路. 当禅茶的概念逐渐被遗忘时，找回"吃茶去"的公案让河北人开悟的同时也会让中国重新找回"吃茶去". 2001年10月柏林禅寺的《韩中友谊赵州古佛禅茶纪念碑》树立后，中国召开首次"禅茶一味"学术大会，禅茶文化开始飞速发展。2005年10月19日，历经各种波折天下赵州世界禅茶大会在柏林寺召开，以茶修心的禅茶活动也作为一种品牌逐渐扩大到东南亚地区。这种变化，可以说和净慧老和尚与笔者的努力是不能分开的。

《天下赵州吃茶去纪行》以赵州禅师生平为中心报道的形式，记录笔者在中国境内的寻踪之旅。笔者每到一个地方，发现"吃茶去"的踪迹都会激动不已。本书是完善登载在《茶的世界》期刊，自2011年1月开始到2012年10月整整20个月的内容后成册。编著此书时感触颇深，赵州禅师"吃茶去"公案，超越了近千年的时间和空间到现在依然存活在人们的心中。中国已故佛教协会的会长赵朴初居士提过"空持百千偈，不如吃茶去"的禅语，动人心弦。

《天下赵州吃茶去纪行》从赵州禅师的故乡山东省菏泽市出发到安徽省南泉村再到河北省石家庄为中心，寻找"吃茶去"的踪迹，最后扩大到全国。书里面回顾当年赵州禅师的思想，也提出今天的茶人要思考如何深度挖掘和践行"吃茶去"精神。《天下赵州吃茶去纪行》的寻踪团，是用在南泉禅寺向赵州禅师献茶的仪式拉开了纪行的序幕。

为何吃茶去

与赵州禅师相关的事迹，不管在哪里都会传为佳话。其中最难忘的是真如禅寺与赵州禅师的故事。赵州禅师到真如禅寺（当时是龙昌禅院），住持云居道膺禅师亲自出山门迎接，因此在山门机锋相契处设立"赵州关"的故事一直广为流传。众所周知，赵州禅师在师父普愿禅师圆寂后离开池州南泉寺在全国行脚，80岁时来到河北省赵县的观音院直到120岁，此期间以"吃茶去"的话头接引天下信众，至今流传很多可歌可泣的故事. 阅读本书, 随着赵州禅师从江西到河北的行脚踪迹, 可以感受到禅师的风范. 后来净慧大和尚把真如禅寺里的茶树苗移植到河北太行山并取得成功, 也是南茶北引的历史性事件. 追寻赵州禅师的风范, 听到 "喝杯茶吧" 就能感受到赵州茶的气息.

1980年初柏林禅寺还是一片废墟, 到1987年在净慧长老的愿力下恢复有了今天的柏林禅寺. 但是赵州禅师的茶风能够公诸于世却得益于 "吃茶去" 公案. "吃茶去" 的话头为什么能跨越千年岁月又来到我们生活中, 原因就是 "吃茶去" 所蕴含的哲学思想. 日本茶道的鼻祖村田珠光的师傅一休禅师曾经告诫村田, 日本茶道的精髓应该直抵赵州 "吃茶去" 真谛, 赵州禅师成就了 "一味清净" 和 "法喜禅悦", 陆羽也未达到这种境界. 他在日本弘扬赵州茶风, 践行 "茶禅一味", 是著名的茶僧. 我们追踪吃茶去的踪迹, 同时了解到了赵州禅师的真实面貌

河北是禅茶中心的缘由

杭州佛教协会会长光泉大和尚强烈主张 "河北赵县不产茶, 禅茶文化的中心理所当然是杭州". 这样就产生了中国禅茶中心到底是哪里的争议.

早在朝鲜时期, 茶圣草衣禅师把中国的蒙顶露芽送给自己的朋友著名书法家, 诗人金正喜, 无比欢喜的金正喜特意临摹位于河北省元氏县封龙山君祠里的白石神君碑的隶意, 写下 "茗禅" 两字, 回赠继承赵州茶风的草衣禅师.

河北是晋代单道开的修行地. 单道开是河北临漳昭德寺茶禅的研究对象, 相传单道开在都城邺城修行, 佛教饮茶从此在中国的禅刹丛林中传播开来. 有人认为单道开开创僧人用茶结合修行的法门, 是 "茶禅一味" 的先行者. 山东省泰山灵岩寺降魔藏禅师也因

此将饮茶习俗大力弘扬. 文献中对造就河北茶史的高僧们也有记载. 活跃在河北的二祖慧可, 赵州禅师, 临济禅师单道开, 还有《封氏闻见录》的作者封演等都出自河北, 这给我们很大的启示. 赵州禅师的"吃茶去"曾在历史长河中沉寂, 现在又重新在茶人中盛行, 说明赵州禅师精神依然鲜活的存在, 我们也该从现代人的角度去解读流传千年的"吃茶去".

传承到韩国的赵州茶风

赵州禅师出生在山东省菏泽市的一个小村庄里, 后离开故乡到了安徽省的南泉拜师求法. 80岁高龄来到河北赵县, 因"吃茶去"公案名扬天下开启了人的心扉, 也培养了得法的弟子, 南泉禅宗主要分成两脉对外传扬: 一脉由赵州禅师传到河北; 一脉漂洋过海到朝鲜半岛, 由澈鉴道允禅师对外传播. 在这样的历史背景下, "吃茶去"公案成了大众参禅话头. 寻访到赵州禅师曾经求法的安徽省南泉禅寺, 迈出了探寻《天下赵州吃茶去纪行》第一步.

赵州茶的精神不仅仅停留在中国的土地上, 后经过朝鲜半岛传到了日本, 在近千年的岁月里, 不论僧俗, 人们都乐在其中. 无数关于赵州禅师的公案中"吃茶去"最吸引大众, 是因为"吃茶去"所蕴含的道理超越时空来到我们身边. 不得不说, "吃茶去"能够在新罗盛行也得益于赵州禅师和澈鉴道允之间深厚渊源的加持. 赵州禅师"吃茶去"展开无穷无尽的翅膀后, 据说圆悟克勤推出"茶禅一味"和"禅茶一味"的精神并向东亚传播. 由澈鉴道允开始, 赵州茶的精神在高丽时期得到了真觉国师慧谌和太古普愚国师等的践行, 进入朝鲜时期留下了逍遥太能喝赵州茶开悟的诗, 秋史金正喜写下了"眼前白吃赵州茶"的句子, 进入朝鲜后期, 复兴禅茶文化的草衣禅师对消失的赵州茶风表示惋惜，近代镜峰禅师强调"云门饼和赵州清茶"用"拈茶来"将韩国的禅茶文化带领上一个新高度.

《天下赵州吃茶去纪行》通过"吃茶去"让我们灵魂觉醒，千古不变的真理伴着赵州茶香传向世界，上千年前赵州禅师向大众参的"吃茶去"这个话头也定会带着芬芳茶香传的更久远.

校对：朱敏　翻译：葛玉冰

목차

제1장 조주의 고향을 찾아

제2장 구도의 길을 걷다

제1장
조주의 고향을 찾아

01. 조주가 탄생한 학향郝鄕을 찾아
- 산둥성(山東省) 린쯔시(臨淄市)는 지금

조주진영

우수날(2011년 2월 18일) 새벽 5시, 산둥(山東)의 칭다오(靑島)를 출발한 〈천하조주끽다거기행 순례단〉[1]은 조주의 자취를 쫓아 허쩌시(荷澤市)를 찾아갔다. 조주의 고향은 어떤 모습으로 변모하였는지가 궁금했다.

조주의 고향[2]을 놓고 의견이 분분한데 산둥성 원주부(袁州府, 현재는 허쩌시[荷澤市])라는 설과 현재 산둥성 린쯔시의 조주(曹州) 학향(郝鄕) 린이현(臨邑縣)이라는 설이 팽팽히 맞서고 있던 중, 산둥 린쯔시가 조주의 고향임을 확인하면서 서막이 열렸다. 린쯔시 설은 《조당집(祖堂集)》에 조주가 청사(靑社) 치구(緇丘) 사람이라 적혀 있는 것에 근거했다. 치구는 오늘날 린쯔시를 가리킨다. 원주부는 오늘날 허쩌시로 모란과 서화, 희곡과 무술의 고향으로 알려졌다. 또한 김포시와 자매결연을 맺은 도시이다. 조주가 태어난 린이현을 찾다가 현 지명에서 린이현이 사라져버린 사실을 알고 옛 지도를 살피다가 린쯔시를 발견해 찾아갔다.

조나라(趙, 기원전 1046~487) 땅인 허쩌시와 제나라(齊, 기원전 1046~221) 땅인 린쯔시가 서로 조주가 자신의 고향에서 태어났다고 주장하는 까닭은 무엇일까. 그것은 조주가 워낙 큰 인물이기 때문인 것 같다. 조주를 말할 때 환영처럼 따라다니는 끽다거의 공안(公案)에 힘입은 듯했다.

중국 측 문헌을 살피다가 또 다른 조주의 생애를 살필 수 있었다. 조주는 허베이성(河北省) 서부의 도시인 자오현(趙縣)의 수위조군(隋謂趙郡)의 경원부(慶源府) 원(元) 칭조주이위수면(稱趙州而爲首免) 타이항산맥(太行山脈)의 북평원이

린쯔시 거리

제나라 도성을 그린 옛 그림

라는 군사 요충지에서 출생했다는 또 다른 의견이 제시된 것이다. 그러나 이 같은 주장은 허베이 사람들의 견해이다. 조주가 80살부터 120살까지 허베이성 자오현의 관음원(觀音院: 현 백림선사[栢林禪寺])에서 활동했다는 것이 그렇게 와전된 것 같다. 그러나 지금은 옛 린쯔현(臨淄縣)의 지명을 딴 린쯔시가 조주의 고향일 가능성이 매우 크다.

린쯔시는 과거 제나라의 수도로 고구려 유민 출신인 이정기(李正己, 732~781) 장군이 765년에 세운 땅이다. 조주가 태어난 땅이 제나라라는 사실을 알고 충격에 휩싸였다. 더욱 놀란 것은 임제의현(臨濟義玄) 선사 또한 조주와 동향(同鄕)이라는 사실이었다. 그런 인연인지 몰라도 임제는 허베이성 정딩시(正定市) 임제사에서, 조주는 허베이성 자오현 백림선사에서 남종선(南宗禪)을 일으켰다. 그의 고향 산둥(山東)과 허베이는 3시간 거리의 가까운 지역이라는 점에서 두 사람의 만남은 예사롭지 않은 것 같았다.

린쯔시에 도착하여 곧바로 찾은 곳은 옛 도성 자리에 위치한 제국역사박물관(齊國歷史博物館)이었다. 그곳에서 제나라의 역사가 한눈에 펼쳐진 광경을 지켜보면서 조주가 태어난 778년으로 돌아갔다.

아직도 선연한 조주의 향기

조주의 고향을 찾아가게 된 까닭은 끽다거(喫茶去) 화두(話頭)가 천 년의 시공을 뛰어넘어 오늘날에도 여전히 회자되고 있기 때문이다. 조주가 태어난 린쯔시의 거리는 눈부실 정도로 아름다웠다. 가는 곳마다 반기는 린쯔시 사람들의 그 잔잔한 웃음이 조주의 진면목을 보는 것 같았다. 《조주록(趙州錄)》〈행장(行狀)〉을 통해 조주의 생애를 살펴본다.

> 조주종심(趙州從諗, 778~897)은 학향(郝鄕: 현재의 산둥성~[山東省]) 출신으로 대대로 내려온 학(郝) 씨 집안에서 태어났다. 법명은 종심(從諗)이며 어릴 적에 조주에 있는 호국원(護國院)에서 출가했다. 혹은 고향 용흥사(龍興寺)에서 출가한 뒤 숭산 소림사(少林寺) 유리계단(琉璃戒壇)에서 구족계를 받았다는 설이 있다. 유리계단은 진감(眞鑑)국사 혜소(慧昭)도 구족계(具足戒)를 받은 역사적 공간이기도 하다.
>
> 스님은 어린 시절 영리하였고, 절개가 곧아 속인들과 잘 어울리지 않았다.[3]

원나라 왕익(王翊)이 쓴 《조주고불당기(趙州古佛堂記)》에는

'타고난 성품은 영리하였고, 깨달음은 마치 빛나는 옥돌처럼 반짝였다'고 했다.

조주는 늘 말하였다.

"어린아이일지라도 나보다 나은 사람이라면 스승으로 모실 것이다. 그리고 아무리 나이가 많아도 나보다 못하면 내가 가르칠 것이다." [4]

애초부터 조주선사의 굳센 의지에 불성(佛性)이 있었음이 드러난다. 《조주록》〈행장〉을 다시 살펴본다.

古尊宿語錄卷第十三
趙州眞際禪師語錄并行狀卷上 嗣南
師即南泉門人也俗姓郝氏本曹州郝鄉人也諱從
諗鎭府有塔記云師得七百甲子歟値武王微沐避
地岨峽木食草衣僧儀不易師初隨本師行脚到南
泉本師先人事了師方乃人事南泉在方丈內卧次
見師來癸伊問近離什麼處師云瑞像院南泉乃還
見瑞像麼師云不見瑞像即見卧如來南泉云還
問你是有主沙彌無主沙彌師對云有主沙彌云
那箇是你主師云孟春猶寒伏惟和尙尊體起居萬

《고존숙어록(古尊宿語錄)》에 나온 조주선사 행장

어린 나이에 고향 용흥사에서 출가했다.

구족계를 받은 뒤 은사스님이 호국원(護國院)에 계신다는 소식을 듣고 스승을 찾아뵙기로 했다. 스님이 도착하자 은사스님은 사람을 시켜 학씨에게 알렸다.

"귀댁의 자제가 행각실에 돌아왔습니다."

학씨 집안 친척들은 몹시 기뻐하며 기다렸다가 다음날 함께 보러 가기로 하였다. 어린 사미인 조주스님은 이를 듣고 말하였다.

"속세의 티끌과 애정의 그물은 다할 날이 없다. 이에 양친을 하직하고 출가하였는데 다시 만나고 싶지 않소." [5]

그리고 서둘러서 짐을 챙겨 호국원을 나왔다는 일화가 전해온다.

또 다른 일화로는 조주가 출세한 뒤 고향으로 돌아와 돌다리를 건너려는 순간 고향 사람들이 그를 알아보고 코흘리개 조주가 저기 오지 않았냐고 배척하자 조주는 다시는 고향으로 돌아가지 않았다는 이야기가 있다. 이는 마조도일(馬祖道一, 709~788)의 일화와 반복되는 듯했다.

조주가 출가한 뒤 부모는 끈질기게 조주가 고향으로 돌아올 것을 바랐다. 어린 조주는 호국원에 있다가 수행을 할 수 없음을 간파하고 스승의 허락을 받고 산둥성에서 머나먼 안후이성(安徽省)으로 구법길에 올랐다. 그때가 14살 무렵이었다. 산둥에서 머나먼 안후이성 남전사(南泉寺)로 찾아간 조주는 남전(南泉)과 맞닥뜨리면서 그의 진면목을 드러냈다.

조주가 누워 있는 여래를 보았다는 말에 남전은 그를 제자로 받아들인다. 놀랍게도 조주는 칠백 갑자(120세)를 살았는데 무종의 폐불법난(廢佛法難, 842~845) 시기 저래산(咀來山)에 숨어 나무 열매를 먹고 풀옷을 입으면서도 승려로서의 위의(威儀)는 바꾸지 않았다는 이야기는 많은 후학들에게 귀감이 되고 있다.

그리고 여든이 되어서 허베이 조주 관음원으로 돌아와 대중을 제접한다. 끽다거는 그때 탄생한 공안으로 그를 찾아오는 사람에게 건넸던 '차나 한 잔 드시게'라는 화두이다. 그러나 조주는 다 같은 끽다거라도 사람에 따라 달랐다. 끽다거의 음성이 중국의 사성 발음으로 '츠챠취(喫茶去)'를 소리 내면 곡조처럼 울림이 터져 나간다고 말한 바 있다. 그 말에 담긴 뜻을 차 한 잔으로 깨친 사람의 눈으로 대중을 제접했다.

02. 조주가 출가한 용흥사龍興寺

어두운 밤 용흥사에서 깨달은 끽다거에 담긴 가르침

제나라의 수도 린쯔시에서 칭저우(靑州)의 용흥사(龍興寺)는 30여 분 거리에 있다. 용흥사를 찾아간 까닭은 조주가 출가한 곳이기 때문이다. 《조당집》에는 분명하게 용흥사에서 조주가 출가했다고 밝히고 있다. 용흥사는 국내에도 익히 알려진 사찰이다. 1996년 용흥사 유적지에서 발견된 불상들을 살피니 쓰촨성(四川省) 청두(成都)의 만불사지(萬佛寺址)에서 발견한 동방미인을 닮은 듯했다. 또한, 그 미소가 석조관음상을 보는 듯했다. 미술사가인 강우방 선생은 베이징 중국역사박물관에서 용흥사 출토 불상을 보고 "내가 지금까지 수많은 불교미술 전시를 보았지만 이번처럼 차원이 다른 그 잔잔한 미소가 나를 사로잡은 것은 처음이다"라고 피력한 바 있다. 조주는 고향에서 가까운 용흥사에서 출가한 뒤 경이나 율에는 취미가 없어서 두루 총림에서 선을 닦았다.

용흥사로 출가한 조주선사는 머나먼 안후이로 남전을 찾아간다.

린쯔시에서 조주의 자취를 찾아 칭저우시(靑州市)에 자리한 용흥사를 찾았을 때는 어둠이 짙게 깔린 시간이었다. 불빛을 따라 계단을 오르려는 순간, 마침 저녁 공양을 마치고 내려오는 용흥사 쓰궈청(釋果澄) 스님과 맞닥뜨렸다. 가까이 다가가 한국에서 조주 출가지를 찾아왔다고 말하자

"여기가 조주가 출가한 곳인 줄 어찌 알고 왔소?"라고 물었다. 끽다거 공안을 찾아왔노라고 말하니 스님이 반가워하며, 손님을 접대하는 차실로 안내했다.

쓰궈청 스님은 능숙한 솜씨로 차를 우려냈다. 차를 마시려는 순간 스님에게 끽다거에 대해 묻자 재촉하지 말고 차 맛부터 즐기라고 말했다. 그리고 시간이 한참 흐른 뒤에야, 스님은 조주 끽다거에 대해 말하기 시작했다.

봉흥사 쓰궈청스님이 차를 우리고 있다.
스님과 조주 끽다거에 대한 담소를 나누었다.

"어느 날 학인이 찾아와서 불교의 요체를 물으니 '차나 한 잔 드시게'라고 답한 것에서 시작한 조주의 가풍은 당대나 지금이나 변함없이 이어져왔습니다. 그리고 '차 한 잔의 의미는 말이 없는 가운데 자기 스스로 깨달아 가는 것이며, 이는 선차(禪茶)의 의미이기도 합니다. 차를 마실 때는 무엇보다 마음가짐이 중요합니다." 6)

조주의 출가지에서 또 다른 끽다거를 듣는 것 같아 기뻤다. 스님은 차

조주가 출가한 산둥성 칭저우시 용흥선사의 산문 앞에 걸린 편액(扁額)

향이 입안 가득 퍼져나갈 즈음 "마음을 쉬어 평상의 마음으로 차나 한 잔 드시게"라는 말로 찻자리를 갈무리했다. 그 말씀이 오랫동안 내 마음을 스치고 지나갔다.

용흥사에 어둠이 짙게 깔릴 즈음 다음 기약을 하고 아쉽게 쓰궈칭 스님과 헤어졌다. 스님은 우리에게 일필휘지로 써내려간 연(緣)과 덕(德)이란 글을 주면서 천 년의 세월을 뛰어넘은 조주의 끽다거가 우리 인연을 만들어주어 기쁘다고 말했다. 우리는 끽다거란 글을 간절히 바랐지만 쓰궈칭 스님은 자신의 마음에 와닿는 불연이란 글로 답했다. 서법가이기도 한 쓰궈칭 스님과의 만남은 조주가 맺어준 인연이었다. 이렇듯 가는 곳마다 조주 차향을 느낄 수 있었다. 그날따라 쓰궈칭 스님이 내놓은 녹차의 향기가 오랫동안 입안 가득 퍼져 나갔다. 조주가 맺어준 인연은 어둠을 뚫을 만큼 맑은 차향을 담고 있었고, 우리는 아쉬움을 뒤로한 채 용흥사를 빠져나왔다.

03. 선차를 시작한 땅
태산 영암사靈巖寺

천하조주 끽다거 기행 1호 깃발을 잡은
청신녀의 자비로운 모습

조주의 끽다거 자취를 쫓아 이른 새벽 칭다오를 출발하여 영암사에 이른 것은 2011년 2월 19일 11시 30분경이었다. 영암사는 조주의 고향 린쯔시(臨淄市)에서 2시간 거리에 있는 곳이다. 조주기행의 발길을 안후이성 퉁링시(銅陵市) 퉁싼진(銅山鎭) 남전촌(南泉村)에 있는 남전사지로 곧장 향하지 않고 영암사로 향한 까닭은 그곳에서 항마(降魔) 선사가 처음 선차를 행했기 때문이다. 영암사 산문에 이르러 부처님 전에 삼배를 올린 뒤 한국에서 준비한 차로 제불조사에게 헌공 의식을 올리면서 이번 기행이 무사히 회향되길 발원했다. 천하조주 끽다거의 첫 기행을 함께한 안주현, 이은영 모녀, 차 연구가인 김영애 다우(茶友)가 새벽 5시에 칭다오에서 출발하여 7시간을 내리 달린 끝에 린쯔시를 거쳐 영암사에 이르렀다.

영암사에서 선과 차를 실천한
항마선사 좌상

조주의 길을 따라 만난 항마선사

영암사는 린쯔시에서 직선으로 2시간 거리이며 산둥성 지난(濟南)의 언저리에 자리하고 있다. 일본승 엔닌(圓仁)이 쓴 《입당구법순례행기(入唐求法巡禮行記)》에도 영암사에 대한 언급이 있다.

영암사 창건 내력을 살펴 보자.

영암사는 동진(東晉, 317~419) 시기에 창건되었다. 동진 시기의 저명한 고승 축승랑(竺僧朗)이 창건한 이후 북위(北魏) 도원(道元)의 《수경주(水經注)》에는 '낭공곡

선차의 발원지 영암사에서 김영은 다우가
헌다를 위해 대웅보전에 다가서고 있다.

(朗公谷)'에 정사를 짓고
수행했다. 승랑은 무명
옷을 입고 인간세상 밖
에서 자연과 더불어 살
아갔다. 황시원년(384)
태산으로 자리를 옮겨
은사 장충(張忠)과 은둔
하면서 수행했다. 승랑
은 불도징의 가르침을
받고 동진시기 영암사
를 측승랑에 의해 개창
되었다.

청나라 시대의 당중면
(唐仲冕)의 《대람(岱覽)》
〈영암사기(靈岩寺記)〉에
도 기록되어 있다.[7]

영암사는 세 차례
나 황폐화한 적이 있다. 다시 부흥한 것은 당나라 대중(大中) 5년(851) 당시 주
지가 조정에 상소하여 영암사를 재건하게 되었다고 전한다.

우리가 영암사를 주목하게 된 까닭은 봉연(封演)의 《봉씨문견기(封氏聞見記)》

에 선차 의식이 행해진 선종 사찰로 세상에 알려지면서부터였다. 봉연은 잘 알려져 있듯이 허베이 찡쌘(景縣: 지금의 형수지구) 출신으로 그곳은 공교롭게도 조주가 끽다거를 일으킨 땅이기도 하다. 조주가 생애 후반기를 보내다시피 한 허베이 자오현의 백림선사는 끽다거와 인연이 깊은 도량이다. 항마선사는 조주가 태어나기 전 개원년간(開元年間, 713~741)에 이미 영암사에서 선과 차로 대중을 제접했다는 점에서 그를 조명하는 작업은 중요한 의미를 담고 있다고 하겠다.

항마장은 성은 왕씨로 부친은 고을 아전이었다. 7세의 어린 나이에 출가하였다. 항마장이라는 법명을 얻게 된 까닭은 이렇다. 선사가 출가할 당시 들판에 요귀(姚鬼)들이 무고한 사람들을 괴롭혔다. 항마장 선사는 조금도 두려운 기색이 없이 단신으로 가서 요귀들을 항복시켰다. 그래서 항마라는 이름을 얻게 되었다. 항마는 명제선사를 의지하여 출가해 부지런히 수행하던 중 당시 북종선(北宗禪)이 성행하고 있다는 소식을 듣고 후베이성 당양(當陽) 옥천사(玉泉寺)로 신수(神秀, 606~706) 대사를 찾아갔다.

신수가 항마장을 보고 물었다.

"네 이름이 항마이냐?"

항마스님은 두 무릎을 꿇고

"네."라고 답했다.

신수가 항마스님을 쳐다보더니

"옥천사에는 산정(山精)도 목괴(木怪)도 없으니 네가 마(魔)가 되겠느냐?"라고 물었다.

대사가 대답했다.

"부처가 있으니 마도 있지 않습니까?"

"네가 만일 마라면 반드시 불가사의한 경계에 머물렀을 것이다."

"그 부처라는 것도 공(空)했거늘 무슨 경계가 있겠습니까?"

신수가 항마선사가 법기임을 간파하고 다음과 같이 말했다.

"너는 소호의 터에 인연이 있다."

신수선사의 뜻을 받들어 항마장은 태산 영암사로 들어갔다. 선사가 들어간 지 몇 년이 지난 후 선사의 가르침을 따르는 문도(門徒)들이 구름같이 모여들었다. 그때 항마장은 차와 선을 병행하여 그들을 교화시켰다. 항마장의 다선(茶禪) 정신을 높이 받든 봉연은 《봉씨문견기》에 항마선사가 선수행에 있어서 잠을 쫓기 위해 저녁 대신 차를 음다(飮茶)했다는 기록을 남겨 선종차의 시작을 알리게 되었다. 《봉씨문견기》의 필사본은 지금도 항저우 차엽박물관에 보존되어 항마장 선사의 다도(茶道) 정신을 엿보게 한다. 봉연의 《봉씨문견기》의 〈음다〉 편을 살펴보자.

찻잎을 일찍 따는 것을 차(茶)라고 하고 뒤에 따는 것을 명(茗)이라 한다. 《본초(本草)》에는 '차는 갈증을 없애주고 사람들의 졸음을 없앤다'라고 하였다. 남쪽 지방의 사람들은 차 마시기를 아주 좋아했는데 북쪽 사람들은 처음에는 많이 마시지 않았다. 개원 중(開元中) 태산 영암사에 항마사가 선교(禪敎)를 떨치면서 잠도 자지 않고 선을 공부하고 또 저녁식사를 하지 않고 차를 많이 마셨다. 사람들 각자 차를 가지고 도처에서 끓여 마셨다. 이것이 본보기가 되어 풍속이 되었다. 추(鄒)·제(齊)·창(滄)·체(棣)에서 수도에까지 다다랐다. 여러 도시에서는 섬포를 열고 차를 끓여서 팔았는데, 수도

자나 속인을 가리지 않고 모두 돈을 들여서 마셨다. 차는 창짱, 회수 지역에서부터 배와 차가 끊이지 않아 산같이 쌓였으며 모양과 수가 점점 늘어났다.[8]

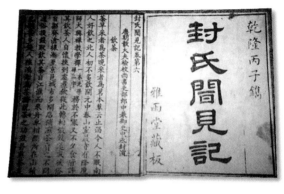

봉연이 쓴 《봉씨문견기》. 북종선의 항마장선사의 다선정신이 최초로 기록되어 있는 문헌이다.

《봉씨문견기》가 전하는 기록과 같이 태산 영암사에서 다선도량을 개설한 북종선의 항마장 선사는 선종의 차 마시는 계기를 만들었다. 항마장은 북종 신수의 제자로 신수가 당양 옥천사에 주석(駐錫)하고 있을 때 스승으로부터 차 마시는 풍습을 배워 산둥성 영암사에서 실천에 옮긴 것 같다. 현재도 당양 옥천산(玉泉山)에는 선인장차(仙人掌茶)가 있으니 북종선에서도 선차일미(禪茶一味)를 중요시했음을 알 수 있다.

옥천 선인장 차는 1,200년의 역사를 지니고 있다. 이백(李白)의 시에 '옥천산의 바위굴 속에 선인장 차가 자란다'고 쓰여 있다. 옥천사에 주석하고 있던 중부(中孚) 선사가 신수의 정신을 받들어 선인장 차를 만들었다고 한다. 그 차가 지금도 전해지고 있으니 참으로 놀라운 일이다.

당양 옥천사에서 일어난 북종선차(北宗禪茶)의 가풍이 태산 영암사로 옮겨와 항마장에 의해 되살아났다. 태산 영암사는 태산 서북쪽 산록에 자리잡고 있는데 동진 시기 불도징의 제장(諸將)인 축승랑에 의해 개창되었다. 영암사는 선종의 분파인 북종선의 중심도량이 되었다. 신수의 제자 항마장선사가 영암사에 주석하면서 다선조정으로 거듭 중창(重創)되었다.

차를 마시는 것은 강남 차 산지에서 유행했을 뿐만 아니라 남북 각지로 퍼져나가 전국에서 풍미되었다. 이것은 차문화가 역사에서 큰 획을 그은 일이며 동시에 영암사의 당시 종교활동이 흥성했던 모습을 보여주는 것이다.

영암사에서 헌다의식

영암사 뜰을 걷다가 대웅전 앞에서 보살이 피어올린 향불이 태산(泰山)의 하늘 끝까지 타오르는 장면을 보고 《봉씨문견기》를 떠올리면서 조주기행이 무사히 회향하길 발원했다. 조주 깃발의 첫 번째 주자로 지난(濟南)에 살고 있는 리이땐(李佃) 씨가 역사적 출발을 알렸다. 태산의 주봉인 영암사에 도착하자 자신의 몸보다 큰 향불을 붙들고 지극한 마음으로 부처님에게 다가서고 있었다. 그에게 물었다.

"왜 자신의 몸보다 큰 향불을 사르고 있나요?"

"향을 사르면 마음이 행복해지기에 오늘 친구와 함께 지난에서 영암사를 찾아왔습니다. 더욱이 우수(雨水)날에 향을 사르면 1년 내내 평화가 온다는 중국 속담이 있습니다."

"여기가 선차의 발원지라는 사실을 알고 오셨습니까?"

"처음 듣는 이야기입니다. 어떻게 선차의 발원지가 되었습니까?"

"북종선에 항마선사가 있었는데 이곳에서 선교(禪敎)를 크게 중흥(中興)시켰습니다."

"어떤 방법으로 중흥시켰습니까?"

"개원년중에 태산의 영암사에서 활약한 항마장선사는 선교를 크게 중흥시켰습니다. 선을 배우는 학인들이 선 수행에 힘쓰고 졸음에 떨어지지 않게 하고 또한 저녁식사를 하지 않기 때문에 모두에게 차를 마실 것을 허락하였습니다. 사람들은 차를 가지고 다니면서 어느 곳에서든지 차를 끓여 마셨습니다. 그 이후 차가 널리 전파되었고 사람들은 차를 음

리이땐 씨가 자신의 몸보다 큰 향불을 잡고 부처께 다가서고 있다.

다하기 시작했고 지금은 하나의 풍속이 되었습니다."

"선생께서는 우리가 잊고 있던 선차를 어찌 그리 소상히 아십니까?"

"차를 하나, 선을 하나 일미(一味)에 이른다는 다선일미(茶禪一味) 정신 세계를 탐구하다 보니 차와 선의 세계에 빠져든 지가 20여 년이 넘었습니다."

"최 선생의 이야기를 듣고 보니 제가 향 하나를 사르는 이상으로 선차에는 깊은 의미가 있네요. 앞으로 지난의 친구들에게도 선차를 배우게 해야겠네요."

리이땐 씨와 영암사에서 이야기를 나누면서 항마선사가 제자들을 가르칠 때

조주기행 순례단의 한 분이 영암사 주지 쓰훙언 스님께 차를 올리고 있다.

선차를 지도방편으로 실천한 까닭을 알 듯했다.

그와의 대화가 끝나갈 무렵 향불을 붙여 대웅전의 향로에 꽂았다. 그 향 연기가 태산 하늘로 퍼져 나갔다. 이윽고 대웅전 앞으로 다가가 한 스님에게 조주기행의 첫 번째 순례지인 영암사로 헌다의식(獻茶儀式)을 위해 왔다고 말하자 쓰훙언(釋心恩) 주지스님을 소개했다. 그에게 다가가 끽다거의 고향을 찾아왔노라고 말하자 스님이 물었다.

"여기가 선차의 발원지인데 어찌 알고 왔습니까?"

"봉연의 《봉씨문견기》를 살피다가 영암사가 선차의 발원지라는 사실을 알게 되었습니다."

"외국인이 선종어록(禪宗語錄)을 소상히 알고 있어 기쁜 일이 아닐 수 없습니다."

스님과의 이야기가 끝나갈 무렵, 영암사 대웅보전 앞에서 헌공다례(獻供茶禮) 의식을 올렸으면 좋겠다는 말씀을 드렸다. 쓰훙언 주지스님은 기쁜 마음으로 헌

2011년 2월 영암사를 찾은 1차 천하조주 끽다거 기행 순례단

다의식에 참여했다. 두 다우가 대웅전 앞에 한국에서 가져간 다포를 깔고, 고운 오색 저고리를 입은 이은영 다우가 부처님께 올리는 차를 우려냈다. 쓰훙언 스님과 영암사를 찾은 관광객이 신기한 듯 바라봤다. 이은영 다우가 우려낸 차를 두손으로 받들고 대웅전 앞에까지 걸어갔다. 모친 안주현 여사가 대웅전 앞에서 헌다잔을 받아 쓰훙언 주지스님께 올리니 스님은 정성껏 부처님께 올렸다. 헌다의식이 끝날 즈음 쓰훙언 스님께 영암사의 선차 내력을 물었다. 그러자 스님은 손수 필설로 적어 주었다. 그 내용을 풀어 보면 다음과 같다.

당조 무측천(武則天) 황제 때 북종선의 신수대사의 수제자(首弟子) 항마대사는 영암사 주지로 있는 동안 참선을 닦음에 있어 잠자지 않는 것에 힘쓰고 차로 대중들을 이끌었다.[9]

이로써 영암사에서 역사적 헌다의식을 마칠 수 있었다. 조주기행의 깃발이 하늘 위로 펄럭거리자 자욱한 향 연기가 차향에 실려 태산 위로 퍼져나갔다.

향화의 향기 퍼진 영암사

영암사가 선차의 메카가 되면서 세인들의 주목을 받기 시작했다. 쓰훙언 스님은 "영암사는 선차의 발원지이지만 그동안 덜 알려졌습니다. 까닭은 조주가 산둥에서 태어났지만 오히려 허베이 스좌장(石家庄)의 조주관음원에 주석하면서 끽다거를 널리 전해왔기 때문인 듯합니다. 그런데 근래 영암사가 불교문화절을 통해 선차의 고향으로 알려지면서 명성을 회복해가고 있습니다."라고 의미심장한 말을 남겼다.

조주기행을 따라 행해지는 선차 바람을 살피면서 끽다거 공안이 사람들의 마음속에 영원히 살아있음에 무한한 감동을 받았다. 또한 영암사 대웅전 위로 올라가는 자욱한 향 연기를 보면서 향도(香道)와 차가 둘이 아님을 느꼈다. 영암사에서 헌다 공양을 올린 조주기행 순례단은 조주 고향 린쯔시를 거쳐 그가 출가한 머나먼 안후이성을 향해 떠났다.

제2장
구도의 길을 걷다

01. 누워 계신 여래를 보았소

　어린 사미인 조주가 남전사를 찾아갔다. 조주가 방장실에 이르자 누워있던 남전이 불쑥 일어났다.

　"그대는 어디서 왔는가?"

　"서상원에서 왔습니다."

　"그래, 상서로운 모습[瑞像]을 보았는가?"

　"상서로운 모습은 보지 못했지만 누워 계신 부처는 보았습니다."

　그러자 남전이 일어나 물었다.

　"너는 주인이 있는 사미인가? 주인이 없는 사미인가?"

　"주인이 있습니다."

　"너의 주인이 누구인가?"

　"첫봄이라고 합니다만 아직 춥사옵니다. 황송하옵니다만 노스님께서는 존체 건강

조주가 안후이성 남전사를 찾아가 첫 대면에 '누워있는 여래를 보았소'라고 전하면서
남전은 조주를 제자로 받아들였다.

하시옵소서."

그러자 남전이 유나를 불렀다.

"이 사미에게 특별한 곳의 자리를 주도록 하라." [1]

《조주록》〈행장〉에 나온 조주와 남전의 극적 만남의 장면이다.

조주의 법의 그릇을 알아보고 남전선사는 조주를 제자로 받아들였다. 어느날 스님께서 남전스님에게 여쭈었다.

"불법을 아는 이는 어디로 갔습니까."

"산 밑의 사주집 한 마리의 물소가 되는 게다."

"가르쳐 주셔서 감사합니다."

"어젯밤 삼경에 달이 광을 비추었다."

조주스님이 남전스님 회하(會下)에서 노두(爐頭)를 맞고 있을 때였다. 대중들은 운력으로 채소를 담고 있었는데 조주스님께서 승당(僧堂) 안에서 소리를 질렀다.

"불이야 불이야." [2]

대중이 한꺼번에 승당 안으로 달려가자 조주스님께서 승당문을 잠가 버렸다. 대중이 어쩔 줄 몰랐는데 남전스님께서 승당창으로 열쇠를 던져 스님께서 문을 열었다. 조주가 살아온 삶의 수행 흔적을 뒤돌아볼 때 남전으로부터 많은 영향을 받았다.

어느날 조주스님께서 스승인 남전스님 회하에 있을 때 우물 누각에 올라가 물

남전사지 가는 길. 철감선사가 남전선사의 법맥을 이어온 뒤 신라 사자산문이 태동되었다.
1999년 처음 남전사를 찾은 이후 남전사의 실체가 처음 드러났다.

을 걷다가 남전스님이 지나가는 것을 보고 기둥을 끌어안고 소리쳤다.

"살려줘요. 살려줘요."

남전이 사다리를 오르면서 말했다.

"하나, 둘, 셋, 넷, 다섯"

스님께서 스승을 찾아가 감사인사를 드렸다.

"아까 구해주셔서 감사합니다." [3]

조주선사는 남전산(南泉山)에서 초암을 짓고 스승을 모시고 80세까지 수행했

는데 남전스님께서 "도는 진정으로 통달한다면 허공같이 툭 트여서 넓은 것이니 어찌 시비를 따지겠는가"라는 남전의 말 끝에 마음이 달처럼 환해져 깨달았다. 그 후 조주는 남전선사를 모시고 수행하다가 스승이 입적한 이후 남전산을 떠나 허베이 관음원에서 끽다거로 천하 사람들을 가르쳤다. 끽다거는 금과옥조(金科玉條)처럼 조주 정신으로 빛나고 있다고 말할 수 있다.

2011년 2월 19일 조주의 고향 산둥성 린쯔시를 출발한 1차 조주기행 순례단은 태산 영암사를 거쳐, 조주가 스승 남전보원(南泉普願, 748~834) 선사와 첫 대면했을 당시에 '누워 계신 여래를 보았다'고 말한 안후이성 남전사로 찾아갔다. 그런데 조주기행 순례단은 곧바로 남전사로 가지 않았다. 닝보(寧波)에서 열린 '2011 중국 닝보 차와 건강 학술연토회'에 차와 건강에 관한 논문 발표자로 참가한 뒤 다음 날(4월 23일), 조주가 남전선사와 첫 대면을 했던 츠저우지구(池州地區) 퉁링시(銅陵市) 퉁싼진(銅山鎭) 남전촌(南泉村)에 이르렀다.

전날 조주가 말년을 보낸 허베이성 스좌장에서 달려온 수만(舒曼) 선생과 반갑게 해후했다. 그도 저장성 닝보시에서 열린 '차와 건강 학술연토회' 발표자로 참여했다. 그날 밤 조주의 끽다거 자취를 따라 순례길에 오른 경로를 말하자 놀라워하며 "처음 소식을 듣고는 단순한 기행인 줄 알았는데 이렇게 체계적 규모를 갖춘 순례인 것을 알게 되어 매우 뜻깊은 것 같습니다. 중국인들도 미처 생각하지 못했는데 최 선생의 혜안은 늘 놀랍습니다."라고 말했다. 그리고 백림선사의 징후이(淨慧) 스님과 논의하여 백림선사에서 학술대회를 겸한 헌다의식을 개최하려는데 적극 참여를 제안하자 매우 기쁜 마음을 내보였다. 남전산 자리에서 제2차 《천하조주 끽다거 기행》 깃발을 펼치자 《끽다거》 잡지 기자는 사진을 찍기 시작했다.

그렇게 조주기행순례단이 가는 곳마다 조주의 끽다거는 후세까지 천 년의 차로 식지 않고 남아있었다. 이를 두고 중국 사람들은 끽다거라는 선어(禪語)가 많은 사람에게 감동을 주고 있기 때문이라고 한결같이 말했다.

02. 두 동강난 고양이

– 남전참묘(南泉斬猫)

고양이 목을 잘라 버린 남전

남전선사가 고양이 목을 움켜쥐고 왼손에는 칼을 쥐고 말했다.

"말을 한다면 베지 않겠지만, 말하지 못한다면 베어 버리겠다."

대중이 대답이 없자 남전스님은 고양이의 목을 베어 버렸다. 조주스님께서 늦게 밖에서 돌아와 인사드리러 가니 남전스님께서는 앞의 이야기를 다 해 주고 물으셨다.

"그대 같으면 고양이를 어떻게 살리겠느냐?"

그러자 스님께서 신발 한 짝을 머리에 이고 나가 버리니 남전스님께서 말씀하셨다.

"만일 그대가 있었더라면 고양이를 살릴 수 있었을 것이다."

스님이 남전스님께 물으셨다.

"다른 것[異]은 묻지 않겠습니다만 무엇이 같은 것[類]입니까?"

남전스님께서 두 손으로 땅을 짚자 스님께서 발로 밟아 쓰러뜨리고 선당으로 돌아

가 안에서 소리 질렀다.

"후회스럽다, 후회스러워!"

남전스님께서 듣고는 사람을 보내 무엇을 후회하느냐고 묻게 하니

"거듭 더 밟아주지 못한 것을 후회한다." 하셨다. [4]

동당(東堂), 서당(西堂)의 대중들이 아무 말이 없자 고양이 새끼는 죄 없이 일도양단(一刀兩斷)되고 말았다. 《무문관(無門關)》14칙(則)에 나오는 남전참묘(南泉斬猫)는 중국 선불교의 백미를 장식한 화두이다.

'남전참묘'는 남전선사에 의해 탄생한 공안이다. 동당과 서당의 남전의 제자 500여 명이 고양이 새끼 한 마리를 놓고 내 것이니 네 것이니 싸우는 데서 비롯되었다.

2015년 7월 남전선사를 찾아가던 날 뜻밖에도 남전참묘 유지가 발견되는 쾌거를 얻었다. 이 마을에 대대로 살아온 왕 촌로의 아들이 남전참묘지 안내를 자청했다. 남전참묘는 남전산 입구 지금의 시멘트 공장 바로 인근에 자리했다. 천년 전 고양이 한 마리를 두고 동당과 서당의 고양이가 자신들의 것이라고 다투는 데서 비롯된 남전참묘 공안의 현장을 발견한 것은 선종사의 쾌거가 아닐 수 없겠다.

깨치지 않으면 화두는 타파할 수 없다

선을 처음 접한 불자들은 남전참묘라는 공안을 볼 때 적잖은 의심을 갖게 된

다. 그것은 무엇 때문일까. 두말할 것 없이 '모든 미생물까지도 불성이 있다'고 했는데 남전은 살생을 범하면서까지 고양이 목을 베어버렸기 때문이다.

진제스님은 동당·서당이 자기네 고양이라고 우겨대는 데 대해 남전선사가 시비를 끊기 위해 고양이의 목을 쳐버렸다고 말했다. 진제스님은 깨달은 분상에서 사물을 보는 것과 깨닫지 못한 분상에서 사물을 보는 것은 하늘과 땅 차이라고 말했다. '남전참묘'에 대해 진제스님은 선지식이 되려면 남전참묘와 같은 공안을 구별할 줄 알아야 된다고 했다. 종사(宗師)가 되려면, 차별의 낱낱 법문에 밝아야 한다. 만일 차별지에 밝지 못할 것 같으면 만인의 눈을 멀게 한다고 말했다. 또한 선지식 스님네는 스스로 칭한다 하여 선지식이 되는 게 아니고 남전참묘와 같은 공안의 위치가 차별의 법문을 투과하여 스승으로부터 인증을 받아야 선지식이 된다고 말했다.

특히 진제스님은 남전참묘의 공안 타파는 깨달은 자만이 가능하다고 말했다. 그렇지 않은 이가 남전참묘의 참소식을 모르고 이렇다 저렇다 하면 만인의 눈을 멀게 한다고 말했다. 우리 시대 최고의 선승인 조계종 종정을 지낸 성철(性徹) 스님은 '공안은 해설해서는 안 된다'고 했다. 그는 고마자와대학(駒澤大學)에서 펴낸 《선학대사전(禪學大辭典)》을 보고 공안을 전부 해설했다고 비판했다. 성철 스님의 말씀을 들어보자.

"화두의 생명이란 설명하지 않는 데 있습니다. 또 설명할 수도 없고 설명하는 사람이나 듣는 사람이나 다 죽어버립니다. 봉사에게 아무리 단청을 이야기한들 무슨 소용이 있습니까. 그와 같은 것이 공안입니다." [5]

남전참묘의 현장을 살피는 중한 남전선학연구소 관계자들

성철스님에 이어 조계종 종정을 지낸 서암스님도 일본 선불교에 대해 한탄한
일이 있다.

"일본에서는 참선이 참으로 활발합니다. 그래서 나는 부러운 생각에 그들의 참선 모습
을 보았는데, 놀라지 않을 수 없었습니다. '나는 공안을 몇 개 타파했다', '지난달에는 무
슨 공안을 가지고 참구하고 있다'고 서슴없이 말하는 것입니다. 마치 숙제를 풀듯 화두를
하나하나 풀어가고 있는 그들은 활구(活句)가 아닌, 죽은 공부를 하고 있습니다." [6]

그렇다. 화두는 문자로 해석해서는 안 된다. 참학자가 보는 선과 수행납자가 보는 선이 다르듯이 눈 밝은 선지식에게 지도를 받는 길만이 눈먼 자가 눈 뜨는 도리를 알 수 있는 길이다.

1,700 공안 중의 백미 남전참묘

남전의 가르침을 받은 사자산문(獅子山門)의 개조 철감도윤(澈鑑道允, 798~868)은 남전참묘의 공안을 통해 한국 선불교를 이끌어 왔다. 이는 칼로 고양이 목을 쳐내는 그 찰나에 깨쳐야 죽은 사람을 살릴 수 있다는 선종 공안 중 가장 뛰어난 화두이다. 총알보다 빠른 진리의 답변이 요구된다.

여기서 무문혜개(無門慧開) 스님이 평하길 "조주가 신발을 머리 위에 얹은 뜻이 무엇이고, 만약 이에 대해 한마디 할 수 있다면 즉 남전스승이 한 일이 헛됨이 없다."라고 했다.

남전참묘라 일컫는 이 공안이 선가의 화두가 된 것은 출가자의 신분으로 서슴없이 고양이를 일도양단한 그 조치가 장하고 강하며 통쾌한 인상을 주었기에 천년간 중요한 화두가 되었다.

법보종찰 해인사에 부방장 제도가 없어지고 동당, 서당 제도가 부활되었다고 한다. 동당수좌에 일타스님이 서당수좌에 도견스님이 선문납자를 지도하고 있다.

1997년 어느 날 해인사 서당 수좌실에서 도견스님을 만나 당나라 때의 남전 공안을 들어 해답을 구하게 되었다. 도견스님은 단도직입적으로 "내가 당시 동당, 서당의 고양이 사건에 있었다면 고양이의 목숨을 살릴 수 있었을 텐데"라고 말

하면서

"남전이 말씀한 본래의 고양이 화두는 침묵만이 고양이의 목숨을 살릴 수 있었다는 것이다"라고 말했다. 또 일설에 500여 수좌 중 한 수좌가 고양이 울음소리를 내자 남전이 고양이 목을 쳐버렸다는 고사가 있다면서 조주가 신발을 한 짝 이고 나가버린 그 뜻은 남전과 조주만이 알 것이라고 말했다. 스님은 천동각(天童覺) 선사의 게송(偈頌)을 대신하여 남전참묘 공안을 묘사했다.

두 방의 중들이 팽팽히 맞섰거늘

남전 노사가 능숙하게 옳고 그름을 가렸네

날쌘 칼로 잘라 버리니 모든 자취가 사라져 버렸네.[7]

남전참묘의 뜻에 대해 각기 다른 답이 나올 수 있다. 그러나 조주와 남전만이 그 뜻을 알 수 있을 것이다.

전남전 후남전

남전선사의 가풍을 이은 한국의 선사가 있다. 그분은 바로 칠보사(七寶寺) 조실 강석주 스님의 은사이신 김남전(金南泉, 1868~1936) 스님이시다.

남전참묘의 공안을 해결하기 위해 칠보사를 찾아 석주 큰스님을 만났다. 석주 스님은 은사 남전스님이 평소 중국의 남전선사를 좋아한 것은 우연의 일치가 아니라고 말했다. 석주스님께 남전참묘라는 붓글씨 공안을 부탁했다. 스승과 제자가 중국의 남전참묘라는 공안을 통해 다시 만난 것은 희귀한 일이 아닐 수 없다. 그러면 이제 전남전 후남전을 정리해보자.

비록 시대적 차이는 있다고 하더라도 시공을 뛰어넘어 윤회의 수레바퀴로 다시 만난다. 그것이 바로 해방을 앞두고 열반한 남전선사이다.

남전은 1868년 경남 합천군 가야면 구원리에

혁채 서동교 화백이 그려낸 남전참묘

서 탄생한 한국의 남전이다. 남전은 우두산인이라는 자호가 말하듯이 우두산인은 바로 두타행에서 나온 말이다. 남전선사의 어록을 펼쳐보면 남전의 마음은 지혜도 아니요, 도(道)도 아니다. 남전의 고양이 등 중국 남전선사의 영향을 받고 남전선사의 법문을 자주 했다고 석주스님은 말했다.

중국 선종사에서 바라볼 때 남전의 위상은 큰 산봉우리이다. 한국의 남전 또한 한국불교계의 거목 석주스님과 같은 제자를 두어 남전의 사상을 이어나가고 있다.

석주스님은 은사 남전스님을 가리켜, 비록 시대적 간격은 있다고 할지라도 이들은 동명이인의 연을 가지고 시대의 간격을 두고 해탈의 삶을 영위한 분들이라고 말하면서 불교의 윤회설, 인과의 법칙에 따라 중국의 남전선사가 윤회해서 한국에 태어났다고 했다. 남전선사의 법어집을 펼쳐보면 그가 얼마나 남전선사를 흠모했는지를 짐작할 수 있다. 남전참묘를 게송으로 남긴 중요한 자료가 있다. 남전은 다음과 같이 말했다.

兩堂雲水若爭人　　양당의 스님네가 싸우는 사람 같기에
斬却猫兒正令新　　고양이를 두 동강 베어 바른 영(令)에 새롭게 하네
適有草鞋頭戴去　　마침 짚신을 이고 가는 이 있어
南泉門下最深親　　남전의 문하에서 가장 깊이 친했구나.

고양이도 불성이 있다

그동안 조주스님의 '개도 불성이 있다'는 화두를 많이 들어왔다. 그러나 고양이도 불성이 있다는 말은 일찍이 들어보지도 못했을 것이다. 오래전 도선국사 유적 탐사를 위해 사성암을 찾게 되면서 뜻밖에도 고양이도 불성이 있다는 사실을 깨달았다.

사성암에 살아있는 부처로 통하는 고양이 보살이 산 증인이다. 우연찮게 김 보살을 만났을 때 화제를 고양이로 돌렸다. 1990년대 중반 그를 만났을 때 32마리였던 고양이가 현재는 17마리로 줄었다며 김 보살은 사람들을 원망했다.

"고양이가 인간을 해친 것이 뭐 있느냐. 인간이 고양이가 싫다고 산에다 약을 놓아 여러 마리가 죽었어. 10여 년 전 사성암을 찾아오는 신도 한 분이 고양이 한 마리 키우라고 해서 가져다준 것이 이렇게 불어났어."

일명 김 보살은 사성암에서 청춘을 다 바쳤다. 사성암에 3년째 사는 처사 한 분은 신라의 대안대사와 같은 분이라고 말했다. 또 그가 말하기를 김 보살은 고양이를 자기 친자식 이상으로 귀여워하며 자신은 먹지 않아도 고양이 밥은 꼭 챙겨 준다고 했다.

오늘의 남전은 바로 사성암의 고양이 보살을 두고 하는 말이다. 남전이 고양이 목을 베어 버렸던 것을 아느냐고 김 보살에게 물어보니 벌컥 화를 내면서

"그 유명한 고승이 어찌 고양이의 목을 베어버려. 몹쓸 것 같으니라고." 하며 그는 묻지도 않는데 고양이도 불성이 있다고 말했다.

김 보살은 사성암과 고양이에 얽힌 이야기를 꺼냈다.

"누렁이라는 고양이가 병이 났는데 광주에 사는 신도 한 분이 치료를 해 온다고 하기에 고양이를 주었는데 이틀도 못 돼서 그 신도 분이 숨이 넘어가는 소리를 했어. 고양이가 어디론가 없어졌다는 거야. 일주일 뒤 사성암의 쌀바위 쪽에서 고양이 소리가 나서 가보니 바로 그 고양이가 있었어."

처음에는 인상을 쓰면서 김 보살을 잡아먹을 듯했다. 이유는 간단했다.

"그 고양이는 내가 팔아버린 줄 안 것이야. 나중에 알고 보니 그런 것이 아닌 것을 눈치채고 나를 핥고 꼬리 치며 재롱을 피우는 거야. 바로 그런 것을 두고 조주가 '개도 불성이 있다'고 한 것 같이 고양이도 불성이 있다고 볼 수 있지."

남전참묘를 탐문하기 위해 사성암을 내려와 구례 시내의 택시 운전사로부터 더욱 실감 나는 이야기를 들었다. 고양이 보살은 잘 있느냐고 물어본즉 택시 운전사 이야기가 걸작이다.

"몇 달 전이었지요. 구례 경찰서장이 사람을 시켜 고양이 한 마리를 자신의 어머니 약에 쓰도록 달라고 했대요. 김 보살은 첫마디에 '야, 이놈아, 너의 애미나 먹어라'라고 일성했고 경찰서장은 그 길로 사성암으로 달려갔습니다. 김 보살이 서장에게 '고양이도 다 같은 불성이 있는데 어찌 내 손으로 목을 칠 수 있느냐' 했다는 겁니다."

그 말을 들은 경찰서장은 뉘우치는 바 있어 김 보살의 손을 꼭 잡고 고양이를 어루만진 뒤 내려갔다고 한다. 김 보살의 얼굴을 보니 고양이를 닮아가는 것 같다. 김 보살을 통해 당나라 때 남전을 만나는 것 같았다.

김 보살이 세상을 뜨자 사성암에 살았던 고양이 새끼들도 한 마리, 두 마리씩 사라지더니 지금은 자취를 감추어 버렸다.

현대의 남전참묘

남전선사의 법을 이어온 신라의 철감은 남전참묘라는 공안을 간간히 대중들에게 설파했다. 근세의 김남전 선사 또한 남전참묘를 수좌들에게 화두로 제시한 바 있다. 당시 청계사 주지 지명스님은 〈중앙일보〉 칼럼을 통해 남전참묘를 한약 조제권을 둘러싼 약사와 한약사 간의 치열한 싸움으로 비유했다. 그는 장자와 용수의 말을 떠올리면서 남전참묘를 적절히 대비시켰다.

"장자는 우주적 양심을 회복할 때만이 상대적이 아닌 절대적 옳음을 찾을 수 있다고 말하고, 용수는 우리가 현상세계에 대한 집착으로부터 벗어나 공(空)한 상태에 있는 사물의 실상을 여실히 볼 수 있을 때 시비가 자연히 소멸된다."고 말했다

지명스님은 장자나 용수가 전하고 싶은 메시지를 새롭게 각색해서 보다 다이내믹하게 전해준 것이 남전참묘라는 화두라고 말했다. 남전선사가 고양이의 목을 잘랐는데 무슨 뜻이냐는 것이다. 남전선사는 두 패거리의 수행승들이 고양이 한 마리를 놓고 서로 자기 것이라고 우기면서 다투는 광경을 보고 고양이 목을 잡고 있으라고 했다. 그러나 그 많은 대중이 답이 없자 고양이 목을 잘라버렸다. 뒷날 그 소식을 들은 조주는 '고양이를 살릴 수 있었을 텐데' 하고 아쉬워했다. 한약사와 약사회의 주장 가운데 어느 것이 옳으냐가 천 년 전 서당, 동당이 고양이를 놓고 시비하는 모습 같았다. 이렇듯 남전참묘는 시공을 뛰어넘어 천 년간 이어져오고 있는 것이다.

03. 일상생활이 진리이다

– 평상심시도(平常心是道)

평상심의 도는 남전선학의 핵심이다

평상심시도는 마조(馬祖) 선사로부터 시작, 대하가 되어 강물처럼 흘러갔다. 《마조록(馬祖錄)》에 마조스님이 대중에게 다음과 같이 말했다.

"도(道)는 닦아 익힐 필요가 없다. 오직 더러움에 물들지 않으면 된다. 더러움에 물든다는 것은 무슨 말인가? 나고 죽는다는 생각을 염두에 두고 일부러 별난 짓을 벌이는 것을 바로 더러움에 물든다고 하는 것이다. 단번에 도를 이루고 싶은 생각이 있는가, 평소의 이 마음이 바로 도이다. 평소의 마음이란 어떤 마음인가? 그것은 일부러 꾸미지 않고 단견과 상견을 버리며, 평범하다느니 성스럽다느니 하는 생각과 멀리 떨어져 있는 마음을 가리킨다. 경에 이런 말이 있다. 범부처럼 행동하지도 않고 성인 현사처럼 행세하지도 않는 것이 바로 보살행이다." [8]

이렇게 시작된 평상심시도는 마조의 제자 남전선사와 조주선사의 문답에서도 드러나고 있다.

어느 날 조주선사가 남전선사에게 여쭈었다.

"어떤 것이 도입니까."

남전이 말했다.

"평상심이 도이다."

"어떤 것이 평상심을 실천합니까. 망설이지 않을 때에는 도인 줄 알 수가 없습니다."

"도는 알고 모름에 속하지 않는 것이니 안다면 허망한 깨달음이요. 모른다면 무기 (無記)인 것이다. 만약 망설이지 않고 진실로 도를 터득한다면 마치 허공이 탁 트인 듯 될 것이다. 어찌 옳고 그름을 따지겠는가."[9)

남전과 조주가 나눈 문답이다.

남전선사가 30여 년간 남전산을 내려가지 않고 평상심의 이념으로 제자들을

남전의 후학들은 촛불을 밝혀 남전의 평상심을 실천해 갔다.

가르치자 명성을 듣고 전국 각지에서 많은 문도들이 모여들었다. 그의 가르침을
받으려는 천여 명의 문도들이 모여들었다.

평상심을 실천한 남전보원

《송고승전(宋高僧傳)》 권11 〈당지주남전보원전(唐池州南泉普願傳)〉의 기록에

“남전보원은 정원 11년(795) 남전산으로 들어가 골짜기를 메우고 나무를 베어 선
암(禪庵)을 짓고 사립에 도롱이를 걸치고 소를 키우며 목동들과 한데 어울렸다”고 되
어 있다.[10]

남전은 밀짚모자를 쓴 채 소를 먹이며 산을 밭으로 일구어 농선정신(農禪精神)을 실천해 갔다.

남전의 수고우(水牯牛)와 남전참묘 공안이 남전산에서 나왔음을 우리는 알고 있다. 남전은 30년간을 산에서 내려오지 않았다. 지양선성(地陽宣城)의 염사(廉使) 육환(陸桓)이 남전선사에게 하산해 줄 것을 간절히 청했으나 끝내 내려오지 않았다. 남전이 법력을 떨치자 멀리 산둥성 조주의 학향에 있던 조주가 남전산으로 달려와 남전의 마음을 얻었고, 조주도 80세까지 스승을 모시고 살았다.

서여 민영규 선생은 《사천강단(四川講壇)》에서 마조가 무상(無相)의 직제자라고 밝히면서 남전의 은둔을 이렇게 묘사했다.

"무상의 제자에 마조가 나고 마조의 제자에 서당과 백장, 남전이 납니다."라고 말하면서 백장은 '일일부작(一日不作)이면 일일불식(一日不食)'이라는 대명제를 외쳤고, 마조는 '소가 되고 말이 되어라. 밭을 갈고 짐을 져라'고 질타했던 이류중행의 대명제 역시 돌연변이적인 우연한 발상에서 나온 것이었다고 생각하지 않을 수 없다." [11]

많은 선사가 평상심의 도를 실천해왔으나 마조의 제자인 남전과 그의 법제자(法弟子)인 철감으로 이어졌다. 평상심은 선종(禪宗)의 근간을 이루면서 해동(海東)으로 전해졌다. 평상심은 마조가 제창하였지만 남전보원 선사가 사상적 바탕을 이루었다. 특히 남전의 제자 중 조주종심 선사는 평상심을 통해 도를 깨우쳤고 장사경잠(長沙景岑) 선사도 이를 더 깊이 이해하였다고 한다. 많은 선승이 평상심시도로 깨닫게 되면서 선가(禪家)의 가풍처럼 이어져갔다. 그중 평상심시도는 선차문화의 한 갈래로 이어졌다. 당송 시기 선차문화가 활발하게 발전하며 조주의 '끽다거', 원오극근(圓悟克勤)의 '다선일미', 백운수단(白云守端)의 '화경청적(和敬淸寂)'이 등장했는데 모두가 평상심을 바탕으로 이루어졌다.

중국사회과학원의 두우지이원(杜繼文)의 〈중국선종통사(中國禪宗通史)〉에 '평상심은 남전보원 선사에게서 탄생했다고 보이며 평상심시도를 종합해 보면 그 안에 인생본능(人生本能)을 칭찬한 내용이 포함되어 있다'라고 말했다.

위의 공안은 남전이 대중에게 가르친 평상심의 도라는 화두이다. 사실 평상심이란 남전의 스승 마조도일이 제창했지만 남전이 평상심의 도를 대중에게 펼쳐 보여 대중 곁으로 다가서게 했던 공안이다.

우징쓩(吳經熊)은 《선학의 황금시대(The Gloden Age of Zen)》 서문에서 '마조의 수제자인 남전이 평상심시도라고 한 것은 틀림없는 스승의 소리에 대한 메아리'라고 말하면서 평상심의 도는 남전의 소리라고 규정한 바 있다.

일상생활의 평상심을 실천하고 있는 남전선사

2015년 겨울 남전사 앞에서 연등제의 하나로 뜻깊은 행사가 이루어졌다. 남전사를 가득 메운 신자들은 촛불을 들고 경내를 돌면서 평상심을 그려나갔다. 위챗(wechat)을 통해 접한 그 장엄한 광경에 감격했다. 그리고 중쉬에(宗學) 스님은 그 현장으로 안내했다. 촛불로 평상심을 새긴 공간은 바닥이 백묵으로 그려져 단박에 알아볼 수 있었다. 촛불로 새긴 평상심을 떠올리면서 평상심을 일필휘지로 써줄 것을 부탁했다. 중쉬에 스님에 의해 그렇게 평상심이 완성되었다.

평상심은 사실 남전의 스승 마조도일 선사로부터 출발했다. 그러나 평상심을 실천에 옮긴 사람은 남전선사였다. 어느 날 서당지장과 남전, 백장회해(百丈懷海, 720~814) 선사가 마조스님을 모시고 공공산(龔公山)을 걷다가 달구경을 하던 차에 마조선사가 넌지시 제자들에게 일렀다.

"바로 지금과 같은 때에는 무엇을 했으면 좋겠느냐."

서당 지장스님이 먼저 말했다.

"공양하기에 딱 좋습니다."

백장스님은

"수행하기에 딱 좋습니다."라고 말했다.

그때 남전스님은 소매를 뿌리치며 그냥 지나쳤다.

이때 마조선사가 말했다.

"경은 서당으로 돌아가고 선은 백장으로 오직 보원만 사물을 벗어났다."

그 사물을 벗어난 진리를 터득한 것이 바로 남전의 평상심이다.

04. 차에서 선을 만나다

– 인선입차(引禪入茶)

    차와 선이 나룻배가 되어 긴 항해 끝에 다선일미 사상으로 만개하였음은 익히 알려졌다. 당대에 남전선사는 남전산에서 차를 통해 선을 처음으로 깨달았다.

《오등회원(五燈會元)》 권3 '남전보원 선사'의 인선입차에 다음과 같은 기록이 있다.

    남전산 아래에 한 암주(庵主)가 있었다. 어떤 사람이

    "남전화상이 세상에 나왔는데 어찌 뵈러 가지 않는가?"라고 물었다. 암주가

    "남전이 세상에 나왔다 하더라도, 설령 천불이 나왔다고 해도 나는 가지 않소"라고 말하였다. 남전이 듣고 조주(趙州)를 시켜 조사하도록 하였다. 조주가 바로 가서 예를 올리니 암주가 봐주지도 않았다. 조주가 서쪽에서 동쪽으로 갔다. 다시 동쪽에서 서쪽으로 가도 암주는 여전히 돌아보지 않았다. 조주가

다선일미를 실천한 남전의 옛터는 아직도 차나무가 무성히 자라고 있다.

"초야의 도둑이 대패하였습니다(草賊大敗)"라고 하였다. 말을 마치고 발(襪)을 뿌리치며 돌아와 사부에게 알렸다. 남전이

"이제까지 암주를 의심하고 있었다"라고 말하였다. 다음날 남전과 조주는 병에 차를 담고, 잔 3개를 가지고 암자 앞에 이르러 병과 잔을 땅에 놓았다. 남전이

"어제, 어제!"라고 말하였다. 암주가

"어제가 무엇이오?"라고 말하였다. 남전이 조주 등을 툭 치며

"나를 속였구나, 속였어!"라고 하며 옷소매를 뿌리치며 갔다. [12)]

남전이 조주를 데리고 차를 이용해 암주를 시험한 것으로 이는 선종사에서 인차입선의 중요한 공안이다.

남전산에서 일상생활 속의 차를 발견

남전의 자취를 쫓아 츠저우(池州) 남전산을 찾아갔을 때 마을 사람들이 일상
생활에서 즐기던 차를 만났다. 1999년 겨울 남전촌에서는 농부가 소를 키우면
서 농사를 짓는 수고우(水牯牛)를 손쉽게 만날 수 있었다. 1999년 1월 남전산
유지를 쫓아 남전촌을 걷다가 무성하게 자라고 있는 차나무를 보고 남전의 인선
입차 공안이 스쳐갔다. 그때 차병을 들고 걷던 한 농부를 만났다.

"어찌 차를 드십니까."

"이 마을은 예부터 차나무가 많이 자라 차를 만들어 왔습니다."

"조주선사를 아십니까."

남전의 차맥은 조주가 이어 끽다거 공안을 통해 발전시켰다.

"조주는 잘 모르겠으나 여기 남전산 아래 오래된 절터가 있습니다."

"거기가 바로 끽다거를 일으킨 조주가 수행했던 곳입니다."

"우리 마을이 끽다거의 발원지라니 놀랍습니다."

그와 대화하며 걷노라니 남전산에서 선풍을 떨친 남전과 조주가 오버랩되었다. [13]

평생 차 심부름을 한 다각(茶角)이오

2011년 7월 16일 조주의 끽다거를 떠올리면서 염다래(拈茶來)로 일세를 풍미한 한국 선종의 큰 봉우리 경봉선사의 체취가 머무는 극락암을 찾아갔다. 마침 극락암 선원장인 명정(明正) 스님과 만났다. 선사는 공양상을 비운 뒤 찻자리에 앉아 능숙한 솜씨로 차를 우려냈다. 물이 끓을 즈음 반 통 정도의 차를 다기에 붓고 물을 따르고 다기 위로 찻잎을 가득 담았다. 놀란 표정을 짓자

"평생 차 우리는 다각을 했을 뿐이오."라고 말문을 연다. 진하고 진한 진액을 평생 음다한 명정선사의 차 우리는 솜씨를 지켜보고 있는데, 스님이 일어나더니 잠긴 문을 열어 두루마리를 가져왔다. 그 두루마리를 펼치니 '조주의 차, 운문의 호떡(趙州淸茶, 雲門胡餠)'이란 경봉선사가 화선지에 쓴 글씨가 눈에 들어왔다. 스승인 경봉선사가 즐겨 쓴 화두이다. 명정스님은 이 글이 탄생한 배경을 다음과 같이 설명했다.

"어떤 스님이 노스님을 찾아와 '부처와 조사를 초월해서 한 말에 대해 알려 주십시오' 하고 여쭈었습니다. 그때 스님은 아무 말 없이 붓을 잡더니 화선지에 '조주청차 운문호병(雲門胡餠)'이라고 썼습니다. 그것은 조주의 맑은 차요, 운문의 가풍은 호떡이라는 선가에 유행한 공안을 단숨에 써 내려간 것입니다. 옛이야기인데도 어제 일처럼 친숙하게 다가온 것은 '평생 다각 하나는 자신 있다'는 신념에서 나온 것 같습니다."

차를 이야기할 때 명정스님은 기운이 살아있는 것 같았다. 명정스님을 지켜보다가 천여 년 전 조주선사가 스승을 모시고 남전산에서 다각을 했던 일이 떠올랐다. 2011년 4월 조주의 자취를 찾아 남전산에 이르렀을 때 남전과 조주에게 차를 공양한 뒤 언론인 공종원 선생과 대숲 사이를 걷다가 차나무를 발견했다.

"저기 보세요. 일창이기(一槍二旗: 한 창에 두 잎)로 잎이 올라오고 있어요."
"신비롭군요."

"조주가 저 찻잎을 덖어 스승에게 다각을 했던 것 같아요."

"끽다거가 그런 연원에서 나온 것 같군요."

조주차를 마시다

천하조주 끽다거 기행 깃발을 들고 조주의 자취를 따라갈 때마다 뜨거운 반응에 사명감을 갖게 됨은 말할 것도 없다. 조주차를 앞에 놓고 갖가지 생각에 잠겼다.

조주차의 원류는 남전에게서 출발한다. 남전산 주변의 차나무가 이를 말해 준다. 남전산 탑전에서 조주화상 앞에 장엄한 헌다식을 마치고 오솔길을 따라 뒷산의 대숲을 걷다가 군데군데 차나무에서 솟아난 찻잎에서 *끈끈한* 생명력을 보았다. 전날 밤 내린 비로 잎에 물방울이 맺혀 있었다.

이를 한참 동안 바라보다가 천 년 전 《조당집》 16권의 '남전화상편(南泉和尙篇)'이 떠올랐다.

남전선사가 행각하고 있을 때의 일이다. 그는 마을에서 한 촌로에게 길을 묻는다.

"이 길은 어디로 가는가?"

촌로는 이렇게 대답한다.

"발바닥 밑의 것은 무엇이던가요?"

"산[岳]으로 갈 수 있는가?"

"그렇게 오랫동안 지냈는데 또 찾는구려."

"차가 있을까?"

"있습니다."

"차 한 잔 얻을 수 있는가?"

"찾으시면 안 되니 그저 따라오기나 하시오."[14]

남전과 촌로가 나눈 문답에서 남전이 얼마나 차 한 잔을 간절히 원했는지 알 수 있다. 남전과 귀종지상(歸宗智常) 선사의 문답 중에 귀종선사가 차를 우려냈다. 남전이 마시려는 순간 귀종이 차를 가져가 버렸다. 남전이 '내가 아직 차를 마시지도 않았다'고 말한 대목도 있다.

밥의 뜸을 들이듯 남전은 인연을 기다렸다. 그것이 조주인 것 같다. 그리고 조주를 만나면서 남전선을 세상에 떨치게 되었다. 조주는 늘 물병과 석장을 짊어지고 제방을 다니며

"일곱 살 먹은 어린아이라도 나보다 나으면 내가 그에게 물을 것이요, 백 살 먹은 노인이라도 나보다 못한 이는 내가 그를 가르칠 것"이라고 말했다. 그처럼 조주선사는 남전의 인선입차 정신을 실천하여 끽다거 탄생의 계기가 되었다고 말할 수 있다.

05. 아랫마을의 한 마리 물소가 되겠다

- 수고우(水牯牛)

한 스님이 남전스님에게 물었다.

"화상께서는 열반하신 뒤 어디로 가시렵니까."

"산 아랫마을 농부의 한 마리 물소가 되리라."

"저도 화상을 따라갈 수 있겠습니까."

"네가 나를 따라가려거든 한 줄기 풀을 물어 오너라." [15)]

이 말은 남전의 최후의 열반송이다.

마조의 법을 이은 남전이 '소가 되고 말이 되라'라고 평생을 질타한 이류중행(異類中行)의 외침은 바로 차선일여(茶禪一如)의 경계를 직관적으로 표현했다고 볼 수 있다.

일상생활의 도를 실천한 마조의 법(法)을 이은 남전은 30년간 남전산에 살면서 남전촌에서 만날 수 있는 물소들은 남전의 수고우(水牯牛) 공안을 떠올리게 했다.

이류중행을 실천한 남전은 농선을 실천하면서 평상심의 도를 제자들에게 가르쳤다.

대중을 제접했다. 그는 수고우, 남전참묘(南泉斬描) 등 사물을 주로 선적 경지에
서 꿰뚫어 봤다.

이류중행을 실천한 남전

1998년 겨울, 남전산을 찾았을 때에도 물소가 농부의 손에 이끌려 논밭을 갈
고 있었다. 마치 천 년 전 남전의 영상이 되살아나는 듯했다. 남전사로 가는 길
복 곳곳에 삽초 사이로 차나무가 자라고 있었는데, 마을 사람들에게 물어보자

그들은 단번에

"남전차 말입니까." 하면서 이방인을 반겼다.

남전차는 오랫동안 남전촌 사람들에게 명차로 이름을 떨쳤다. 남전의 절대 자유의 삶은 뛰어난 후학들에 의해 꽃피었다. 남전의 철학은 그의 살림살이에서도 잘 드러난다.

남전은 남전산에서 제자를 가르치며 일상생활의 도를 실천해 갔다.

남전산은 장강(長江)의 남쪽 승금호(升金湖) 기슭에 자리 잡은 자그마한 산이었다.

남전산과 불교의 첫 만남은 766년경이다. 남전이 남전산에 들어오기 이전에 혜충선사의 제자 도견(道堅) 선사가 남전산에 둥지를 틀고 있었다. 남전이 남전산에 온 것은 그로부터 29년 뒤인 795년이다. 남전이 30년간을 남전산에서 내려오지 않았다.

남전은 일생을 남전산에서 대중들을 제접하였다. 834년 87세로 열반에 들자 다비식을 행할 때 900여 명 제자들의 곡성이 남전산 골짜기에 울려 퍼졌다. 보원은 남전산 양지 바른 곳 영탑(靈塔)에 모셔졌다. 그를 기리는 비에는 그 덕을 추모하는 송이 새겨졌다.

남전이 입적한 후 제자들은 뿔뿔이 흩어졌다. 당시 당 무종(武宗, 814~846)이 불교 말살을 시도했다. 그중에서도 남전사는 가장 큰 피해를 입었다. 당 오대(唐五代)와 송대 츠저우의 역사 기록에서도 남전사에 관한 기록이 전무한 것이 이를 말해 준다.

06. 남전이 떠난 빈 배

차를 말하는 사람 치고 '끽다거'라는 말을 한번쯤 내뱉지 않은 사람이 없을 정도로 만고불변의 진리가 된 지 오래다. 끽다거가 세상에 퍼지게 된 데는 그 말에 담긴 곡 조처럼 우렁찬 울림이 마음을 움직였기 때문인 듯하다. 그 화두를 쫓아 1990년 말 남전사를 찾아갔을 때 농부가 차를 들고 걷는 모습이 인상적이었다. 그리고 마음속 에 끽다거를 잊지 않고 있었는데 2003년 12월 안후이성 츠저우시(池州市)에서 남 전선학을 밝힌 한·중 남전학술연토회가 열리면서 남전선사가 세상 밖으로 드러났 다. 그때 청중들이 지켜보는 가운데 〈남전과 조주의 다선일미〉라는 논문을 드러내 보였고 비로소 중국이 깨어났다. 그때 의미심장한 말을 남겼다.

'조주선사는 끽다거 화두를 세상에 드러내 보였는데 조주의 끽다거는 송대를 거치 면서 다선일미의 전통으로 굳어지게 되었다. 따라서 그 화두의 연원을 살피는 일 또 한 후학늘의 몫이다.'[16]

학술연토회가 끝난 뒤 남전선학의 권위자인 츠저우 사범대학 인웬한(尹文漢)
교수는 내가 발표했던 '다선일미'에 대한 견해를 듣고 다음과 같이 말했다.

> "한국의 월간 《선문화(禪文化)》 발행인이자, 동아시아 선학연구소 소장인 최석환
> 님은 남전과 조주의 선차일미에 대해 논술하였습니다. 선차의 발전에 조주가 중대한
> 작용을 하였고, 그 '끽다거' 공안은 학승들이 차를 마시는 중 깨달음을 얻을 수 있다
> 는 것을 알려주고 선미를 이해하게 해 준다고 하였습니다. 그리고 '조주차'는 남전의
> '평상심시도'의 선학 사상을 계승하는 것입니다." [17]

끽다거라는 화두는 사실 조주가 남전산에서 스승인 남전선사를 모시고 수행했
을 당시에는 그다지 알려지지 않았다. 남전이 천화(遷化: 임종을 말함)한 뒤 스
승이 떠난 빈 배를 더는 지킬 수 없던 조주가 여든이 돼서야 오늘의 허베이성 스
좌장의 조주성 동쪽 관음원에 머물면서 대중을 경책한 화두였다. 그렇게 세상에
알려진 끽다거 화두를 쫓아 순례길에 올랐다. 가는 곳마다 끽다거를 말하는 사
람들을 보고 감격에 젖기도 했다.

남전과 조주의 편린들

남전과 조주의 일화는 여러 가지가 전해 온다. 그중 대부분은 조주가 없는 사이에 벌어졌다. 그리고 조주가 있었으면 그 순간을 지혜롭게 넘길 수 있었을 것임을 암시하는 부분도 들어있다. 그중 몇 가지를 간추려 보자.

조주가 스승 남전을 모시고 살 때였다. 누각에 올라가 우물에 담긴 물을 푸다가 남전 스님이 지나가는 것을 보고 기둥을 끌어안고 다리를 매단 채 소리 질렀다.

"살려줘요, 살려줘요!"

남전스님이 사다리를 오르면서 말씀하셨다.

"하나, 둘, 셋, 넷, 다섯."

스님께서는 잠시 후 다시 사례를 드렸다.

"아까 구해 주셔서 감사합니다." [18]

남전이 누구던가. 그는 마조의 세달(백장, 서당, 남전)로 사물 밖을 벗어난 사람으로 평가받은 당대의 선승이다. 남전의 문도는 쌍봉도윤(雙峰道允)을 비롯 천여 명에 이른다고 했다. 그러나 남전이 열반한 뒤 남전산의 선풍도 미미해졌다. 남전의 선은 드디어 남방에서 북방 시대를 열며 커다랗게 솟아올랐다. 만고불변의 끽다거라는 화두를 통해 조주의 선은 다시 깨어났다. 남전의 빈 배에 차 한 잔을 싣고 세계로 나아갔다. 양자강에 흐르는 물결 사이로 조주의 끽다거가 맑은 차향과 함께 퍼져 나갔다. 조주기행 순례단은 소수자를 찾아 중국 선익을 누비며 차의 향기 속에 빠져들었다.

남전사의 중창과 남전선사를 그리워하며

허베이성 자오현은 조주선사가 끽다거란 화두로 대중을 사로잡았던 현장이다. 2015년 10월 5일 스좌장 인민회당을 가득 메운 청중 앞에서 다음과 같이 말했다.

"오늘날 끽다거가 유명해진 것은 남전보원 선사의 공덕입니다"라고 서두의 말을 꺼냈다. 더 나아가 남전과 조주는 신라의 철감선사와 동문수학한 인연으로 1,200년이 지난 오늘에도 여전히 세상에 불광을 비추었다고 말했다. 공교롭게도 잇따라 안후이성과 허베이성에서 개최된 스승과 제자를 추모하는 행사는 예사로운 일이 아니었다. 이 같은 스토리는 차의 위대한 공덕이라고 말할 수 있다.

1,200년이 지난 지금에도 여전히 남전, 조주, 철감을 이야기하고 그가 남긴 선어를 논할 수 있으리라는 생각이 들었다. 이번 학술연토회는 조주와 남전, 신라의 철감을 현창하는 의미 있는 연토회로 세계 각국의 불교계와 차계의 이목을 집중시켰다. 남전이 평상심의 도(道)로 대중을 이끌었다면 조주는 끽다거로, 뜰앞의 측백나무로 대중을 이끌었다. 2015년 백림선사에서 열린 제10차 세계선차문화교류대회는 조주의 끽다거 정신을 세상에 드러내는 중요한 행사였다. 많은 차인들이 대광명전 앞에 마련한 조주다석 앞에서 조주차를 마시며 조주차의 정신을 이야기했다. 3일간의 조주를 기리는 제10차 세계선차문화교류대회 폐막식 이후 안후이성 구화산 풍경구에서 제9차 세계선차아회가 열리던 날 쓰랜핑(釋蓮鳳) 스님이 무대로 올라가 포다법(泡茶法)을 보여주었다. 그 옆에 6살 쓰차니우(釋茶牛)라는 사미승은 스승의 행동 하나하나를 놓치지 않다가 스승을 따라 차를 우려내기 시작했다. 마치 천 년 전 조주가 스승인 남전을 만났던 장면이 그대로 펼쳐지는 것 같았다.

무대 아래의 청중들은 그 광경을 지켜보면서 연신 카메라를 눌렀다. 능숙한 손놀림으로 차를 우려낸 뒤 동자승은 차탁을 붙잡고 무대 아래로 내려가 차를 대접했다. 그 광경을 바라보고 있던 청중들은 활짝 미소를 지으며 기뻐했다. 뒤늦게 안 사실이지만 남전사 주지 중쉬에 스님이 고민 끝에 동자승을 무대 위로 올려 차로 평상심을 드러내보였다는 것을 알았다.

남전은 남전산에서 40여 년간 머물면서 평상심의 도로 대중을 이끌었다. 일상생활의 도를 통해 대중을 이끈 남전선사가 남전산에 머물고 있을 때 재가, 재상, 수선납자 등 수많은 인파가 그를 찾아왔다. 우리가 잊을 수 없는 고사 중 육궁대부(陸亘大夫) 선사에게 얽힌 이야기 한 토막을 소개한다.

"대부께서는 백성들을 어떻게 다스리십니까."

"지혜로써 백성을 다스리려 합니다."

"그렇다면 그곳의 중생들은 모두가 도탄에 빠져들 것이오."

도와 지혜는 다르다는 것을 육궁대부에게 가르쳤다. 그리고 남전은 말하였다.

"요즘 선사는 너무도 많지만 어리석고 둔한 사람 하나를 찾으려면 만날 수 없다. 그대들은 오해하지 말라. 이 일을 체득하려면 반드시 부처님이 오시기 이전의 세상, 아무런 명칭도 없던 곳을 향해 은밀히 작용하고 가만히 통하되 아무도 그것을 느끼지 못하게 하여야만 한다. 이런 때에 체득해야만 비로소 약간의 상응할 분수가 있는 것이다."

당시 육궁대부는 선주자사였다. 남전을 만나 깨우쳤다. 호리병과 거위에 얽힌 이야기로부터 스승과 제자의 연을 맺은 육궁대부는 남전으로부터 "어떻게 하면 거위도 상하시 않고 호리병으로부터 거위를 끄낼 수 있겠습니까."

이야기를 듣고 남전이 육긍을 불렀다.

"대부여."

남전이 소리치며 말했다.

"꺼냈다." [19]

그 말끝에 깨우쳤다. 안타까운 것은 육긍대부가 남전선사보다 앞서 세상을 떠났다는 것이다.

남전 이후의 남전산

남전의 문하(門下)인 조주선사는 스승이 열반에 든 뒤 그의 나이 80살이 되어서야 남전산을 떠나 조주성(趙州城) 동쪽 관음원으로 들어갔다. 그곳에 머물면서 대중에게 전한 '끽다거'라는 선어가 강물처럼 흘러 오늘까지 이어졌다.

끽다거를 통한 남전의 절대 자유를 조주는 '끽다거'란 화두로 실천해 갔다. 또 하나의 물줄기는 신라로 전해졌다.

남전산은 선종의 창(窓)이 되어 츠저우로, 신라로, 세계로 선종을 퍼뜨렸다. 문화혁명 초 남전사는 역사상 가장 많이 훼손되었으며 동시에 역사적으로 말살되어 잔해들이 흩어져 있다. 하지만 츠저우 사람들이 힘을 모아 남전사를 복원하여 선차일미를 꽃피울 때 '끽다거'라는 화두는 선연히 되살아날 것이다.

07. 길 없는 길 위에서 조주는
무엇을 구하려 하는가

마조의 법(法)을 이은 남전선사가
남전산에 들어와 선법을 연 지 39
년 만인 834년에 입적하자 제자들
은 사방으로 흩어졌다. 당 무종(武
宗)이 불교 말살을 벌이고 있을 때였
다. 남전산 또한 무종의 불교 탄압
에서 벗어날 수 없었다. 그러나 무
종의 불교 탄압으로 남전사가 완전
히 역사에서 사라진 것만은 아닌 것
같다. 광서(光緒) 9년, 루우앤링(陸
延齡)의 《귀지현지(貴池縣志)》에 기
록이 있다.

남전촌에서 만난 현지 주민

행각에 나선 수행자

광자(廣慈): 출신지 불명. 강희(康熙) 초년에 귀지로 와서 남전산에 거처하였다. 시문(詩文)에 능하였다. 사람들에게 문장법 가르치기를 좋아하여 많은 고을 사람들이 그에게 달려가 질정(質正)을 받았다. 수년 후에 그의 처자식이 찾아왔지만 그는 만나 주지 않았다. 신발 한 켤레를 올리자 제자에게 산문 밖에 가서 태워버리게 하고 여비를 주어 돌려보냈다. 사람들이 그의 아들에게 성씨와 본적을 물었지만 아들 또한 대답하지 않았다. 다만 부친은 본래 유학을 하는 가문 출신으로 고향에서 거자(擧子)가 된 적이 있다고 하였다. 나이 여든이 넘어 숙환으로 세상을 떠났다.[20]

이는 강희 연간의 남전산에 향화가 끊이지 않았음을 보여주는 대목이다.

사방으로 흩어진 남전의 후학들

조주기행 순례단이 남전사지에서 헌다를 올린 뒤 마을을 빠져나가려 할 때 아랫마을의 물소 한 마리가 우리를 뚫어지게 바라보고 있었다. 그 자리를 뜰 수 없어 논밭으로 달려가 물소를 바라보았다. 그러자 멈칫하던 물소가 우리를 물끄러미 바라보았다.

물소를 보기 전부터 한 농부가 어깨에 풀을 이고 지나가고 있었다. 천 년 전 남전의 말씀이 천 년 뒤에도 여전히 살아있음을 보니 매우 놀라웠다. 남전촌은 그렇게 역사의 수레바퀴처럼 흘러갔다. 남전촌이 시야에서 사라질 때까지 마음이 무거웠다.

남선의 문풍이 널리 일러지자 한때 천여 명이 운집했다. 그중 조주종심, 장사

경잠, 악주수유(鄂州茱萸), 백마담조(白馬曇照), 행자감지(行者甘贄), 쌍봉도윤 등이 있었다. 그의 제자 대부분은 선종을 크게 떨쳤다. 남전의 선법은 크게 두 갈래로 전해졌다. 첫 번째 한 갈래는 조주선사가 조주성 동쪽 관음원에서 끽다 거란 화두로 천하 사람들의 눈을 열어놓았고, 두 번째 갈래로는 신라의 철감선 사가 남전의 선법을 이어 신라로 들어가 구산선문(九山禪門) 중 사자산문을 열 었다. 중원의 조주가 끽다거를 휘날렸다면 철감은 신라에서 선과 차의 기나긴 역사를 이어갔다.

조주는 스승이 떠난 뒤 곧바로 조주성 동쪽에 있는 관음원으로 들어가지 않았 다. 조주가 물병을 들고 석장(錫杖) 하나를 어깨에 걸치고 제방을 두루 참방한 까닭은 무엇일까.

행각에 나선 조주

834년 걸망 하나를 짊어지고 남전산을 빠져나온 조주는 중국 전역을 다니며 선 지식과 선문답을 펼쳤다. 행각에서 조주가 만난 스님들은 당대 중국 선불교를 이 끌었던 조사들이었다. 열거하면 하늘에 별처럼 많지만 그중에 마조의 세 달(月)로 알려진 장시성(江西省) 펑신현(奉新縣) 백장사의 백장회해 선사와 맞닥뜨린 일화 가 유명하다.

백장이 조주를 보고 물었다.

"어디서 왔느냐."

"남전에서 왔습니다."

"남전은 무슨 법(法)으로 학인들을 가르치느냐."

"'깨닫지 못한 사람도 끊임없이 수행을 해나가야 한다'고 하셨습니다."

백장이 꾸짖자 스님이 놀라 얼굴을 붉히니 백장이 다시 말하였다.

"좋구나, 정말 우뚝하도다."

그러자 조주스님이 춤을 추면서 나갔다.[21]

　　그 뒤 곧바로 후난(湖南)의 위산(潙山)으로 달려가 위산영우를 만났다. 조주는 위산을 만난 뒤 후난성(湖南省)으로 나아가 약산유엄(藥山惟儼) 선사를 만났다. 약산에게 부처란 대체 무엇이냐고 묻자 '아가리를 닥쳐라' 하였다. 그러자 조주는 '개아가리를 닥치느냐'고 반문했다.

　　조주는 이미 이름을 떨치고 있던 조사였다. 조주는 남전의 선법을 이었음에도 왜 많은 선지식을 탐방했을까. 유수선사와 나눈 문답에서 조주의 살림살이를 간파할 수 있었다.

"연만(年晚)하신 분이 어찌 머물 곳도 못 찾으십니까."

"어느 곳에 머물면 되겠소."

"연만하신 분이 머물 곳도 모르는군."

"30년간 말 타던 주제에 오늘은 나귀한테 차였구나."[22]

　　이처럼 조주는 기봉이 번뜩이는 것 같았다. 조주는 한산 습득을 흠모하여 천

태산(天台山)으로 들어가 스스로 한산자를 닮으려 했다.

조주의 행각에 대해 법음(法音: 잡지 주편집인) 천싱쵸(陳星橋) 씨는 다음과
같이 말하였다.

> "조주의 행각 생활은 운치가 있었지만 당시의 자연과 사회 환경 아래에서는 필경
> 고달프고 심지어는 위험하기도 하였다. 더욱이 혈혈단신으로 가사와 바리때에 짚신
> 과 주장자를 벗 삼았으니 평범한 사람이라면 그 적막함을 견디지 못했을 것이다. 그
> 러나 대사께서는 더할 수 없는 도심(道心)으로 천지와 만나고, 산안개의 영험한 기운
> 을 마시고, 해와 달의 아름다움에 머리를 감고, 중생을 한 가족처럼 여기고, 만물을
> 동반자로 삼았다." [23]

조주는 왜 곧장 허베이로 가지 않고 머나먼 행각길에 올랐을까. 여든에 가까
운 노인의 몸으로 무엇 때문에 그토록 고행을 일삼았을까. 조주가 걸망 하나만
짊어지고 전국을 행각한 것은 눈 밝은 선지식을 두루 만나 탁마코자 함이었다.

조주는 80이 되어서도 건강을 잃지 않았다. 조주는 걸망 하나를 짊어지고 전
국을 순방하다가 마침내 행각에 나선 지 24년 만인 858년에서야 지금의 허베이
성 조주성 동쪽 관음원에 입성하게 된다.

08. 진여선사 산문 앞에 우뚝 선 조주관趙州關

　　장시성(江西省) 진여선사 산문(山門)에 이르면 대리석에 새긴 조주관이 있다. 당나라 시기 조주선사가 행각하던 중 우연히 당시 용창선원(龍昌禪院)에 이르렀을 때 주지인 도응선사와 만나 선어를 주고받았다. 그리고 후학들이 이 자리를 기념해 조주관이라 이름 붙였다. 천 년이 지난 지금도 조주종심과 운거도응(雲居道膺)의 아름다운 만남은 미담처럼 들려온다. 《운거산지(雲居山誌)》의 기록에 따르면 종심선사가 용창선원에 이르렀을 당시 주지 도응스님이 산문 밖까지 나와 맞이했다고 한다. 조주선사가 산문 앞에 이르렀을 때 도응선사와 맞닥뜨렸다. 조주선사가 도응선사보다 나이가 많았다.

　　도응선사가 조주선사를 만났다.

진여선사 산문에 우뚝 선 조주관

조주관 산문 앞에서 바라본 명월호.
조주선사와 도응선사가 산문밖의 명월호 앞에서 서로의 기어(機語)로 응대했다.

두 사람은 선원 밖의 명월호(明月湖) 앞에 있는 야합산(夜合山) 아래에서 만나 서로의 기어(機語)로 응대했다. 훗날 사람들은 두 사람이 만난 그곳에 조주관을 만들어 이를 기념하였다고 한다. 조주는 용창선원에서 많은 설법을 하였는데 안타깝게도 용창선원에서 말씀하신 선어는 전해 오지 않는다. 다만 《조주록》을 통해 조주의 편린을 살필 수가 있다. 조주가 용창선원에 머물 때 상당하여 수시법어를 말씀했는데 대략 다음과 같은 선어들로 유추해 볼 수 있다.

지극한 도는 어렵지 않으니 오직 따져서 가림을 꺼릴 뿐이다. 말로 표현했다 하면 그것은 따져서 가림이 되고 분명함이 된다. 그러나 그 분명함 속에도 있지 않은데 도리어 그대들이 애지중지하겠는가.[24]

진여선사를 찾으려면 반드시 조주관을 거쳐야 한다. 몇 차례에 걸쳐 진여선사를 찾게 되었는데 찾을 때마다 안개가 자욱한 운거산을 보고 차가 자랄 수 있는 최적지임을 알아보았다. 운거산은 본래 구산(歐山)으로 불렸는데 산봉우리가 짙은 안개에 묻혀 있기에 당나라 이후에는 운거산으로 불렀다. 천하 으뜸의 절경과 천상의 운거(雲居)라고 불린 진여선사는 당나라 원화(元和) 초(806)에 조동종의 2대 조사인 운거도응 선사가 오게 되면서 백장 이후 전개된 농선의 가풍을 이어갔다. 스님들의 노동 땀방울로 일구어 낸 찬림차(攢林茶)는 조주차(趙州茶)로도 불린다. 이유인즉 조주가 당시 용창선원에 주석하면서 선풍을 진작시켰던 것 때문이다. 또한 이엄진철(利嚴 眞澈) 선사는 한국 선종과 밀접한 관련이 있다. 구산선문 중 맨 마지막 산문인 수미산문의 진철선사가 운거도응 선사의 법맥을 신라로 이어왔기 때문이다. 진철선사는 896년 입당하여 덕이 높은 운거산으로 도응선사를 찾아가 그의 문하에서 입실을 허락받았다. 진철스님이 운거도응 스님을 만나자마자 말하였다.

"서로 이별한 지가 그리 오래되지 않았는데 다시 만나니 그리 빠른가."

이에 이엄이 답하였다.

"일찍부터 친히 모신 적이 없는데 어찌하여 다시 왔다고 말씀하십니까."

이어 대사가 입실을 허락하였다. 그 뒤 6년간 스승을 모시고 수행하다가 어느 날 이엄을 불러 말했다.

"도는 본래 사람을 멀리하지 않으나 사람이 능히 도를 넓히는 것이므로 동산의 종지는 타인의 손에 있지 아니하니 불법의 중흥이 나와 너에게 달려 있으니, 나의 도가 동국으로 흘러가리니 너는 그 뜻을 널리 받들도록 하여라."라고 말한 뒤 인가했다.

진철은 스승으로부터 인가를 받은 뒤 효공왕 5년(901) 그의 나이 42세 때 귀국한 뒤 때를 기다리다가 태조 왕건의 후원으로 해주 광조사에서 수미산문을 여니 그것이 바로 구산선문 중 맨 마지막 산문인 수미산문이다. 운거도응 선사는 조주와 인연이 있을 뿐더러 조주와 법형제인 철감선사는 구산선문 중 사자산문을 열어 선풍을 크게 떨쳤다. 28년이 지난 뒤 신라의 진철선사가 당시 선풍을 크게 일으키고 있던 운거도응 선사를 찾아가 선맥을 이어와 신라 말 수미산문을 개창케 되었다.

찬림차에서 조주차로

선가에서 부처와 조사에게 차를 경건히 올리는 것이 일상생활 가운데 하나로 자리 잡게 된 것은 백장회해 선사가 《백장청규(百丈淸規)》를 제정하면서 선농일치(禪農一致) 정신을 유훈(遺訓)처럼 받들었기 때문이다. 따라서 농선병중을 참선수행 이상으로 중요시 여겼다.

영수현 진여선사는 천 년 동안 차를 재배한 역사를 지녔을 뿐 아니라 그 제다법이 한국 선종 제다의 맥과 닿아 있어 일찍이 주목하였다. 그것으로 운거도응 선사에게 인가 받았던 진철선사가 고려로 건너가 차와 선을 이어 갔음을 추론할 수 있다. 지금도 운거산 100무(畝)의 차밭에서 해마다 찬림차 천 근이 생산되고 있다. 그 차 맛이 맑고 향긋해 마치 선승의 해맑은 수행처럼 와 닿는다.

운거산의 역사를 살펴보건대 원화 3년에 도용(道容) 선사를 개산조(開山祖)로, 북송 때에는 진여선원으로 부르다가 송나라 때에 진여선사로 불렸다. 그 후 17번에 걸쳐 개보수가 이루어졌으나 민국 시기 일본인의 방화로 전소하였다가 중국 불교의 중흥조 허운(虛雲) 대사가 중흥한 이래 오늘에 이른다. 운거도응 선사가 운거사에 석장으로 머물면서 농선병행 사상의 기반을 잡은 것으로 보인다. 난창의 종왕이 운거에게 귀의하게 됨으로써 운거사는 비약적인 발전을 거듭한다.

〈운거산개산연기문(雲居山開山緣起文)〉에 따르면 당헌종 개원 초에 사마두타(司馬頭陀)라는 풍수의 달인이 운거사에 입지를 잡아 창건했다고 한다. 사마두타는 보봉사, 백장사, 위산 밀인사 등 많은 선종 사찰의 터를 잡았다. 당대에 선의 입장에서 풍수적으로 사찰 입지를 선정하는 일이 얼마나 많았는지 짐작할 수 있다. 사마두타는 위앙종(潙仰宗) 창종에 직접적인 영향을 끼친 인물로 선과 풍수를 접목하는 데 결정적인 영향을 끼쳤다.

어느 날 사마두타가 백장을 찾아와 위산의 주인 될 사람을 점지하였다. 여기서 사마두타의 풍수관이 드러난다. 사마두타는 당시 전좌(典座: 갓 승려가 된 사람) 소임을 보고 있던 위산영우에게 주인이 될 사람이라고 하였다. 백장은 그날 밤 영우에게 은밀히 법을 전하고 그를 위산으로 보내게 된다.

대부분 풍수지리가로 일행선사를 손꼽는데 그는 선종의 풍수도참가로 중국 선종사찰 곳곳의 입지를 잡아 줌으로써 선과 풍수는 떼려야 뗄 수 없는 관계가 되었다. 진여사의 개산(開山) 배경에도 풍수와 선(禪)의 만남이 있었다.

운거사의 실질적 개산주인 도용선사는 운거산 남쪽 산록인 요전사(瑤田寺)에 거주하면서 선정을 닦고 있었다. 어느 날 풍수지리의 달인 사마두타가 도용선사를 찾아와 참문하면서 말했다.

"제가 전세에 배움이 있어 풍수지리를 익혔는데 스님을 위해서 좋은 터를 잡아 드릴까 합니다. 여기서 약 15리를 들어가면 남쪽에 승지가 될 만한 터가 있습니다. 그곳은 예부터 5신인(神人)이 상주했던 곳으로 대선찰이 들어설 만한 길지입니다. 선사께서 그곳에 가시어 선법(禪法)을 크게 일으켜 주십시오."

"그대가 그렇게 찬탄하니 내 한번 가서 봄세." [25)]

도용선사는 운거산을 답사한 후 매우 만족해하며 원화 기간(806~820)에 운거사를 선종의 도량으로 개산하였다. 그 뒤 운거도응 선사가 운거사를 찾아오면서부터 비로소 선종의 근본도량이 되었다.

명월호의 아름다움, 조주와 만나다

조주관을 막 벗어나면 아름다운 호수 명월호가 나온다. 그 사방에 자라는 찬림차의 향기가 명월호의 물결 사이로 퍼져 나간다. 백장회해 선사가 《백장청규》를 제정하여 선가에 다선의 가풍이 보편화되기 시작했다. 그것을 실천에 옮긴 사람은 조주선사였다. 백장보다 58년 후에 나온 조주는 끽다거란 화두를 통해 차와 선의 세계를 열어 놓았다. 징후이 스님께서 말했듯이 조주는 차의 산지가 아니다. 그러나 당나라 때 조주가 주석하였고, 조주선사의 차가 무궁히 발전하여 천고에 길이 전해진 까닭은 조주의 선이 끊임없이 전승되었기 때문이다.

당시 조주 지역은 북방으로 차나무가 자라지 못했다. 그러나 지금은 남방한계선이 무너져 내리면서 눈 밝은 선지식이 나와 조주 땅에 조주차가 전해졌다. 조주가 머물렀던 진여선사의 인연을 근거로 1993년 4월 중국불교협회 부회장인 징후이 스님이 운거산을 찾아가 그곳의 차나무를 조주 땅으로 옮겨 오면서 조주의 차가 타향에 머물다가 고향으로 돌아왔다고 기뻐했다. 장시(江西) 지역에서 찬림차로 불린 그 차를 불교계에서는 일찍이 조주차로 불러왔다. 이유인즉 조주가 주석했던 진여선사의 인연을 내세워 조주차로 옛 명성을 회복했기 때문이다.

제3장

중국의 선이 모두
동국으로 가는구나

01. 우리 선종禪宗이 모두 동국東國으로 돌아가는구나

– 남전사 옛터를 찾아

한국과 중국이 수교한 지 5년 뒤인 1997년 겨울 한국 선종고찰 순례단을 이끌고 남전사 유지를 찾아가는 길은 고행의 길이었다. 남전사에 주목하게 된 까닭은 마조의 법(法)을 이은 남전보원 선사가 신라의 철감도윤 선사를 인가하면서 '우리 선종이 모두 동국으로 돌아가는구나'라는 《조당집》 구절을 읽고 남전이 탁석(卓錫)했던 남전사를 찾아가려 했었기 때문이다.

그런데 한국과 중국이 단절되면서 남전사는 역사 속으로 사라져갔다. 그후 덩샤오핑(鄧小平)의 개혁개방 정책에 힘입어 마침내 1992년 8월 중국과 한국이 수교하면서 천년간 선맥이 숨쉬는 땅 남전사가 세상에 드러나게 되었다. 당시 중국의 선법이 동쪽으로 흘러간다는 참설이 크게 유포되었다.

한·중 수교 이후 신라의 구법승이 인가를 받고 돌아온 조사의 흔적을 찾는 것이 관심사였다. 그 첫 번째 과제로 신라 구산선문 중 사자산문을 연 철감도윤의 흔적을 쫓아 남전사를 찾게 되면서 철감도윤의 자취가 드러났다. 중국 선종계가 잊고 있던 안후이성 남전사를 찾은 것은 1997년 1월이었다. 한국 선종 고찰 조사단을 구성하여 폐허로 남은 남전사 유지를 찾아가 통한에 잠겼다.

신라 말 입당구법승이 대거 당나라로 들어가 조사의 심인을 받고 신라로 돌아와 선과 차를 전파했다.

다시 드러난 남전의 선풍

한국과 중국이 수교한 이후 남전사 유지를 찾아갔을 때 남전사는 흔적없이 사라진 뒤였다. '남전참묘', '수고우', '남전의 일원상', '평상심시도' 등 많은 공안으로 당대 선종을 이끌었던 남전보원의 선학의 요람지가 폐허로 남았다는 소식을 접하고 참담했다. 남전사가 위치한 안후이성 츠저우 퉁싼진(銅山鎭)의 남전산을 찾아 나선 것은 1997년 겨울이었다. 마을 사람들에게 길을 확인하고 남전촌에 이르렀을 때 한 노인과 마주쳤다.

그에게 남전사지를 여쭈었다. 노인은 반가워하며 남전사지까지 손수 안내를 자청했다. 노인을 따라 남전사 유지 곳곳을 찾아갔다. 남전사 유지를 찾게 된 까닭은 첫째, 우리나라 구산선문 중 사자산문을 개산한 철감도윤 선사가 입당하여 남전의 법맥을 잇게 한 그 현장을 확인하는 것이고, 둘째는 마조의 800여 명 제자 중 3대 제자로 손꼽는 남전의 선과 차가 바로 남전산에서 시작했기에 그 뿌리를 찾아보고 조주선사가 끽다거를 통해 차선일여의 정신을 이끌어낸 그의

1997년 겨울, 남전사지를 처음 찾아갔을 때의 한 장면

진면목을 찾는 것이었다.

남전사 유지를 살피다가 남전이 대중을 이끈 방장실이 흔적없이 사라졌다는 것을 발견했다. 방장실 뒤편 대숲을 걷다가 곳곳에 흩어진 탑신들을 발견했다. 남전사지 어디엔가 있었을 법한 남전묘탑의 흔적을 찾는 것이 급했다. 일행이 남전사유지에 있는 동안 대숲으로 올라갔다. 대숲을 헤치고 남전묘탑을 조사하던 중 뜻밖에 '남전지묘(南泉之墓)'라고 쓴 묘탑을 발견하고 소리쳤다.

"여기 보세요. 남전묘탑이 있어요."

메아리처럼 들려오는 소리를 듣고 법당지를 살피던 선종 고찰단 일행들이 대숲을 헤치고 올라왔다. 내가 남전지묘를 가리키자 일행들은 눈이 휘둥그레해졌다. 그 일행 중 한 분이 목소리를 높였다.

"최 선생의 혜안으로 남전의 묘탑을 드디어 발견하게 되어 한국인으로서 감동이 아닐 수 없습니다."

고찰단은 묘탑지 앞에서
기념사진을 남겼다. 당시
《불교춘추》(1999년 4월호)
에 실린 〈남전묘탑기〉를 살
펴보자.

남전사지에 남아 있는 남전선사의 묘탑

남전사지에서 한참 떨어진

대숲을 헤치고 들어가 南泉之墓라고 크게 쓴 묘탑을 발견한 순간 내 눈앞에 펼쳐진 현실을 의

심치 않을 수 없었다. 남전산 주변의 산세는 전남 화순 쌍봉사를 그대로 옮겨 놓은 듯한 착각을

일으켰다. 남전으로부터 인가를 받고 구산선문 중 사자산문을 일으킨 쌍봉철감도윤(雙峰澈鑒

道允) 선사가 귀국 후 선법을 전해간 곳이 쌍봉사가 아닌가.[1]

남전묘탑을 발견한 후 조주와 철감선사가 법형제라는 인연으로 〈한중우의 조
주고불 선차기념비(韓中友誼趙州古佛禪茶紀念碑)〉가 2001년 허베이성 백림선
사에 건립되면서 조주 끽다거라는 화두는 내 마음속 공안이 되어버렸다. 또 하
나의 내 마음을 사로잡은 것은 남전촌 곳곳에 흩어진 차나무였다. 그것은 단적
으로 조주의 끽다거를 연상케 했다. 남전사지에 남다른 애정을 갖게 된 것은 그
곳이 조주가 끽다거를 일으킨 발원의 땅이기 때문이다.

남전묘탑을 발견하게 된 의미를 되새겨 보면 '왜 이제야 남전사를 찾아왔느냐'
는 남전의 영혼의 소리가 메아리처럼 들려오는 것 같았다.

허물어진 남전사지 석탑과 비편들

'평상심의 도'가 끽다거로 이어져

　남전사지는 문화혁명 무렵 폐사된 후 아직 복구되지 않고 있다. 남전촌 주변은 차나무가 자라고 있어 이곳이 차의 적지임을 단번에 알아 볼 수 있을 정도다.

　남전사는 대화초년 지양태수(池陽太守)로 있던 육긍(陸亘)과 계원(契元), 문창(文暢) 등이 공덕주가 되어 개창되었다.

　이에 남전보원이 산문을 여니 사방에서 천여 명의 승려가 모여들었다. 그중 조주가 남전의 제자가 되니, 남전보원 선사는 스승 마조로부터 이어 온 '평상심의 도' 정신을 조주에 이르러 '끽다거'로 이어지게 했다. 이는 중국 차문화사에 한 획을 긋는 역사적 사실이다.

그러나 남전의 차 정신을 살필 수 있는 자료는 너무 빈약한 실정이다. 대부분이 조주를 통해 남전의 다선일미 정신을 살펴야 할 형편이다. 여기서는《조당집》의 〈남전장〉을 통해 남전의 다선일미 정신을 살펴보도록 하자.

남전선사가 행각하고 있을 때의 일이다. 그는 마을에서 한 촌로에게 길을 묻는다.

"이 길은 어디로 가는가?"

촌노는 이렇게 대답한다.

"발바닥 밑의 것은 무엇이던가요?"

"산(岳)으로 갈 수 있는가?"

"그렇게 오랫동안 지냈는데 또 찾는구료."

"차가 있을까?"

"있습니다."

"차 한 잔 얻을 수 있을까요?"

"찾으시면 안 되니 그저 따라 오기나 하시오." [2]

남전은 '소가 되고 말이 되라'고 평생을 질타한 이류중행(異類中行)의 외침을 통해 차선일여의 경계를 직관적으로 표현했다.

《마조록》을 살펴보면 '달구경'이란 공안이 있다. 서당과 백장, 남전 세 제자와 함께 마조는 공공산 뜰을 거닐다가 문답을 나눈다.

그때 마조는 이렇게 말한다.

"바로 지금 같은 때 무엇을 하면 좋겠는가?"

서당스님이 먼저 말했다.

"공양하기에 좋습니다."

백장스님은

"수행하기에 좋습니다."

남전은 소매를 뿌리치면서 그냥 지나가 버렸다. 이때 마조스님이 말했다.

경(經)은 서당으로 돌아가고

선(禪)은 백장으로 돌아가고

남전만이 오직 사물 밖으로 벗어났구나.[3]

이후 남전은 대화원년(827) 남전산으로 들어갔다. 그는 30년 동안 소에게 풀을 먹이고 논밭을 갈며 산에서 내려오지 않았다. 그저 차나무를 경작하며 대중을 교화할 뿐이었다.

철감도윤 선사가 입당할 당시 중국 선종계는 선법이 동쪽으로 흘러간다는 참설(讖說)이 크게 유행할 때였다. 서당지장(西堂智藏)과 마곡보철(麻谷寶徹), 염관제안(鹽官齊安), 운거도응(雲居道膺) 등이 신라의 제자들을 대거 인가함으로써 동류지설(東流之說)[4]을 실현했다. 동류지설이 유행할 즈음 821년 입당한 무염국사는 장경초에 당나라로 건너가 낙양을 거쳐 불광사에 이르렀는데 그때 당에서 이름난 선승인 여만선사와 맞닥뜨렸다. 여만선사에게 도를 물으니 부끄러운 어조로 "내가 많은 사람을 겪었으나 그대와 같은 동국인을 본 적이 없네. 만약 중국에 선법이 사라지면 그대와 같은 동이(東夷)에게 물어야 할 것이요" 하고 말한 뒤 마곡산의 마곡보철 선사를 찾아가라고 일렀다.

그무렵 헌덕왕 17년(825)에 입당한 철감도윤 선사는 남전보원 선사에게 제자의 예를 바치니 남전은 철감에게 "우리종이 모두 동국으로 돌아가는구나"라고 탄식했다고 조당집은 전하고 있다.

남전으로부터 인가를 받은 철감선사는 남전이 입적한 이후에도 당에 머물다가 회창법난이 일어나자 귀국선에 몸을 싣고 신라로 귀국, 쌍봉난야에서 남전의 평상심의 도를 실천해 갔다.

20여 년간 남전사의 자취를 쫓아 남전산을 찾아갔을 때에도 물소가 농부의 손에 이끌려 논밭을 갈고 있었다. 마치 천 년 전 남전의 영상이 되살아나는 듯했다.

02. 중국에서 처음 열린 남전선학학술회의

2003년 12월 25일이었다. 남전사지가 위치한 퉁링시(銅陵市) 남전촌 인근인 안후이성 츠저우시 추포빈관에서 조주의 스승인 남전의 선학사상을 조명하는 학술연토회가 열렸다. 츠저우 사범대학과 한국의 월간《선문화》가 공동으로 개최한 중·한 남전보원학술대회는 중국 땅에서 처음으로 개최되어 비상한 관심을 모았다.

남전선사상이 꽃피려던 순간을 회상하며

중국 땅에서 처음으로 남전보원국제학술대회[5]를 개최하게 된 것은 내 스스로 남전의 평상심을 세상 밖으로 알려야 되겠다는 열정이 있었기에 가능했다. 2002년 11월 23일 츠저우 사범대의 허어건하이(河根海) 학교장의 초청으로 츠저우 사범대에서 '한국인의 눈으로 살펴본 중국문화'라는 주제로 강연하게 되었는데 강당을 가득 메운 학생들은 강연에 귀를 기울였다. 그 자리에서 남전사지의 중요성에 대해 역설했고 그것이 츠저우인의 마음을 사로잡아 남전선학학술연토회로 이어지는 결과를 가져왔다.

2003년 츠저우시에서 처음 열린 중·한 남전보원학술연토회

한국의 월간《차의 세계》, 월간《선문화》잡지와 중국 츠저우 사범대와 구화산 불교문화연구회가 공동 개최했다. 중국 측 9명과 한국 측 5명의 학자, 츠저우시 정부 관계자와 일반인들이 대거 참가한 가운데 성대히 거행된 학술회의는 남전 의 선학과 끽다거의 연원을 밝히는 중요한 사건이었다.

끽다거 공안이 대중에게 회자된 곳은 허베이성 조주 백림선사지만 그 공안이 완성된 곳은 안후이성 남전사였다. 남전선학 연구는 한·중 불교계뿐만 아니라 차문화계의 오랜 숙제였다. 그렇기에 끽다거의 연원을 밝히는 학술회의는 중국 으로부터 구산선문이 들어온 이래 처음 개최되는 경사로 중국불교협회 성립 50 주년과 한·중 수교 11년 만에 맞는 쾌거가 아닐 수 없었다.

우리 일행은 2003년 겨울 우후시(蕪湖市) 광제사(廣齊寺)를 거쳐 밤 8시가 되 어서야 츠저우시에 도착했고 츠저우 사범대 관계자들의 환영을 받았다. 만찬장

2003년 안후이성 츠저우시에서 처음으로 열린
중한 남전보원 학술연토회에 참가한 한·중의 남전연구자들

에 들어서자 허어건하이
교장이 반갑게 맞으며 환
영사를 했다.

다음날 8시가 되자 학술
회의장인 추포빈관으로 관
계자들이 모여들었다. 회
의장에 '한·중 남전보원 학
술연토회'라는 붉은 글씨
가 벽면 전체에 걸려 있었
다. 남전선학학술연토회

장으로 츠저우시 정부관리와 츠저우 사범대 허어건하이 교장 및 관계자들과 한
중 남전학술대회 참여자들이 속속 도착해 자리를 가득 메웠다.

8시 30분에 사회자가 한·중 남전보원 국제학술연토회 개막식을 알렸다. 안후
이성의 CCTV를 비롯 각 방송사와 신문기자 등이 몰려 취재 열기를 고조시켰다.
중국 측 대표 연설자로 츠저우시 정부 부서기가 개막 인사를 시작했다.

"이번 남전선학 연토회를 츠저우시에서 개최하게 됨을 매우 기쁘게 생각합니다."

허어건하이 교장의 축하 인사에 이어 한국 측에서 저자는 "이번 학술회의 개최 의
미는 끊어진 선맥을 다시 잇는 것과 같은 역사적 순간이 아닐 수 없다"고 말했다.

조주의 스승인 남전에 대한 학술연토회는 구산선문의 원류격인 사자산문을
개창한 남전의 제자 철감과 조주의 법형제 관계를 밝히는 학술회의였다. 중국
CCTV는 그날 대회를 뉴스로 보도하면서 관심을 보였다. 학술연토회에서 한국

남전선학에 대해 발표하는 저자와 중국 각지에서 올라온 남전선학 연구자들의 모습

측의 경우 마조 홍주선(洪州禪)의 연원으로 남전과 철감의 사상적 연관성을 집중 부각시켰고, 중국 측에서는 남전선학의 연구 과제에 집중했다. 즉 남전선학의 핵심을 이루고 있는 '즉심시불(卽心是佛)', '통리죽(桶里粥)', '남전참묘(南泉斬猫)' 등을 바탕으로 남전선학이 오늘날 어떤 영향을 미치는가에 대해 심층적으로 접근했다는 점에서 이목을 끌었다.

남전선학 국제학술대회에서 쏟아진 말, 말, 말

중국에서 처음 열린 까닭에 남전선학 국제학술대회에 쏟아진 관심도 뜨거웠다. 오전은 한국 측에서 진행을 맡았고 오후에는 중국 측에서 주로 남전선학이 해동에 미친 영향과 마조 홍주선의 연원, 쌍봉사 철감도윤 부도와 중국 구마라

집사리탑 연구, 선차일미와 남전과 조주의 선미 등을 발표했다. 중국 측에서는 〈남전보원의 도가예술〉, 〈남전보원의 인간적 매력〉, 〈남전보원 선학사상의 특징〉, 〈남전보원의 현대인생〉, 〈남전보원의 사법연구〉 등을 발표했다.

〈남전보원의 인간적 매력〉을 발표한 황푸우차이(黃複彩) 선생은 "남전은 장시의 마조도일에게서 법맥을 잇고, 지양의 남전산에서 30년간 교화했는데 남전식 교화 방법으로 중생제도를 했다"라고 말했다. 이어 한국 측에서 마조 홍주선의 연원에 대해 월암스님은 "남전보원의 선 사상은 마조도일의 선 사상의 영향을 받았고 그의 제자와 손제자에 이르기까지 큰 종파를 이루었다. 그 종파가 홍주종이고 마조가 말한 즉심즉불은 《관무량수경(觀無量壽經)》의 〈시심작불(是心作佛)〉에 등장하는데 혜가, 도신, 하택신회의 사상 속에도 등장하는 그 사상을 완성시킨 선승이 바로 마조이며, 마조사상은 남전이 계승 발전시켰다"고 말했다.

저자는 당시 〈남전과 조주의 선미〉에 대해 심도있게 발표했다.

"다선일미의 연원이 된 끽다거는 선림의 선어가 되어 버린 지 오래이며, 이 끽다거 화두를 세상에 드러낸 선승은 조주종심 선사이다. 조주선사는 끽다거 공안을 통해 차 한 잔으로 천하 사람들의 눈을 열어 놓았다."고 말했다. [6]

샹탄(湘潭) 대학 철학계의 왕리이씬(王立新) 교수는 〈남전보원의 인생의 지혜와 호상학파와 선종의 관계〉라는 논문에서 다음과 같이 말했다.

남전보원은 문도들이 지식을 옮겨서 지혜를 이룰 수 있게 하기 위하여 늘 익익의

츠저우시에서 개최한 남전보원 학술대회에 참가한 각국의 남전연구자들

방법으로 승려대중들이 자신의 본성을 기르고 발휘하게 하였다. 또한 공부한 불교의 교리를 적절한 때에 운용하고 선기(禪機)에 임하여 활용함으로써 진정한 배움을 얻고 지식을 옮겨서 지혜를 이룰 수 있기를 요구하였다.[7]

이렇듯 다양한 논문이 쏟아져 나왔는데 학술대회가 끝난 뒤 남전의 권위자인 츠저우 사범대학의 인웬한 교수는 총평에서 남전의 일생을 세 가지로 압축했다.

"첫째, 오도(悟道) 전의 준비 시기입니다. 둘째, 그가 마조도일 문하에 들어가기 전, 출가하고 밀현(密縣) 대외산(大隗山)에서 수업하고 숭산(嵩山) 회선사(會禪寺)에

남전선학을 밝히는 국내의 연구자들의 진지함이 엿보였다.

서 구족계를 받고 수행한 시기, 다시 말해 마조 문하에 들어가 탁마한 시기입니다. 이 시기에서 가장 중요한 것은 마조에게 나아가 참선오도를 한 것입니다. 셋째, 오도 후에 수행하고 스스로 창조하여 새로운 홍법을 개산했던 시기입니다. 즉 남전산의 시대를 연 시기입니다.

남전 문하에서 수학한 제자 천여 명 가운데 20여 명은 일전(一傳)이며, 이전(二傳) 또한 20여 명이 있었다고 봅니다. 그중 조주종심, 장사경잠, 자호이종(子湖利蹤), 쌍봉도윤이 가장 유명합니다. 조주는 당무종의 멸불(滅佛) 이후 제일 처음으로 대선사의 자리에 올랐습니다. 그 문하에서 조주가 나와 조주문풍(趙州門風)을 알렸고, 그 이름을 천하조주(天下趙州)로 만세에 떨쳤습니다. 또 한 줄기는 신라로 이어졌습니다. 쌍봉도윤은 신라인으로서 귀국한 후 제자 절중(折中)에게 법을 전했습니다. 절중의 전법 제자는 지종(智宗) 등 천여 명이 있어 신라 구산선문의 사자산(獅子山) 학파를 형성하였습니다." 8)

전날(2011년) 호텔로 찾아온 인웬한 교수는 저자에게 〈츠저우학원학보〉(2010년 2월)를 건넸다. 그 책의 맨 끝에 츠저우 학원이 설립한 구화산 불교문화 연구중심에 대한 설명이 간략히 나와 있었다. 2003년 12월 한국의 월간 《선문화》와 공동주최한 중·한 남전보원선사 학술사상 연토회를 중요한 업적으로 내세웠다. 9년 전(2003년)의 일이 어제의 일인 듯 파노라마처럼 펼쳐진 까닭은 그만큼 남전과 조주의 삶이 우리의 삶과 일치되고 있기 때문일 것이다. 그때 시작한 발걸음이 조주기행으로 결실을 맺을 줄 꿈에도 몰랐다. 조주가 설파한 끽다거가 천고불변의 진리로 다가온 것도 우연이 아닐 것이다. 2011년 4월 남전촌을 찾았을 때 봤던 조주가 가꾼 그 차나무는 천 년이 지난 지금도 변함없이 살아있었다. 조주의 끽다거는 스승인 남전으로부터 출발한다.

조주선사는 80세까지 스승을 모시고 수행하다가 스승이 열반에 들자 허베이로 들어가 끽다거란 화두를 던져 대중을 제접했다. 훗날 차와 선은 한 배를 타고 오랜 세월을 함께하게 되었다.

이 학술회의를 계기로 한·중 남전선학연구소를 발족했다. 중국 측에서는 츠저우 사범대에 연구소를 두고 한국 측에는 월간 《선문화》에 각각 연구소를 두고 공동출자하는 형식으로 매년 남전학술회의를 개최하기로 합의했다. 학술회의가 끝나자 다음날 남전사지 답사가 이어졌고 선재동자 같은 남전촌의 아이가 우리 일행을 남전산 곳곳으로 안내했다.

이 학술회의는 한·중이 한 뿌리임을 새삼 되새기는 계기였고, 남전선과 차의 만남을 확인하는 순간이었다. 남전산의 개울 사이로 물방울 떨어지는 소리가 들려왔다. '차나 한 잔 드시게'라는 말씀이 메아리처럼 들려왔다.

03. 남전사 옛터에서의
차와 퍼포먼스가 어우러진 헌다

선화와 차가 어울린 헌다

천하조주 끽다거 기행 순례단[9]은 2011년 4월 23일 아침 츠저우를 출발하여 퉁링시의 남전사 옛터로 찾아갔다. 간간이 물소가 논밭을 노닐 뿐 옛길을 찾을 수 없었다. 마을의 지도가 바뀌어 버린 것이다. 전에 보지 못한 마을이 나왔다. 남전촌에서 이주한 마을이었다. 우리는 그 마을 앞에서 차를 세우고 마을에 들어가 한 노인과 이야기를 나누었다.

"여기 남전사 유지가 어디입니까?"

"남전촌에 있던 마을이 이주하여 지금은 시멘트 공상이 들어선 곳이 옛 남선사 유지입니다."

남전사지의 헌다의식

야선의 선화로 남전사지에 올려진 헌다의식

"아직 유지가 남아 있습니까?"

"우리가 그곳에 살다가 마을이 폐쇄되는 바람에 지금은 여기에 살고 있습니다."

노인의 말을 쫓아 차를 몰고 남전촌을 찾아갔다. 그런데 옛길이 보이지 않았다. 다시 물소를 몰고 논농사를 짓는 한 노인에게 남전사지를 물었다. 그러자 노인은 손짓하며 말했다.

"저 멀리 보이는 곳이 옛 남전사 유지입니다. 그곳에 절이 있는데 지금은 스님이 가끔 오는 것 같습니다."

그의 말을 들고 난 뒤 다시 차를 몰고 들어선 곳에는 산 전체가 허물어져 있었다. 그 모습을 바라보면서 마을 끝에 이르자 덩그렇게 놓인 건물이 있었다. 남전촌 유지에 새로 건립된 시멘트 공장이었다. 공장을 지키는 사람에게 남전사 유지를 묻자 직접 길을 안내해 주었다. 대숲의 오솔길을 따라 남전사 유지에 이르니 탑묘 형태의 절이 나왔다. 남전사 복원을 위해 한국과 중국의 불자들이 시주로 건립한 것이었다. 2007년 이후 5년 만에 남전사지를 찾았더니 남전촌의 지형이 바뀌는 바람에 한참 헤매다가 남전사 유지를 찾았다.

탑전의 법당으로 가서 향을 피우고 부처님 앞에서 간절히 삼배를 했다. 그리고 남전사 옛터에서 헌다의식을 장엄하게 진행했다. 법당 옆에 조주스님 상을 새긴 대형 천하조주 끽다거 기행 현수막을 걸고 그 앞에 선화가 야선 박정희는 천을 깔고 일도양단의 자세로 붓을 잡았다. 그 옆에 유학생 김지영 씨가 앉아 도예가 양구씨가 재현한 정병을 붙잡고 한국에서 가져간 녹차로 차를 우려냈다. 그 뒤에서 저자와 언론인 공종원 선생, 투다헌 김윤태 대표, 오미정 박사, 이순자 다우가 《반야심경(般若心經)》을 염송(念誦)했다. 선화를 그리는 동안 검은 나비가 법당 주위를 맴돌며

야선 박정희 씨의 선화 퍼포먼스 위에 올려진 차

날아다녔다. 조주의 현신일까 모두 놀라는 표정이었다. 순식간에 야선의 선화도가 완성되고 그 옆에서 차를 우리던 김지영 씨가 선화도 연꽃 중앙에 차를 올렸다. 그리고 법당 안의 부처에게 차를 올린 후 다시 조주상에 세 잔을 올렸다.

전날 빗방울이 대지를 적셔 오더니 이날은 구름 한 점 없이 맑았다. 조주기행의 순례길은 늘 불보살이 보호하는 것 같았다. 천하조주 끽다거 기행의 두 번째 순례길에 오른 깃발은 츠저우 사범대의 린첸량(林乾良) 교수가 잡았다. 깃발은 곧 법을 상징하는 것, 조주기행의 깃발이 휘날리니 조주의 법이 천하에 드리우는 것 같았다.

역사 속으로 사라질 위기에 처한 남전사지는 안후이성 츠저우시 꿔이츠구(貴池區) 퉁싼진(銅山鎭) 남전산에 있다. 오늘까지 남전사를 잊을 수 없는 까닭은 끽다거의 발원지이기 때문이다. 광산 개발에 휘말려 마을이 이주되었고 남전사가 사라져 간 이곳에 그나마 남전탑 감실만이 남아 남전과 조주가 만나 선을 일으킨 옛일들을 기억하게 한다. 오늘 이 순간 남전의 후학들이 올린 차향이 세계로 퍼져 나가 조주의 끽다거가 영원히 남전사를 지킬 것을 발원했다.

헌다를 마친 뒤 남전사지 앞에서 찻자리를 마련했다. 탑전에 둘러앉아 한국에서 가져간 우전차를 우렸다. 찻잔을 받아든 츠저우 사범대 린첸량 교수는 "이렇게 향긋한 차는 중국에서도 맛보지 못했습니다"라고 말했다. 저자는 "바로 이 차가 한국의 작설차입니다"라고 말했다. 그러자 오미정 박사는 "차 맛이 유난히 향긋합니다"라고 화답했다. 언론인 공종원 선생은 "남전스님과 조주스님이 마신 차를 먼 후배 차인들이 흠향(歆饗)하는 뜻도 남다릅니다"라고 말했다. 일행은 아쉬움을 남기고 남전사 유지를 빠져나왔는데 아랫마을에서 한 농부가 수고우(水牯牛)에게 줄 풀을 양어깨에 짊어지고 부지런히 걷고 있었다.

그를 한참 동안 바라보다 10여 분을 걸어가니 한 농부가 소고삐를 잡고 논일을 하고 있었다. 그 옆에서 수고우 한 마리가 낯선 순례자를 응시했다. 아랫마을의 수고우가 된 남전스님이 왜 이제야 왔느냐고 질책하는 듯했다. 그 순간을 놓칠 리 없는 저자는 논두렁을 한참 밟고 가까이 다가섰다. 그러자 수고우는 도망가지 않고 물끄러미 바라보았다. 멀리서 이를 지켜본 공종원 선생은 저자가 사진 찍은 뒤 물소 곁을 떠날 때 꼬리를 흔들었다는 후일담을 전해 주었다. 문득 천 년 전 남전의 임종 순간이 떠올랐다.

2011년 4월 23일 남전사 유지에 찾아간 한국인들은 철감을 그리워하고 위기에 처한 남전사지 복원의 필요성을 역설하며 눈물로 헌다식을 올렸다. 하늘이 보냈는지 나비가 법당 주위를 맴도는 것을 보며 남전사 유지가 영원히 되살아날 것을 발원했다. 헌다식이 끝난 뒤 군데군데 죽순이 솟아 있었다. 그리고 한참 대숲을 걷다가 일창이기로 된 햇차가 눈에 들어왔다. 찻잎을 바라보니 조주가 올린 차를 빙그레 미소 지으며 마셨을 스승이 떠올랐다. 남전의 법맥을 이어간 조주와 철감이 있기에 남전선의 등불은 츠저우에서 동아시아로 퍼져 나갈 것을 확신하며 남전촌을 빠져나왔다.

04. 남전사 복원에 얽힌 숨겨진 이야기

　1,200년 전 남전선사가 평상심의 도를 실천한 남전사[10]는 문화혁명 이전까지만 해도 승은사라는 절터에 승려 한 명이 초암을 짓고 살면서 남전의 선풍을 이어갔다. 문화혁명 시기에 남전의 묘탑과 옥개석 등이 허물어져 그 이후에는 유지만 남게 되었다. 주변에 마을 사람들이 이주하여 남전촌을 이루었다.

　남전사는 선종의 중요한 요충지로 마조의 법이 남전을 통해 츠저우에서 크게 흥성하였다. 그런데 오대양송(五代兩宋)으로 접어들면서 오가칠종(五家七宗)이 선종을 주도해갔다. 따라서 남전의 법계 또한 오가칠종의 위력에 점점 쇠퇴해갔다. 또한 남전산 인근의 신라왕자 김지장 스님이 이끈 지장보살 신앙이 흥성함에 따라 츠저우선종의 중심은 점점 남전산에서 구화산으로 옮겨졌다. 남전사는 그 위상을 당당히 떨치다가 하나의 일반사원으로 전락하였고 차츰 잊혀져 갔다.

　이에 대해 중한 남전선학 연구소의 인웬한(尹文漢) 소장은 다음과 같이 피력한 바 있다.

"초기 츠저우 선종은 선종사에 있어서 새로운 국면을 형성하였다. 송대로 접어들면서 선종 오가칠종을 일으켰으며 35대의 남전법계를 흥성한 후 각 종파를 배출하다가 점차 쇠락하였다. 임제종(臨濟宗)과 조동종(曹洞宗)은 구화산에 자리를 잡았고, 이에 구화산 불교가 뿌리 내리기 시작하였다. 구화산 불교가 흥성함에 따라 츠저우선종의 중심은 점점 남전산에서 구화산으로 옮겨졌다. 남전사는 그 위상을 당당히 떨치다가 하나의 일반사원으로 전락되면서 소실되었다." [11]

철감도윤과 남전보원의 흔적을 찾아

1990년대 말 안후이성 츠저우 남전촌을 찾아갔을 때 남전사 유지만 남아 참

韓國著名學者崔錫煥博士學术報告會

2002년 겨울 츠저우 사범대에서
'한국인의 눈으로 살펴본 중국 문화' 강연

2002년 츠저우 사범대에서 한국인의 눈으로 살펴본 한국차와 중국차의
비교 강연에서 츠저우 학원 학생들의 관심을 불러일으켰다.

담한 순간을 떨쳐버릴 수 없었다. 당시 남전사지의 대숲을 거닐다가 남전묘탑을 찾게 되면서 남전과 철감의 숙명적 만남이 이루어졌고 그 소식이 츠저우 사람들에게 전해졌다. 츠저우 정부의 긍정적 평가를 받아 '외국인도 저렇게 남전의 중요성을 역설하는데 우리 지역에 위대한 고승이 있는데도 우리는 왜 잊고 있느냐'는 이야기들이 전해지면서 츠저우 사람들을 깨웠다. 그리고 마침내 2002년 겨울 츠저우 사범대학의 초청으로 500여 명의 학생 앞에서 '한국인의 눈으로 살펴본 중국문화' 특강을 하게 되었다. 그 특강에서 남전의 중요성을 역설하였고 그것이 계기가 되어 남전사가 비로소 깨어나기 시작했다.

"츠저우 인근 지장보살의 성지로 알려진 안후이성 구화산은 신라에서 가져간 금지차(金地茶)와 인연이 깊은 곳입니다. 지장보살의 도량인 구화산에서 승려들이 재배한 금지차는 그 맛과 빛깔이 두루 뛰어나 명성을 얻어 파나마까지 알려졌습니다. 그 차가 신라에서 김지장 스님이 중국에 구법길에 올랐을 때 휴대하고 간 금지차라고 전해오고 있습니다. 안후이성이 속해 있는 츠저우시의 인근에 남전사 옛터가 있는데 당나라 시기 남전보원 선사가 남종선을 크게 일으킨 곳입니다. 철감도윤 선사가 남전보원 선사를 찾아가 선법을 이어받아 중국의 선종문화가 신라로 들어가는 계기를 마련해 주었습니다. 그 인연을 밝혀보려 합니다. 당대 남전보원 선사는 신라인 제자 중에 철감선사가 있는데 선사가 입당하여 츠저우에서 그리 멀지 않은 츠저우시 퉁링시에 있는 남전촌으로 찾아갔습니다. 첫눈에 뜻이 계합되어 그곳에서 남전선사를 모시고 수행하다가 인가를 받고 신라로 돌아갔습니다. 그렇게 보면 안후이성 츠저우시는 한국 선종과 떼려야 뗄 수 없는 관계가 있다고 봅니다." [12]

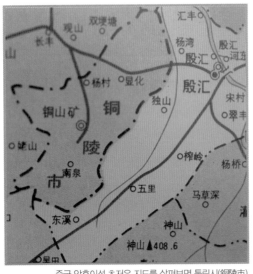

중국 안후이성 츠저우 지도를 살펴보면 통링시(銅陵市)
통싼진(銅山鎭)의 인근에 남전촌을 포기했다.
남전촌에 과거 남전사지가 있었다.

2002년 11월 안후이성 츠저우 사범대학에서 '한국인의 눈으로 살펴본 중국 문화'의 강연을 들은 학생들은 깊은 감명을 받고 질문을 쏟아냈다. 당대 남전이 탁석한 성지가 안후이성이라는 사실과 신라에서 가져간 김지장차가 구화불차의 원형이라는 사실 등은 매우 의미 있는 역사의 반전이 아닐 수 없다는 이야기가 쏟아졌다.

1년 뒤인 2003년 12월 남전선사가 남전선학을 일으킨 츠저우에서 츠저우 사범대, 구화산불교문화연구소, 한국의 월간 《선문화》와 공동으로 중한남전보원학술대회를 개최하면서 비로소 남전사의 중요성을 일깨웠다. 그 자리에서 '끊어진 선맥을 다시 잇다'라는 감격의 개막 메시지를 전해주자 많은 사람들이 감동했다. 그 후에도 기회가 있을 때마다 남전사 복원의 중요성을 역설했다.

한 달 뒤 츠저우 사범대학과 한국의 월간 《선문화》가 공동으로 제1차 중·한 남전보원학술 연토회를 개최하면서 남전에 관한 관심이 집중되었다. 그 뒤에도 신라승 철감과 끽다거로 일세를 풍미한 조주의 법형제 지간의 인연이 작용하여 남선, 소주, 철감 세 선승의 삶을 추적하며 남전의 중요성을 역설하였다. 그리고 12년 만에 남전사가 복원되고 마침내 2016년에는 제2차 중·한 남전선학학술연토회를 개최하면서 마침내 남전선학이 세상에 드러나게 되었다.

그 후 2010년, 중국의 지인으로부터 남전사지가 역사 속으로 사라질 위기에 처했다는 소식을 들었다. 퉁링시(銅陵市)가 광산 개발로 마을을 이주시켜 남전사지가 사라지게 되었다는 것이다. 남전촌 뒷산이 광산인 것이 화근이었다. 원래 남전사는 츠저우 지구의 관할이었다. 그러나 광산으로 인해 남전사는 퉁링시로 편입되었다. 퉁링시의 유력한 시멘트 회사가 퉁링시와 협의해 남전촌을 광산으로 개발하면서 남전사지는 사라질 위기에 놓이게 된 것이다.

그 소식은 중국 불교계를 깨웠다. 그리고 구화산 대각선사(大覺禪寺) 주지 중쉬에 스님이 퉁링시 정부를 설득하여 위기에 처한 남전사 복원에 나섰다. 중쉬에 스님은 남전사에 부처님을 모시고 조석 예불로 남전사 복원을 발원하면서 남전사는 위기에서 되살아나게 되었다. 구화산 대각선사의 중쉬에 스님이 남전사를 복원하게 된 이유는 각별했다. 2003년 12월 츠저우시에서 처음 열린 중한 남전보원 학술대회에 참가하여 감명을 받고 남전사 복원을 마음속으로 염원했다. 중쉬에 스님은 기회 있을 때마다 남전사가 복원하게 된 것은 저자의 공로가 영향을 미쳤다고 고백했다. 나는 오랜 기간 남전사 복원의 필요성을 역설하였고 중국 정부가 이에 관심을 보여 남전사 복원이 이루어지게 되었다고 말한 바 있다.

다시 법등 밝힌 남전사

2014년 츠저우 퉁링시 정부로부터 남전사 복원을 인가받고 2015년 가을, 대각

2015년 7월 츠저우 학원에서 거행된 중한 남전선학연구소 조인식 광경

선사 중쉬에 스님은 남전의 제자인 철감도윤 선사의 자취를 쫓아 츠저우 사범대 인 웬한 교수와 신도를 대동하고 한국을 찾아 창덕궁이 바라보이는 저자의 선차실에서 반갑게 맞이했다. 중쉬에 스님은 요청서를 건네면서 제2차 남전학술연토회를 개최 했으면 좋겠다는 의향서를 내비쳤다. 스님이 건넨 의향서에는 남전사가 개창한 지 1,220년 만에 1차 중·한 남전선학학술연토회를 개최하게 되어 기쁜 마음을 전했 다. 대각선사 중쉬에 스님은 2003년 츠저우에서 처음 열린 1차 선차학술대회를 보 고 감명을 받고 2차 중·한 남전보원학술연토회를 공동으로 개최하면 좋겠다는 의 견을 제시했다. 중쉬에 스님은 남전의 사상을 다음과 같이 말했다.

"평상심시도는 한 마디로 남전보원 선사가 도를 깨쳐 주었고 신라의 철감도윤이 평상 심을 실천했고 그의 법손인 조주선사가 조주문풍을 일으켜 천하에 알려지게 되었다."

그리고 2003년 처음으로 개최한 남전학술대회를 상기시키면서 한국과 손잡고 중·한 남전 선학학술대회를 공동으로 개최하고자 제안했다. 제2차 남전선학 학술대회 요청서에는 다음과 같이 쓰여 있다.

"무엇이 도입니까?"

"평상심이 바로 도입니다."

나는 그때 중쉬에 스님의 남전사지가 복원되기를 염원하는 의지를 받아들였다.

2016년 봄, 중·한 남전 학술연토회를 개최키 위해 안후이성 츠저우시 츠저우 학원을 찾아 중·한 남전 선문화연구소 조인식을 열었다. 2015년 4월 23일 츠저우 학원의 행정관 3층 회의실에 8시 30분 도착하자 먼저 온 허어건하이 당위서기가 나를 보더니 반갑게 인사를 한 뒤 츠저우 학원 안내 책자를 건넸다. 그 책에 2003년 12월 츠저우에서 열린 남전보원 학술연토회와 츠저우 학원의 인 교수와 첸 교수의 저자와 연관이 있는 사진 두 장을 게재하였다며 우의를 다졌다. 츠저우 학원 교학처 부처장인 양쑈쨩(楊小江), 탄찌아씽(談家腥) 츠저우 학원 변공실 주임인 쉬언유(許恩友) 등이 배석했다. 〈츠저우 일보(池州日報)〉 기자와 츠저우 학원 선전부 기자 교육전시대(教育電視台) 등이 취재에 참가했다.

10시가 되자 양쑈쨩 츠저우 학원 교학처 처장의 사회로 진행되었다.

"오늘 중·한 남전 선문화연구소를 설립케 되어 기쁘게 생각합니다. 멀리 한국에서 츠저우까지 오신 걸 열렬히 환영합니다. 연구소의 설립은 당대 고승 남전보원 선사

와 신라 도윤 선사의 인연으로부터 비롯되었습니다." [13)

이후 2003년 12월 26일 월간《선문화》와 공동으로 남전보원학술연토회를 개최하면서 이 같은 결실을 맺게 되었다고 츠저우 학원 허어건하이 학교장은 감격해 했다.

중·한 남전 선문화연구소의 설립기연은 다음과 같다.

"당대 고승 남전보원 선사는 공원 795년 츠저우 남전산에 중국 최대의 농선 중심 도량을 건립하고 40년간 평상심시도를 사상 철학으로 남전참묘 공안을 통해 당대 지도 방법으로 제자들을 제접하고 있을 때 조주종심, 장사경잠, 신라의 도윤, 황벽 희운 등이 찾아와 남전 선사의 가르침을 따랐습니다. 남전 선문화연구소를 츠저우학원에 세우게 된 데는 한국의 《선문화》 잡지와 각별한 인연이 있습니다. 2003년 12월 츠저우 학원과 한국 《선문화》 잡지와 공동으로 수기 중·한 남전보원 선학연토회를 츠저우에서 개최했고 그 뒤 2004년 6월 츠저우 학원과 한국 월간 《선문화》 잡지와 공동으로 중·한 남전 선문화연구소 설립을 협의했습니다. 2013년 퉁링시 정부의 지지로 남전선사가 중건되면서 제2차 중·한 남전 선사연토회 및 제9회 세계 선차 아회를 유치하면서 중·한 남전 선문화연구소가 설립되었습니다." [14)

이어 허어건하이 교수와 필자, 중쉬에 스님의 강화(講話)가 이어졌다. 먼저 허 교수는 다음과 같이 피력했다.

"츠저우 사범대와 국제선차문화연구회는 13년의 인연입니다. 그리고 13년 건 최 선생님의 츠저우 사범대 강연을 계기로 그 다음해 남전보원 학술연토회가 이루어지면서 큰 성과를 가져왔습니다. 저희들은 중·한 남전 선문화연구소가 더 큰 발전을 이루길 기대하고 있습니다." [15)

허 교수의 강화에 이어 저자의 강화가 이어졌다.

"오늘 츠저우 학원에 중·한 남전 선문화연구소가 한·중 공동으로 설립케 됨을 기쁘게 생각합니다. 13년 전 남전보원 학술대회를 계기로 남전선문화연구소가 태동되리라고는 생각지 못했습니다. 돌이켜보면 90년대 중반 구화산 김지장 스님과 연결이 되어 오늘날 츠저우 사범대학과 이런 인연을 맺었다고 생각합니다. 러언더(仁德) 스님 생존 시 김지장 차수를 발견했을 때 많은 사람이 관심을 갖게 되었습니다. 90년대 말 저희가 최초로 남전사지를 찾았을 때 폐허만 남아 있었습니다. 남전 선사 제자 중 신라 철감도윤과 조주종심 선사가 있었던 바 2001년 허베이성 백림선사에서 〈조주선사기념비〉를 건립할 때 남전의 제자 중 철감의 인가에 대한 내용을 비문에 기록했습니다. 비 건립 당시 많은 사람들에게 큰 영향을 끼치지 못했지만 지금은 대단한 영향을 끼치게 되었습니다. 이것은 철감도윤 선사의 영향이라고 생각합니다. 오늘 설립하게 된 중·한 남전 선문화연구소가 이러한 기본적인 바탕으로 한국과 중국의 선차문화연구를 더욱 활발하게 하고 앞으로 남전선학으로 묶어 츠저우의 선과 차가 한국뿐 아니라 일본, 유럽으로 전파되길 바랍니다." [16)

이어 중쉬에 스님이 말했다.

2015년 10월 안후이성 츠저우 남전선사가 복원되면서 남전동상 제막식을 거행하고 있다.

남전묘탑 앞에서 올려진 차공 의식

"이런 자리를 마련해 주셔서 기쁘게 생각합니다. 13년 전 우연한 기회에 학술연토회에 참여한 것이 계기가 되어 남전사 중건의 책임을 맡게 된 것 또한 남전 선사의 인연에서 비롯되었다고 생각합니다. 츠서우 학원의 인재들과 한국의 국제선차문화연구회와 유대를 강화하여 더 큰 발전을 이루어 나갈 것이라고 저는 생각하고 있습니다."[17]

2019년 여름, 삼층 목탑의 웅장한 옛 모습이 드러난 남전선사

강화가 끝난 뒤 중·한 남전 선문화연구소의 체결 의식이 전개되었다. 먼저 중쉬에 스님과 허 교수, 필자가 조인식에 서명하고 각각 서명 날인한 교인서를 교환하는 방식으로 이루어졌다.

이렇게 한중이 한 배를 타면서 남전선의 등불이 세계를 널리 비추게 되었다.

마침내 드러난 남전의 묘탑

2015년 4월 츠저우 학원에서 중·한 남전보원 선문화연구소 체결 의식을 치르고 조인식에 참가한 대중들과 이 학교의 귀빈실에서 오찬이 끝난 뒤 남전사로 떠났다. 중쉬에 스님을 따라 남전사에 이르니 남전사는 하나씩 복원되어 가고 있었다. 먼저 2011년 헌다식을 올렸던 남전사에 중흥 불사가 한창이었다. 가만히 생각해보니 2003년 12월 츠저우시에서 츠저우 사범대학교 공동으로 '한·중 남전보원 국제학술대회'를 열어 남전사상을 고취했다.

중쉬에 스님은 남전사 복원 과정에서 남전선사의 육신탑을 발견하게 되었는데 남전의 육신을 개봉하지 않고 탑안에 안치하여 육신보탑을 성스러운 신앙의 대상으로 탑전을 건립하였다고 밝혔다. 즉 남전의 육신을 탑 안에 안치하고 그 위로 탑전을 건립한다고 했다.

중쉬에 스님과 남전산을 둘러보다가 경내의 비석이 눈에 띄었다. 자세히 살피니 청나라 시기 선사들의 탑비였다.

〈청대남전당의조사 영묘비〉

大淸道光癸卯年季春月

南泉堂之祖興 常 靈墓 仁慈 大和尙了凡 大和尙 墓

民國十七年仲冬

南泉堂圓寂比丘上仁下慈大和尙

圓寂比丘上了下凡老和尙 [18]

남전사지에 세워진 남전묘탑과 보동탑(普同塔) 등이 나란히 놓여 있었다. 그 비를 살피다가 1996년 남전산에서 발견한 남전묘탑이 스쳐 지나 갔다. 남전선사 복원 과정에서 이 마을의 촌로로부터 남전묘탑이 발견되었다.

남전사지의 남전묘탑을 열자 남전선사의 육신이 아직까지 썩지 않고 육신보살로 안치돼 있어 충격을 주었다. 가만히 생각해 보니 1997년 남전사 사지를 처음 찾아갔을 때 대숲 속에 방치되었던 남전묘탑을 발견했을 때의 전경이 어제 일처럼 떠올랐다. 18년이 지난 지금에도 남전묘탑이 확연히 드러나고 있었다. 이렇듯 남전은 천 년 뒤의 우리에게 남전보원은 살아있는 부처로 다가왔다.

20년간 한 개인 연구자의 노력으로 남전사가 복원되면서 남전보원의 평상심의 도가 세상 밖으로 전해질 수 있었던 것은 남전과 철감의 다선일미 정신을 선양(宣楊)한 이래 가장 보람있는 일이라고 말할 수 있겠다.

05. 철감의 차를 갖고 중국 남전사에서 올려진 장엄한 헌다 의식

신라 말 구산선문 중 사자산문의 맥박이 살아 숨 쉬는 땅 쌍봉산 자락에 이르면 천 년 전 철감도윤선사의 부도가 있다. 그 앞에서 법제한 차로 헌다의식이 거행되었다. 그때가 2015년 가을이었다. 세계홍차연구소의 국경숙, 최미숙, 박금단, 유경민 다우가 헌다식이 있기 1주일 전부터 정갈한 마음으로 준비에 임했다. 남전보원 육신탑전에서 헌다식이 있기 한 달 전이었다. 그러한 헌다식은 한·중 차문화사에서 일찍이 찾아볼 수 없는 일이었다. 전남 화순 쌍봉산의 철감도윤 부도전에 올린 차향을 몰고 바다를 건너 안후이성 츠저우(池州)의 남전사로 달려간 네 다우들의 눈물겨운 차의 열정을 엿볼 수가 있었다.

철감도윤 탑전에서 올려진 헌다례

헌나식이 열리던 날 나비 한 마리가 날아와 탑전 주위를 맴돌았다. 철감 선사

의 후신이었을까. 헌다식이 끝난 뒤 쌍봉다
원의 다선 거사가 차 한 봉지를 건넸다. 그
차가 바로 쌍봉사 자락에서 채취한 녹차였
다. 다선 거사는 잔잔한 목소리로 말했다.

"이 차는 철감도윤의 체취가 담긴 차입니
다. 이 차를 중국으로 건너갈 때 남전사로 꼭
가져가십시오."

천 여년 전 철감도윤 선사가 남전보원 선사
에게 인가받고 차씨 한 알을 갖고 고국으로 돌
아와 쌍봉사 자락에 파종했다. 그 차씨 한 알
은 온갖 풍상의 세월을 견뎌 오면서 자라난 철
감의 차였다. 그 차를 갖고 철감의 후학들이
남전사를 찾아간 것은 예삿일이 아니었다.

철감의 차 남전사로 가다

남전사를 찾아간 2015년 10월 11일은
하늘이 쾌청했다. 남전 동상이 제막된 뒤
남전묘탑으로 올려져 헌다의식이 진행되었
다. 이번에 올려진 헌다식은 매우 각별했
다. 철감의 차로 남전보원선사묘탑 앞에 올

평화의 다례 순례단은 화순 쌍봉사를 찾아가
철감도윤 선사 부도 앞에서 헌다를 했다.

안후이성 츠저우 퉁링의 남전묘탑 앞에 중국(츠저우학원 학생)과 한국(최미숙 다우)에서 동시에 헌다를 했다.

려졌기 때문이다.

헌다식이 거행하기 직전 남전사 주지 중쉬에(宗學) 스님과 의견을 모았다. 남전사에서 채취한 올해의 신차는 한국 측에서 올리고 쌍봉사에서 채취한 올해의 우전차는 중국 측에서 올리기로 했다. 햇살을 받으며 번갈아 남전묘탑의 계단 앞에서 헌다공양상을 머리 아래로 붙들고 걸어 들어왔다. 남전 묘탑 가까이 붙들고 올라온 이 차는 중국 남전사 중쉬에 스님에게 올려지고 중국 츠저우 학원의 학생들이 우려낸 차는 동광 스님에게 올려져, 스님들로 하여금 남전묘탑 앞에 올려졌다. 그리고 다시 최석환 한국국제선차문화연구회 회장, 변윤 스님이 남전사에서 채취한 차를 남전묘탑에 올렸고 중국의 인웬한 교수, 왕뢰이챈 교수 등이 쌍봉사에서 채취한 차를 올렸다.

이번 헌다식에 참여한 〈선문화〉전 회장인 동광스님은 철감의 선차향이 되살아나는 것 같다고 기뻐했다. 헌다식이 끝난 뒤 수좌인 변윤 스님은 남전묘탑 앞에서 남전 선사에게 올려진 헌다시를 카랑카랑한 목소리로 낭송해 심금을 울렸다.

스승이 준 차씨를

황해를 건너 갈 때

고이 간직 했는가.

그 고아한 향기가

신라 땅 화순 쌍봉사에 떨구어져

평안한 안심 입명처에 꽃 피웠는가.

움트인

대신심, 대의정 대용맹 정진

이 세상 다 주어도 바꿀 순 없어

스승의 큰 나라에 그것을 들고 올 줄

누가 알기나 했겠는가.

이렇게 철감선사가 손수 가꾼차를 갖고 스승이 머물렀던 남전사에서 평화의 다례를 올리게 됨은 신라 말 중국의 선이 동쪽으로 흘러간다는 참설을 입증하였고 다시 철감의 후학들이 남전의 묘탑에서 차를 올리게 됨은 각별한 의미가 있다고 하겠다. 동류지설을 엮어 놓았던 선승들의 숨결이 다시 차향에 실어 중국 땅에서 활짝 꽃피워졌다고 해도 과언이 아니다.

06. 남전선학의 만남

– 제2회 중·한 남전선학 국제학술대회[19]

2003년 12월, 제1차 중·한 남전보원 학술대회가 츠저우 구화산 불교문화연구중심과 한국의 월간《선문화》에 의해 공동으로 개최된 지 12년 만에 제2차 중·한 남전보원 학술대회가 개최되어 감회가 새롭다.

다시 부는 남전의 추모 열기

2015년 4월 츠저우 학원과 공동으로 중·한 남전선학연구소 건립 협정을 조인하면서 행사 준비는 급물살을 탔다. 그리고 마침내 2015년 10월 10~11일 츠저우 구화산 풍경구 오계산색에서 제2차 남전선학 학술연토회와 제9차 세계 선차아회를 거행했다.

한국과 중국, 일본, 대만 등 세계 각국의 불교계, 차계에서 남전선사를 흠모하는 모습을 보여주었다. 남전 사후 1,220년 만이요, 츠저우에서 제1차 남전보원 학술연토회가 열린 지 12년 만의 일이다.

2015년 안후이성 구화산 오계산에서 열린 제9회 선차아회와 제2회 남전선학학술연토회

　　당시 허어건하이 학교장은 축사에서 끊어진 선맥을 다시 잇는 역사적 순간이라고 말하며 학술대회의 의미를 되새겼다. 발표자로 나온 월암스님은 "남전보원 선사상은 마조도일의 영향을 받아 그의 손제자에 이르기까지 큰 종파를 이루게 되었다"고 말했다. 12년이 지난 뒤에 이루어진 제2차 학술연토회는 의미가 대단했다. 당시 폐허로 남은 남전사를 다시 복원하고 남전선사의 등신불이 출현하는 듯 경사로웠다. 또한 대웅전과 남전보원 선사 동상 제막의식과 크고 작은 행사들이 이어졌다. 베이징대, 칭하이대, 중국사회과학원, 화중과학대학, 장시사범대가 연합하고 로우위례(樓宇烈), 왕뢰이챈(王雷泉), 왕리이씬(王立新), 장지우원(蔣九愚), 홍콩의 따아깐(大观) 스님 등 고승대덕 300여 명이 운집하여 성대히 개최되었다.

　　2015년 10월 5~6일까지 허베이성 백림선사에서 열린 제10차 세계선차문화교류대회를 폐막하고 10월 9일에야 베이징 공항을 출발하여 이번 제9차 세계

2015년 10월 11일 츠저우 구화산 풍경구에서 열린 제2차 남전선학학술연토회와 제9차 선차아회에 참가한 각국의 스님과 차인들

선차아회에 참여하기 위해 난징공항에 이르렀다.

인천 공항을 출발한 동광(東光) 스님과 변윤스님, 최옥자 이사장, 혜명다례원의 장문자 원장, 세계홍차연구소 김영애 소장과 그 일행이 5시 가까이에 난징공항에 도착했다. 그들과 해후한 이후 곧바로 구화산 아래에 위치한 오계산색으로 출발, 밤 10시가 가까워서야 도착했다. 다음날 오계산색에서 제2차 중·한 남전선학연구소 소장인 인웬한 교수의 사회로 개막식이 진행되었다.

개막식은 베이징대 로우위례 교수의 축사로 시작되었다.

"평상심이 인류 사회에 영향을 끼치면서 선학 발전에 중요한 역할을 하게 되었다"고 피력했다. 츠저우 학원의 당위 서기인 허어건하이 교수는 12년 전 제1차 남전보원 학술대회를 상기시키면서 2회를 맞게 되어 감회가 새롭다고 밝혔다. 그는 1,220년 전 남전선사가 남전산에 주석한 뒤 조주와 장사경잠을 길러냈고 신라의 도윤을 제자로 배출하여 남전 선학을 동아시아에 퍼뜨렸다고 심도 있게 설명했다.

이어 저자가 축사에서 12년 전 츠저우에서 당시 한국의 월간《선문화》와 츠저우 구회산 불교문화중심과 연합하여 당시 학술대회를 열게 된 배경을 설명하며 "오늘 제2회 중·한 남전선학 국제학술대회를 맞게 되어 뜻깊습니다. 이 같은 학술대회가 이어지게 된 것은 신라의 철감선사가 헌덕왕 18년(825) 사신 행사 때 배를 타고 당나라로 건너가 마조도일의 제자인 남전선사에게 인가 받고 돌아와 신라에 구산선문을 개창하게 된 덕분이라고 말할 수 있습니다. 더 나아가 2014년 4월 남전사 복원에 원을 세운 중쉬에 스님 일행이 남전학술대회 의지를 표명한 이후 2차 남전선학학술대회와 제9차 세계 선차아회를 유치하게 되었고 오늘과 같이 성대한 학술대회가 되어 기쁜 마음을 금할 수 없습니다."라고 말하자 청중들은 감격한 듯했다.

이번 행사를 공동주최한 남전사 주지인 중쉬에 스님은 연단에 올라가 다음과 같이 설명했다.

"12년 전 츠저우에서 중·한 남전선학 학술대회가 열렸는데 당시 학술대회에 참여하게 된 인연으로 남전사를 찾게 되면서 남전사 복원이 이루어지게 되었습니다. 남전은 남전사에서 40여 년간 머물면서 평상심의 도를 실천해 갔습니다. 이번에 제2차 남전학술대회를 개최하게 되어 감회가 새롭습니다. 더욱이 대웅보전 준공식과 남전상 건립이 이루어진 것에 대해 불보살께 깊은 감사를 드립니다. 이번 학술대회가 열리게 된 데는 츠저우 학원의 당지 서기인 허어건하이 교수, 한국의 최석환 선생, 인웨한 교수, 챈한뚱(全漢東) 교수의 지지와 남전선사의 사회 각계각층의 지지로 이

츠저우사범대 허어건하이 교수, 저자(한국 국제 선차문화연구회 회장), 남전사 중쉬에 스님

루어지게 되었습니다. 남전선사 탄신 1,220주년을 맞아 2차 중·한 남전 학술대회로 심신을 하나로 모아 남전 선(禪)이 세계로 퍼져 나갈 것을 확신합니다." [20]

이어 한국의 도선사 부조실인 동광스님은 남전선사의 선법이 한 갈래는 츠저우로, 또 한 갈래는 허베이로, 또 한 갈래는 철감을 통해 해동으로 전해져 마침내 구산선문 중 사자산문을 열어 한국 선종사에 영향을 끼쳤다고 말했다.

개막식이 끝난 뒤 왕리이씬 교수의 사회로 남전선학 학술대회가 진행되었다. 중·한 남전학술대회에는 로우위례 베이징대 명예교수, 한국 무상사 대봉스님, 심천대학의 왕뢰이챈 교수, 중국사회과학원의 팡훙쯔(方紅姣), 저자, 도선사 부조실인 동광스님 등의 논문 32편이 발표되었다. 발제자로 나온 로우위례 교수는 불교의 중국화와 선학 발전의 과정을 회고하고, 중국과 인도문화의 구별, 선과 중국문화의 연계를 결합하여 불교가 중국에서 환경에 적응하였으며, 선종

베이징대 로우위례 교수, 도선사 선덕 동광스님, 중한남전선학연구소 인웬한 소장

의 대기대용(大機大用)을 성취하였고, 중국문화와 떼려야 뗄 수 없으며, 특히 유가문화와 융합되었다고 하였다. 유가에서는 입세(入世)를 중시하고 가정, 사회, 국가에서의 책임과 담당을 강조한다. 불교는 중국문화와 융합하여 "세상에서 마음을 떠나고, 세상으로 들어가서 일을 하라(以出世心做入世事)"라고 하여, 스스로의 실천적 체험, 깨달음, 나를 초월하는 것을 주장하였다. 더 나아가 로우위례 교수는 불교의 중국화를 이룩한 선종의 선학 발전에 남전이 지대한 영향을 미쳤다고 피력했다. 무상사의 대봉스님은 천 년 전에 조주가 짚신을 이고 지나갔다면 지금은 고양이 소리를 내고 지나갔다고 말하자 청중들이 폭소를 금치 못했다. 발표자로 나선 나는 〈끽다거의 발원지 남전사와 남전, 철감의 다선일미의 회통〉이란 논문에서 다음과 같이 말하였다.

" '다선일미'는 차와 선을 논할 때 선림의 법어에서 가장 회자된 말인데 그 말의 출발지가 남전산이라는 사실을 잘 모르고 있다고 말한 뒤 끽다거의 뿌리를 찾는 그 출발점이 남전산이라고 덧붙였다. 또한 평상심의 도를 평생 주장한 남전은 그의 제자인 조주를 통해 끽다거로 절대 자유를 추구했으며 철감을 통해 구산선문의 사자산파를 형성하면서 다선일여를 실천했다." [21)

왕뤼이챈 교수는 두 유명한 선어 '바로 향하여 그곳에서 만났다(直向那邊會了)', '오히려 이곳으로 와서 행하다(却來這邊行履)'로부터 경전 중의 고사를 통해 선의 종지와 인생의 지혜를 이야기했다. 그는 선종의 생명은 깨달음에 있으며, 사물의 이치를 얻어 마음을 편안하게 하고, 삶의 세계에서 '본래의 바탕을 깨달아야만, 비로소 자유를 얻는다'고 하였다. 선의 본질은 인생생명의 본성을 통찰하는 예술이며, 고행으로 자유의 길에 이르는 것을 나타낸다.

산둥대학 팡훙쭤(方紅姣) 교수는 〈남전보원 선사와 혜능의 불교혁명의 계승과 발전〉에서 보원의 생몰년대와 유래를 역사학자로서 엄격한 고증을 한 후, 혜능의 불교혁명을 확대하며, 마조도일, 남전보원의 '평상심의 도'를 토론하였다. 기존의 신비하고 비상한 인도불교의 미신을 타파하고, 마조나 남전이 주장한 평상심의 도의 실천을 통해 남전보원의 선사상을 고찰했다.

이번 남전학술대회에서는 평상심의 실천 방안이 제시되었고 남전의 선 생활화 즉 심즉불, 남전과 홍주선, 남전 선학이 한국 선종에 미친 영향에 대한 논문이 발표되는 등 남전 사상을 결집하는 자리였다. 이번 학술대회는 2003년 한국의 월간 《선문화》와 공동으로 개최한 뒤 13년 만에 두 번째로 츠저우 구화산에서 열게 되어 그 의미가 매우 각별하다고 하겠다.

제4장

조주고불을 만나다

01. 천 년을 지켜온
자오현 조주탑

끽다거를 찾아 허베이로 가다

드넓은 대지가 펼쳐졌다. 먹구름이 걷히면서 대지가 환하게 밝아졌는데 텅 빈 대지에 측백나무 숲이 우거졌고 그 사이로 조주탑 하나만이 덩그러니 드러났다. 1980년 전후의 백림선사의 모습이다. 천 년 전 조주선사가 끽다거란 화두로 천하 사람의 마음을 열어주었던 끽다거 흔적없이 사라지고 어찌하여 쓸쓸한 탑만 덩그러니 남아있을까. 백림선사는 당·송·명·청 시기를 거치는 동안 북방의 대표적 총림의 하나였는데 전란에 휩싸여 하늘을 찌르는 측백나무와 조주탑만이 서 있었다.

백림선사 역사를 살펴보면 동한(東漢) 헌제(獻帝, 196~220) 때에 초창되어 '관음원'이라 불렀고, 송나라 때에는 영안선원(永安禪院)이라 했고 금나라 때에 백림선원(柏林禪院)으로 부르다가 원나라 때에 조정에서 백림선사로 부른 것이 오늘의 사명이 되었다. 원나라 때 백림선원의 주지였던 노운법사(魯雲法師)의

측백나무 사이에 둘러싸인 조주탑

요청에 따라 황제가 특별히 '조주고불진제광조국사(趙州古佛眞際光祖國師)' 라는 시호를 내렸다. 아울러 천력(天曆) 3년(1330)에는 선사를 위한 탑을 세 웠고, 청나라 옹정(雍正) 11년에는 다시 조정에서 '원증직지진제선사(圓證直 指眞際禪師)'라는 시호를 추증하였으며, 원나라와 명나라 두 왕조에서 잇달아 고불당(古佛堂)과 대자전(大慈殿)을 세우고 조주고불의 영정을 모시고 비석을 세웠다. 그러나 백림선사는 무수한 세월이 흐르면서 퇴락의 나날을 걸어오다 가 1980년대 이후 징후이[1] 스님의 자비심에 의해 현재의 건물들이 중건되었 다.

청나라 심운존의 백림사 벽화수의 한 편의 시가 심금을 울려준다.

백림사(柏林寺) 벽화수(壁畵水)[2)]

殿門呀開浩沟涌	대전(大殿)문이 활짝 열리면 넓은 물이 맹렬히 용솟음치고
怒流撼壁璧欲動	노해서 흘러가는 물이 벽을 진동시켜 벽이 움직이려 한다네
相傳妙手出吳生	서로 전하는 묘수가 오(吳)에서 나왔으며
丁甲千年遞呵擁	정갑(丁甲) 천 년에 이르기까지 옹호할 것이네
筆鋒騰蹴九地拆	필봉이 오르고 머문 것이 벽화 내에서 아홉 번이나 하고
墨花浪舞百怪煉	묵화가 파링처럼 춤추는 것이 백 가지로 괴이하니 공경스럽다네
我因訪古來祇園	스스로 옛 기원을 찾으니
瞳曉日臨風幡	동동 햇빛이 밝게 빛나는 날에 바람이 불어와 햇빛이 나부끼는구나
選佛場荒遍叟別	선불장(選佛場)이 황폐하여 두루 찾아보는데
斗見此書淸心魂	문득이 그림을 보고 마음혼이 맑아지었네
若言書水定非水	만약 물을 그린 것이 참으로 물이 아니라 말한다면
目中何以波壽翻	보는 중에 어찌하여 파도가 줄렁이겠는가
若言書水却是水	만약에 물을 그린 것이 즉시 물이라 말한다면
壁上那有涓滴存	벽상(壁上)에 어찌하여 지극히 작은 물방울이 있는 것이냐
是一是二不可說	하나이면서 둘이니 말로 할 것이 아니며
趙州和尙嘖饒舌	조주화상의 말 많을 것을 꾸짖을 수밖에.

-清. 심운존(沈雲尊)

그런데 그때까지만 해도 조주의 끽다거는 대중과 멀었다. 뜰 앞의 측백나무와 개는 불성이 없다(狗子無佛性). 평상심시도가 생활선(生活禪)의 이념이 되어 갔

1970년 후반의 백림사 조주탑.
탑만 덩그렇게 남아 있다.

지만 '차나 한 잔 들게나'를
외친 조주의 가르침은 대중
에게서 잊혀졌다.

청나라 말기 북양군벌이
허베이성 일대에서 치열한
전투를 벌이는 바람에 유서
깊은 백림선사는 전란에 휩
싸여 폐허로 남았지만 백림
선사의 향화(香花)의 불빛
이 결코 꺼질 수만은 없었
다.

1038년부터 1045년 사
이에 친매선사(親昧禪師,
1888~1971)가 단신으로
거주하면서 조석으로 향을
사르고 염불을 하고 대중들
에게 설법을 하면서 향화의
발길이 끊어지지 않았다. 친
매선사가 열반에 들자 다시
백림선사는 폐허가 되었다.
징후이 스님은 1987년 10

스좌장 사람들. 조주를 닮아가는 듯했다.

월 15일 중일 우호임황협회(中日友好臨黃協會)를 이끌고 백림선사를 찾았을 때 텅 빈 사찰에 조주탑과 20여 그루의 측백나무만이 외롭게 서 있는 광경을 지켜보면서 참담한 심정을 떨쳐버릴 수 없었다. 그리고 백림선사 중흥의 의지를 다졌다.[3]

천 년간 이어져 온 끽다거의 자취를 쫓아 허베이성 자오현을 찾아간 까닭은 아직도 여전히 회자되고 있는 끽다거가 변함없는 선어로 우리에게 각인돼 있기 때문이다. 조주의 위대한 살림살이를 현대에 되살리려는 염원에서 그의 자취를 따라 조주기행을 시작하게 되었다.

02. 푸른 개울에 비친 달
– 관음원 조주선사에서 남종선 떨친 조주관음원

    조주선사는 834년 스승 남전이 열반에 들자 3년간 남전의 탑묘를 지키다가 더 이상 빈 배(남전이 떠난 자리)를 지킬 수가 없어 남전산을 나와 안후이성(安徽省), 후난성(湖南省), 장시성(江西省), 후베이성(湖北省), 산시성(山西省)의 5개 성을 거쳐 허베이성에 이르렀다. 이때가 그의 나이 80세가 다 되어서였다.

허베이성 자오현 백림선사 가는 길에 우뚝 선 탑

858년 조주는 조주성 동쪽 관음원에 머물면서 종풍을 크게 떨쳤다. 조주의 문풍이 북방에 널리 떨치면서 '조주고불(趙州古佛)'로 칭송받기 시작했다. 살아 생전에 조왕과 왕용, 연왕으로부터 존경을 받았다. 조주가 40년간 관음원에서 전파한 뜰 앞의 측백나무, 끽다거, 무자화두(無字話頭) 등은 후세에 널리 전해졌다. 당 소종(昭宗) 9년(건우 4년) 897년에 조주가 120세로 열반에 들자 조왕은 극진히 장례를 치러 애도를 표했다. 그처럼 조주는 당대 선림의 우뚝 솟은 봉우리로 존경을 받았다. 조주의 선풍이 동아시아로 전해지면서 조선 후기 범해각안의 〈다가(茶家)〉에도 '선가에 전해져온 풍습이 조주의 화두라네'라는 게송이 전해왔을 정도로 선풍이 한국 선가에 널리 전해졌다.

중국 공산당 정권 수립 이후 1951년 중국과 국교가 단절되면서 조주는 잊혀져 갔고, 1992년 덩샤오핑(鄧小平)의 개혁개방 정책에 힘입어 한·중이 수교하면서 다시 조주가 화두로 떠오르기 시작했다. 두말 할 것 없이 조주의 끽다거로 인해 다시 조주의 문풍이 살아나기 시작했다. 1999년 여름 조주의 흔적을 쫓아 조주성 동쪽 허베이성 자오현 백림선사를 찾아 나서면서 조주의 끽다거가 다시 세상에 드러나게 되었다. 백림선사 산문 기둥에 '사장진제천추탑(寺藏眞際千秋塔) 문대조주만리교(門對趙州萬里橋)'라는 7언 2구가 새겨져 있다. 산문을 열고 백림선사를 찾아갔을 때 조주가 읊은 끽다거의 존재는 찾을 수 없었다. 1,200년 전 조주고불로 칭송받던 조주는 청빈한 삶을 살았다. 《조주록》〈행장〉에 따르면 조주선사는 '주지를 지내면서 궁핍한 살림살이에도 옛 사람들의 뜻을 본받으려 하였다. 그리하여 그의 승당에는 전가(前架: 승당 앞에 설치된 좌선하는 자리)나 후가(後架: 승당 뒤쪽에 설치된 세면장 등)가 없었고, 간신히 공양이나 마련해 먹을 정도였다. 선상(禪床)은 한쪽 다리가 부러져 타다 남은 부지깽이를 노끈으로 매달아 두었는데, 누가 새로 만들어 드리려 하면 번번히 이를 거절하셨다. 40여 년 동안 주지살이를 하면서 단 한번도 시주들에게 편지를 내어 공양을 청한 적이 없었다.'

조주가 100세가 되었을 무렵 20년간 관음원에서 선풍을 크게 떨치며 조주의 법력이 퍼져 나가고 있을 때 나라의 정세가 어지러웠다. 번왕(藩王)들이 각 지역에서 활거했다.《조주록》의〈행장〉은 다음과 같이 기술했다.

허베이(河北)의 연왕(燕王)이 군사를 이끌고 진부(鎭府)를 점령하기 위하여 경계까지 이르렀는데, 기상(氣象)에 밝은 사람이 아뢰었다.

"조주 땅은 성인이 사는 곳이라 싸우면 반드시 패할 것입니다."

연왕과 조왕(趙王)은 연회를 베풀고 싸우기를 그만두었다. 그리고는 연왕이 물었다.

"조나라에 훌륭한 분이 누구인가?"

어떤 사람이 말하였다.

"《화엄경》을 강의하는 대사님이 계시는데, 절개와 수행이 높으십니다. 만약 그 해에 큰 가뭄이 들어 모두 오대산에 가서 기도해 주시기를 청하면, 대사께서 돌아오기도 전에 감로 같은 비가 억수같이 쏟아져 내립니다."

이에 연왕은 말하였다.

"그다지 훌륭한 것 같지는 않다."

또 한 사람이 말하였다.

"여기서 120리를 가면 조주 관음원이란 곳이 있습니다. 그곳에 선사(禪師) 한 분이 계시는데 나이와 승랍이 높고 도를 보는 안목이 밝습니다."

그러자 모두 말하였다.

"이것이야말로 상서로운 징조가 아니겠는가."

두 왕이 수레를 멈추고 관음원으로 갔다. 그런데 조주스님은 똑바로 앉은 채 자리에서 일어나지 않았다. 연왕이 물었다.

"인왕(人王)이 높습니까, 법왕(法王)이 높습니까?"

"인왕이라면 인왕 가운데서 높고, 법왕이라면 법왕 가운데서 높습니다."

연왕은 그렇다고 하였다.

스님께서 한참을 잠자코 있다가 물었다.

"어느 분이 진부의 대왕입니까?"

조왕이 대답했다.

"저올시다."

스님께서 말했다.

"노승은 그저 산야에서 남루하게 지내다보니 미처 찾아뵙지도 못했습니다."

잠시 후 주위 사람이 대왕을 위하여 설법을 청하니 스님께서 말했다.

"대왕께서는 주위에 사람이 많은데 어찌 노승에게 설법을 청하십니까?"

이에 주위 사람에게 명하여 스님 주변에서 물러나게 하였다. 문원(文遠)이라는 사미가 있다가 큰 소리로 말하였다.

"대왕께 아룁니다. 그 주위 사람이 아닙니다."

그러자 대왕이 물었다.

"어떤 주위 사람 말입니까?"

"대왕에게는 존호(尊號)가 많아서 스님께서는 그 때문에 설법하지 못하는 것입니다."

연왕이 말했다.

"선사께서는 이름 따위는 개의치 마시고 설법해 주십시오."

스님께서 말했다.

"그러므로 대왕께서는 아십시오. 과거세의 권속은 모두가 원수입니다. 우리 부처님 세존의 명호는 한 번만 불러도 죄가 소멸하고 복이 생기는데, 대왕의 선조들은 사람들이 이름을 입에 담기만 해도 금방 성을 냅니다."

스님은 자비로웠고 지치는 줄 모르고 설법을 했다. 그때 두 대왕은 머리를 조아리고 찬탄하며 존경해 마지않았다. [4]

조주를 흠모했던 왕용(王鎔)이 누차 진부의 자리에 오르기를 청하였지만 그때마다 병을 핑계로 사양하였다. 역사 기록에는 조주를 흠모했던 연왕을 칭하던 유인공(劉仁恭)과 조왕 왕용(王鎔)은 모두 불교를 존중하였는데 그들은 조주선사를 처음 만나자 곧 그의 기봉(機鋒)에 마음이 끌려 예를 다하였다. 조왕은 기쁨을 견딜 수 없어 사찰을 짓고 조주선사를 그곳에 머물도록 할 요량이었다. 그러나 조주선사께서는 이를 사양하며 "풀 한 포기라도 손대면 지름길로 돌아갈 것이오"라고 하였다. 그에 왕용은 겁을 먹고 포기하였다는 일화도 전해온다.

조주탑 머리부분에 새긴
조주탑 탑액(塔額)

조주선사의 열반

조주선사는 허베이성 스좌장 자오현의 관음원에서 40년간 대중을 교화하다가
세연이 다하여 열반에 들기 직전 제자들에게 다음과 같은 말을 남겼다.

> "내가 세상을 뜨고 나면 태워버리되 사리를 골라 거둘 필요가 없다. 종사의 제자는
> 세속 사람들과 다르다. 더구나 몸뚱이는 허깨비니 무슨 사리가 생기겠느냐. 이런 일
> 은 가당치도 않다." [5]

그렇게 임종게(臨終偈)를 남기고 879년 무자(戊子)년 11월 10일 단정히 앉은
채로 열반에 들었다. 그때 두씨네 동산에서는 승속을 막론하고 수레를 끄는 말
과 수많은 사람들이 슬피 우는 소리가 천지를 진동하였다. 제자들은 예를 다하

여 장례를 치르고 〈진제선사광조지탑(眞際禪師光祖之塔)〉을 세웠다. 법제자로는 홍주(洪州) 엄양존자(嚴陽尊者), 양주 효광원(揚州孝光院) 혜각선사(慧覺禪師), 농주국청원(隴州國淸院) 봉선사(奉禪師), 무주(婺州) 본진종랑선사(本陳從朗禪師), 항주(杭州) 다복화상(多福和尙), 익주(益州) 서목화상(西睦和尙) 등이 있다.

조주선사는 생전에 조왕과의 인연이 깊었다. 스님은 제자를 시켜 불자(拂子)를 조왕에게 보내며 "이것은 노승이 일생 동안 쓰고도 다 쓰지 못한 것입니다"라는 말을 전하게 했다. 제자는 스님이 주신 불자를 조왕에게 전달하였다. 조왕은 감동하여 조주선사의 임종을 안타까워하며 극진하게 장례를 치르게 하자 수많은 사람들이 달려가 애도를 표했다. 조주가 40년간 교화한 조주 관음원 앞에 탑을 세웠다. 탑명은 〈진제선사광조지탑〉이라고 하였다.

비석 우측 상단 모서리에 '푸른 개울에 비친 달이요, 맑은 거울 속의 얼굴이라. 우리 스님 우리를 교화하시니, 천하의 조주스님이시여〔碧溪之月 淸鏡中頭 我師我化 天下趙州〕'라는 게송을 새겼고, 아래쪽에는 '제자 조왕 분향배찬〔弟子 趙王 焚香拜贊〕'이라는 여덟 글자를 썼다.

03. 오랫동안 그리워한 조주의 돌다리

조주의 돌다리

백림선사 인근에 있는 조주석교

　'문(門)은 조주의 만리교와 마주
하고 있었다(門對趙州萬里橋).'

　이 말은 백림선사 산문 기둥의 주
련에 쓰여 있는 말이다. 백림선사

방장인 밍하이 스님을 따라 조주석교(趙州石橋)로 향했다. 조주석교는 백림선사
에서 약 4㎞ 떨어진 거리에 있는데 진작부터 스좌장의 명소로 알려져 왔다. 조
주석교를 중심으로 조주 공원이 조성되어 있었다. 조주석교의 원래 이름은 안제
교로 후에 조주의 명성이 알려진 뒤 조주석교로 바뀐 것 같다. 조주석교는 수나
라 때 건설한 아치형 돌다리이다. 전하는 바에 의하면 이응(李膺)이라는 석공이
만들었다고 하며 지금도 잘 보존되어 있다. 밍하이 스님과 조주의 돌다리를 걷
다가 문득 천하고불로 알려져 있는 조주선사와 학인이 나눈 문답이 떠올랐다.

"오랫동안 조주의 돌다리를 그리워하고 있었습니다만 와 보니 그저 통나무다리가 보일 뿐입니다."

"그대는 그저 통나무다리를 보았을 뿐이지 조주의 돌다리는 아직도 못 보고 있는 거야."

"그 조주의 돌다리란 무엇입니까?"

"당나귀도 말도 건네준다." [6)]

조주선사와 학인이 나눈 문답이 오늘날까지 각인된 까닭은 조주의 돌다리 속에 심오한 철학이 담겨 있기 때문이다. 선적으로 말할 때 다리를 건너기 직전에는 중생이지만 다리를 건너면 부처의 경지에 이른다는 깊은 철학이 담겨져 있다고 하겠다.

조주가 안후이성 남전촌에서 허베이 땅에 온 이래 많은 중생을 제도했다는 것은 《조주록(趙州錄)》에 널리 전해 온다. 조주는 중생이 곧 부처라는 《열반경》의 '일체중생실유불성(一切衆生悉有佛性)'이라는 말을 조주 땅에서 보여주었다. 당나귀와 말까지 제도시킨 조주선사가 조왕(趙王)을 감화시킨 일화는 두고두고 회자되어 왔다.

04. 오대산의 노파

– 조주감파(趙州勘婆)

오대산의 길목을 지키고 있던 노파는 언제나 스님을 떠보려 하였다. 오대산 노파는 행각스님에게 공부의 경계를 시험하려 했다.

한 스님이 노파에게 물었다.

"오대산 가는 길이 어느 쪽입니까?"

"똑바로 가시오."

스님이 노파의 말을 듣고 곧장 갔다. 행각승이 떠나자 노파가 말하였다.

"좋은 사승(師僧)이 또 저렇게 가는구나."

후에 조주를 찾아온 행각승이 조주선사에게 예전에 있었던 노파와의 일화를 말하였다. 조주가 말하였다.

"내가 그대를 대신해서 간파해 주겠다."

다음 날 조주가 노파에게 물었다.

"오대산 가는 길은 어디인가?"

노파가 말하였다.

"똑바로 가시오."

스님께서 가자마자 노파가 말하였다.

"좋은 사승(師僧)이 또 가는구나."

조주가 관음원으로 돌아와서 스님들에게 말하였다.

"그 할멈은 내게 간파당했다." [7]

'오대산의 노파'는 선승들이 즐겨 쓰는 화두인데 조계종 종정 진제스님은 법상에 오르며 오대산 노파에 관한 이야기로 상당법어를 자주 설파했다. 진제스님은 '부처님의 진리의 눈이 열려있는 사람만이 노파와 조주가 나눈 선문답을 이해할 수 있을 것이라고 말했다. 산승은 그 노파를 보건데 백주의 도적을 지어 천사람 만 사람을 기만하고 있음이로다'고 간파했다.

오대산 노파에 관한 화두는 시어(詩語)로도 자주 등장하고 있는데 분양선소(汾陽善昭)의 송에 '오대산 길 위의 노파선이여 남북동서에 만만천(萬萬千)이로다. 조주가 간파함을 사람들이 알기 어려우니 오고가며 짚신을 철저히 꺾어뜨렸다'고 말하였다. 오대산 노파는 후대의 많은 선승들이 읊었던 공안인데 조주록 공안에 등장하는 오대산 노파의 현장은 산시성 우타이산(五臺山)에 있는 산으로 문수보살의 성지로 유명하다. 조주와 오대산에 얽힌 또 다른 화두가 눈에 띄었다. 스님은 찾아온 납자에게 물었다.

"어디서 왔느냐."

"오대산에서 왔습니다."

"문수보살을 보았느냐."

그 스님이 손을 펴보이지 말하였다.

"손을 펴보이는 사람은 많지만 문수보살을 보기란 어렵도다."

"그저 조바심이 일어나 죽을 지경입니다."

"구름 속의 기러기도 못 보면서 어찌 사막 변방의 추위를 알겠는가." 8)

조주는 그를 찾아오는 납자에게 명쾌하게 살불살조의 정신을 깨우쳐 주었다.

조주가 행각한 수많은 선찰 중 유독 오대산 노파가 각인되는 까닭은 노파를 깨우쳐준 조주의 본래 면목이 담겨 있기 때문인 듯하다.

조주는 문수보살의 성지인 오대산에서 자신의 본래 면목을 드러내 보이면서 선의 세계를 열어갔다. 선덕여왕 3년(634)에 신라의 자장율사가 당에 구법하여 문수보살을 친견하고 깨달음을 얻은 뒤 귀국하여 '백 년을 사는 것보다 하루만이라도 계율을 지키면서 사는 게 더 행복하다'는 명언을 남겼다. 《신왕오천축국전》을 쓴 혜초도 말년에 오대산에서 수행한 것으로 알려졌다. 무상의 인성염불 법조를 통해 오회염불로 계승 발전되었는데 아직도 죽림사에 무상의 오회염불 수행법이 전해지고 있다. 조주와 오대산 노파를 통해 드러난 조주의 선기는 시공을 초월하여 조사선의 향훈처럼 빛나고 있다.

05. 뜰 앞의 측백나무

– 정전백수자(庭前柏樹子)[9]

백림선사의 경내에 들어서면 우뚝 선 조주탑과 측백나무가 반긴다. 조주가 끽다거로 대중을 제접했던 관음원 앞에 측백나무 고목이 지금도 우뚝 서 있다.

밍하이(明海, 1968~) 스님과 관음원 앞을 거닐다가

"무엇이 학인의 참 본성입니까"라고 여쭈었다.

밍하이 스님은

"뜰 앞에 측백나무가 보이느냐?"

하고 답했다.

"한국에서는 측백나무를 뜰 앞의 잣나무로 알려졌는데 여기 백림선사에 와보니 측백나무만 우뚝 서 있는 것 같습니다. 한국에서는 예로부터 조주선사의 공안 정전백수자를 잣나무로 불렀어요."

"여기 백림선사에서는 측백나무로민 알려졌어요."

조주의 화두 중 '정전백수자'로 유명한 측백나무가 지금도 백림선사에 우뚝 서있다.

조주탑 앞에 우뚝 선 측백나무

"아, 그렇군요." 10)

조주고불로 통한 조주화상은 자연스럽게 있는 그대로가 참된 깨달음이라고 말했다.

어느 날 조주선사에게 한 스님이 여쭈었다.

"조사가 서쪽에 오신 뜻은 무엇입니까."

"뜰 앞의 측백나무다."

"스님의 경계를 가지고 만인을 가르치지 마십시오."

"나는 경계를 가지고 학인을 가르치지 않는다."

다시 그 학인은 재차 물었다.

"조사가 서쪽에서 오신 뜻은 무엇입니까."

"뜰 앞의 측백나무다."

또 한 스님이 조주선사를 찾아와 물었다.

"무엇이 부처의 마음입니까."

"그대는 마음이고 나는 부처이니 그대 스스로가 살펴라." 11)

조주는 정전백수자를 두고 사물에 집착하지 말고 자신이 알고 있는 지식이나 분별심을 버리고 평상한 마음으로 자연을 바라보는 지혜의 눈이 열려야 한다고 말했다.

《조주록(趙州錄)》을 살펴보면 조주선사는 주로 사람의 근기에 따라 설파했다.

늘 그를 찾아오는 사람들이 불법을 물으면 '차나 한 잔 마시게'라고 했다. 조주는 그를 찾아오는 선객들에게 '지극한 도는 어렵지 않으니 따져서 가림을 꺼릴 뿐이다'라고 말하였다. 조주는 납자가 찾아오면 주인공을 강조했다. 한 스님이 조주 선사를 찾아와 여쭈었다.

"무엇이 조주의 주인공입니까."

스님께서 말했다.

"이 바퀴 매는 놈아!" 하고 호통을 치자 학인이

"예" 하고 답하자 스님께서는

"바퀴나 제대로 돌려라"고 말했다.

조주의 끽다거는 여전히 살아있다. 백림선사 경내를 걷다보면 지금도 조주의 우렁찬 사자후 소리가 청량한 말씀처럼 메아리쳐 온다. 천 년 전 조주가 읊은 끽다거나 측백나무, 주인공 공안들은 여전히 우리의 마음속에 변함없는 차향으로 향기롭게 남아 있다.

천 년 전 조주의 측백나무를 보고 많은 시인들이 시를 남겼다. 그중 시인 박정진의 〈측백나무 앞에서〉를 통해 조주의 체취를 물씬 느낀다.

관음전 측백나무 앞에서 [12]

조주는 간 데 없고

조주 탑만 덩그러니

황량한 바람 놀고 오던 그날

어디선가 '차나 한 잔 들게 나'

잣나무는 없고

아름드리 측백나무만

세월의 구비를 이기고

먼 데서 온 길손을 맞았네.

끽다거는 어디가고

생활선만이 자자하던 그날

조주관음전은 남몰래

천년의 잠을 깨고 기지개를 켰네.

방장 징후이 선사는

"끽다거는 무슨 뜻입니까"라는

진제(眞際) 스님의 선문답에

역시나 조주의 후예답게

"차나 한 잔 드시죠"라고 응수했다.

06. 차나 한 잔 드시게喫茶去

스님께서 새로 온 두 납자에게 물었다.

"스님들은 여기에 와 본 적이 있는가?"

한 납자가 대답했다.

"와 본 적이 없습니다."

"차나 한 잔 마시게."

또 한 납자에게 물었다.

"여기에 와 본 적이 있는가?"

"있습니다."

"차나 한 잔 마시게."

원주(院主)가 물었다.

"와 보지도 않은 사람에게 차를 마시라고 하신 것은 그만두고라도, 스님께서는 무

엇 때문에 와 본 적이 있는 사람에게도 차를 마시라고 하십니까?"

스님께서 말씀하셨다.

"원주야!"

원주가 "예!" 하고 대답하자 스님께서 이르길,

"차나 한 잔 마시게!"

그날의 광경을 유심히 지켜본 원주가 조주선사에게 여쭈었다.

"선사께서는 전에 와 본 적이 없는 수좌에게나 이전에 와 본 적이 있는 수좌에게도 한결같이 '끽다거'라고 말씀하셨는데 그 이유가 매우 궁금합니다."

원주를 바라보던 조주선사는 그에게도 똑같이 '차나 마셔라(喫茶去)'라고 말하였다. 왜 조주는 그를 찾아오는 이를 끽다거라는 삼전어(三轉語)로 제접했을까. 조주선사는 사람의 근기에 따라 끽다거로 자비심을 열어 제접했다. 《조주록》을 읽다가 끽다거의 심오한 자취를 찾아 조주의 관음원을 한번 찾아보고 싶었

석주스님의 '끽다거'

다. 이 일화는 조주선사가 그를 찾아와 가르침을 청하면 한결같이 '차나 한 잔 마시게'로 대중을 제접한 끽다거란 화두인데 천 년이 지난 지금도 여전히 회자되고 있는 조주선어의 백미이다.[13]

1999년 여름날 처음 허베이성 스좌장을 찾았을 때 그곳 사람들은 끽다거를 아는 이가 없어 숭산(崇山) 선사가 즐겨 쓰던 공안인 '오직 모를 뿐입니다'라는 화두가 떠올랐다. 끽다거의 발원지인 백림선사를 찾아간 뒤 내 마음 한구석에 끽다거가 자리 잡았다. 왜 조주선의 백미인 끽다거가 잊혀져 갔을까. 화두처럼 끽다거가 떠나지 않았다. 그리고 자연스럽게 끽다거에 빠져들었고 그 화두를 세상 밖으로 알려야겠다는 생각을 굳히게 되었

摘楊花豐干到五臺山下見一老人干云莫是文殊
也無老人云不可有二文殊也干便禮拜老人不見
有僧舉似師師云豐干只具一隻眼師乃令文遠作
老人我作豐干師云莫是文殊也無遠云豈有二文
殊也師云文殊文殊師問二新到上座曾到此間否
云不曾到師云喫茶去又問那一人曾到此間否
曾到師云喫茶去院主問和尚不曾到教伊喫茶去
即且置曾到為什麼教伊喫茶去師云喫茶去
諾師云喫茶去師到雲居雲居云老老大大何不覓
箇住處師云什麼處住得雲居云前面有古寺基師

《조주록》에 나오는 조주 '끽다거' 관련 어록

조주선사가 끽다거를 전해준 관음원에는 측백나무 노거수가 옛 역사를 말해주고 있다.

다. 끽다거란 선어를 추적하다가 뜻밖에도 다 같은 끽다거라도 중국의 사성 발음에 따라 그 뜻이 판이하게 달라짐을 알게 되었다. 즉 간절히 불법을 묻는 이에게는 '끽다거'를 깨우쳐 주고 불법을 묻는 수좌가 거드름을 피울 때에는 주장자로 서른 방망이를 때리며 '끽다거!'라고 할(喝)을 했다. 그것이 오늘날 조주의 선어가 민중 속으로 깊숙이 파고든 이유이기도 하다.

역대 선승들이 읊은 조주의 끽다거

끽다거라는 공안은 조주선사가 관음원에 주석했던 80~120세까지 계속 이어졌다. 그리고 당나라 말기인 당 소종(昭宗) 9년(건우 4년) 897년에 120세로 조

조주선사는 그를 찾아와 가르침을 청하면 '차나 한 잔 드시게'라고 한결같이 말했다.

주선사가 입적하면서 조주의 수많은 공안들은 사라져 갔다. 그런데 유독 끽다거만이 당·송·명·청·근대를 관통하며 한국까지 퍼져 나간 까닭은 무엇일까. 그것은 끽다거 속에 차와 선을 일미(一味)의 경지로 이어주면서 사람들로 하여금 선의(禪意)를 일으킨 까닭이다.

조주가 관음원에서 40년간 펼쳐 온 '차나 마셔라'라는 화두가 1천 년간 생명력을 지닌 이유는 마조의 '평상심의 도'에서 찾을 수 있다. 일상생활에서 도를 가장 완벽하게 소화해낸 선승이 조주이며, 조주는 끽다거를 통해 마조의 정신을 완성시키는 계기를 마련했다.

조주선사가 읊었던 끽다거는 많은 선승들이 즐겨 썼던 공안이다. 끽다거는 당·송·명뿐만 아니라 한국 선가의 선승들도 즐겨 읊었다.

목주화상은 조주의 끽다거를 다음과 같이 답했다.

《목주어록(睦州語錄)》을 보자.

계유진(季酉辰)이 그린 〈끽다거도〉

"자네는 어디서 왔는가?"

"허베이에서 왔습니다."

"그곳에 조주화상이 계시는데 자네는 참문한 적이 있는가?"

"저는 지금 조주화상의 처소에서 왔습니다. 조주선사는 '끽다거'라고 합니다."

목주화상이 크게 웃으면서 말하였다.

"아이구, 좋아라."[14]

조주의 끽다(喫茶)는 동산양개(807~869) 선사의 어록에도 나온다.

커우단(寇丹) 노사가 그린 〈끽다거도〉

"어디서 왔는가."

"서천에서 왔습니다."

"언제 서천에서 떠났는가."

"공양 뒤에 떠났습니다."

"너무 더디군."

그때 동산을 찾아온 스님이 합장하고 서니

"차나 마셔라"라고 말했다.[15]

이렇게 오종 가풍의 선승들에게도 반복하여 조주의 다반사가 나오는데, 당 말 이후 송대로 접어들면서 끽다보다 한층 더 격조를 따졌다. 조주의 끽다거는 임제종에만 머물지 않고 조동종, 위앙종으로 퍼져 나갔다. 위앙종의 개조 앙산혜적(仰山慧寂, 807~883) 선사가 삼성혜연

(三聖慧然) 선사와 나눈 문답에서도 드러난다.

삼성이 앙산을 참문한 자리에서 앙산이 그에게 묻는다.

"네 이름이 무엇이냐?"

"혜적이라고 합니다."

"혜는 무엇이고 적은 무엇이냐?"

"바로 지금 스님 앞에 있는 이 사람입니다."

"아직도 그 자리에는 앞과 뒤가 있느냐?"

"앞뒤는 이만 접어 두고 스님께서는 지금 무엇을 보고 계십니까?"

"끽다거." [16)]

또 문개수지 선사께서도 조주화상의 예를 들어 말했다.

조주스님께서 일찍이 어떤 스님에게 질문하였다.

"당신은 어디로 가시오?"

스님이 즉답하길

"찻잎을 따러 갑니다."

조주스님께서 말씀하시되

"한가하다." [17)]

이렇듯 차를 말할 때마다 조주선사를 거론하는 것은 그만큼 조주가 당대 차문화를 주도했기 때문이라 생각된다.

모든 분별심을 끊고 차나 한 잔 마시라는 앙산의 말에 혜연선사는 무여열반
(無余涅槃)의 경지를 터득했다는 일화이다.

조주선사의 끽다거 공안은 수많은 선승들을 회자시켰다. 그리고 많은 선승들
이 송을 남겼는데 송원선사의 송(頌)이 드라마틱하다.

조주선사의 끽다거 공안에 송원선사는 다음과 같이 송을 하였다.

　　趙州喫茶去　　조주가 차 한 잔을 마시라고 한 것은

　　毒蛇橫古路　　독사가 옛길에 누워 있는 것이로다.

　　踏着乃知非　　밟고 나서 뒤늦게야 잘못인줄 알게 되면

　　佛也不堪做　　부처님도 그것은 어쩔 수가 없다네.[18]

법운선사는 이 조주의 화두를 이야기 하면서 이렇게 말했다.

　　"조주스님은 그렇게 갈 줄만 알고 이렇게 올 줄은 모르는구나. 비록 이렇지만, 곡조
　　는 끝나도 사람이 보이질 않는데, 강 위에는 몇 개의 산봉우리가 푸르게 떠있구나."

송광사 방장 현봉스님은 "선사들이 다반사로 '차나 한 잔 마시라'고 말하니 예
사로이 생각하고 그냥 우리들의 일상이려니 하지만, 예사로운 가운데 예사롭지
않은 것이 있는 법이다"라고 말한 바 있다.

《선과 차》에서 선(善)한 마음은 차로 맑게 하고 차는 선(禪)을 더욱 향기롭게 하면서 깨달음의 경지에 이른다는 말이 끽다거와 부합하는 듯하다.

왜 중국 역대 선승들의 공안 속에 끽다거가 많이 등장하였을까. 이유인즉 그 삼자선(三字禪)에 본래 면목이 담겨 있기에 조주 이후 많은 선승들이 끽다거를 읊었던 것 같다.

당 말 오가칠종 시대가 열리면서 다섯 파(임제종, 조동종, 운문종, 위앙종, 법안종)가 하나같이 조주의 '끽다거' 공안을 화두로 택한 것은 예사로운 일이 아니다. 여기에 운문법안 법맥의 원류인 설봉의존(雪峰義存, 822~908) 선사는 끽다거를 일상다반사로 말한 바 있다.

임제종은 조주의 끽다거란 살림살이를 면면히 계승했다. 임제의현의 법손인 황룡혜남(黃龍慧南)의 〈조주끽다〉라는 시가 있다.

趙州驗人端的處	조주가 사람 시험한 분명한 경계
等閑開口便知音	무심코 입을 열어 바로 속마음을 알았더라도
覿面若無靑白眼	서로가 얼굴을 마주할 때 푸른 눈 없었더라면
宗風爭得到如今	종풍이 어찌 지금에 이르렀으랴. [19]

어찌 일일이 조주의 끽다거란 화두를 열거하겠느냐만 조주의 끽다거가 당·
송·명·청까지 유행했던 것만은 분명한 것 같다.

조주의 끽다 정신은 사실 송대의《벽암록(碧巖錄)》을 저술한 원오극근 선사의
'선차일미'와 백운수단의 '화경청적'으로 이어진다. 특히 임제종 선승들에 의해
선차일미의 정신이 이어졌다는 점에서 주목된다.

백운수단(白云守端, 1025~1072) 선사는 법명이 수단이며 형주 갈씨로 다릉
(茶陵) 욱산주(旭山主)에게 귀의, 머리를 깎고 출가한다. 뒤에 양기스님을 찾아
법을 이은 수단은 평상의 살림살이가 다선의 길이었다. 1956년 구와다(桑田)가
편찬한《일본의 다도사전》은 백운수단의 다도관을 '중국 다선의 창시자인 송나
라 백운수단선사는 백운산에서 다선도량을 창시, 화경청적(和敬淸寂)을 제시하
여 선차(禪茶)를 완성시켰다'고 정리했다.

여기서 '화경'이란 차 살림과 주인이 서로 화합하고 공경한다는 뜻이며, '청
적'은 다정·차실·다기를 깨끗하게 한다는 뜻이다. 그러나 저자의 견해로 백
운수단 당시에는 화경청적이 선가의 차 살림이었는데, 일본으로 건너가면서
차실·다정·다기 등이 가미되어 차에서도 격조를 따지기 시작했다고 보고
있다.

사실 선차일미가 일본으로 건너간 것으로 알고 있지만 차맥이 양기파로 이어짐으로써 선맥이 고려로 이어졌다. 태고보우에 의해 선차일미의 정신은 선가의 보편적 다선 사상으로 정착되었다. 다선 정신은 일본보다도 오히려 우리나라가 그 원조라는 사실이다. 구와다는 그의 저서《차의 철학》에서 일본의 차문화는 한국에서 건너왔다는 폭탄적 발언을 함으로써 일본차의 원류는 한국이라는 사실을 깨우쳐 주었다.

백운과 함께 송대 선차의 정신을 이끌어낸 원오극근선사는《벽암록》을 저술하다가 졸음을 이기기 위해 차를 마신 것이 계기가 되어 차와 선의 삼매에 빠져들었다. 그는 일본인 제자에게 '선차일미' 네 글자를 전함으로써 선차일미 정신이 한국과 일본에 정착하는 계기가 마련되었다.

07. 바다를 사이에 둔 두 선승의 선문답

한 신라원(新羅院)의 주지가 조주선사를 공양에 청하니 스님께서 앞에 이르러 물었다.

"여기가 무슨 절인가?"

"신라원입니다."

"그대와 나는 바다를 사이에 두고 있다." [20]

이 말씀은 《조주록》에 등장하는 조주선사와 신라의 한 스님이 나눈 선문답이다. 조주가 머물렀던 조주원 인근에 신라원이 있었는데 어느 날 조주가 신라원으로 한 스님을 찾아가 선문답을 나누게 되면서 신라와 당나라 스님의 끈끈한 유대가 맺어졌다.

조주의 화두 중에서 천 년을 이어 온 것은 '차나 마시게'로, 중국식 발음으로는 츠챠취(喫茶去) 공안이다. 한국에서는 끽다거로 발음하지만 중국에서는 흘차거(吃茶去)로 읽는다. 가만히 생각해보니 흘(吃)에 담긴 의미는 사전적으로는 먹고 마신다와 소리를 뜻하는데 중국의 사성 발음으로 끽다거를 츠챠취로 읽으며 선승들의 할(喝)의 소리처럼 우렁차게 들려온다. 이 화두는 한국 선승들의 어록에도 사수 등장한다. 조주차, 조주다풍, 조주차약, 조주청다 등으로 불러온 것

만 보아도 조주는 한국 선종사에 있어서 매우 주목되는 인물이다.

　조주가 신라의 한 선승과 나눈 대화처럼《조당집》에 염관제안(鹽官齊安) 선사가 신라의 범일국사와 나눈 선문답이 주목을 끈다. 신라 구산선문 중 굴산산문을 연 범일국사가 저장성 전당강(錢塘江)을 건너 염관원을 찾아갔을 때 나눈 대화이다. 염관제안선사가 범일국사를 보자마자 다음과 같이 말하였다.

　　　"그대는 어디서 왔느냐?"

　　　"동국에서 왔습니다."

　　　"수로로 왔느냐, 육로로 왔느냐?"

　　　"두 가지 길을 모두 밟지 않았습니다."

　　　"그 두 길을 밟지 않았다면 어떻게 여기에 이르렀는가?"

　　　"해와 달에게 동과 서가 무슨 장애가 되겠습니까?"[21]

　이에 범일이 보통 법기가 아님을 간파한 염관은 범일을 칭찬하면서 말하길 "실로 해동의 대보살이구나" 하며 심인을 전했다. 이처럼 바다를 사이에 두고 중국 선승들과 불꽃 튀는 선문답이 전개되었다.

한·중 선승의 불꽃튀는 선문답

'중국의 선법이 동쪽으로 흘러간다'는 참설이 유포되면서 신라말 입당 구법승이 구름처럼 당나라(중국)로 건너가 당대의 선종조사로부터 인가를 받아 중국의 선법을 이어오려는 조사들이 줄을 이었다. 그중 당대의 조사의 심인(心印)을 얻어 법제자가 되려는 입당 구법승과 당토(唐土)에서 본국(신라)으로 돌아오지 않고 행화를 떨친 선승 두 분류로 나누었다. 신라의 무상선사가 당토에서 인성염불로 정중종을 열었듯이 중국 선종에 영향을 끼친 신라인들도 많았다. 그런데 문화혁명기를 거치면서 중국과 단절되고 선종의 법맥 또한 잊혀져 가다가 1978년 덩샤오핑의 개혁개방 정책에 힘입어 중국의 문이 활짝 열리면서 한국과 중국의 문화적 교류가 이루어졌다.

2000년 8월 첫 민간교류로 중국 장시성과 신라선문에 관련된 학술회의를 개최할 당시 장시성 불교협회 회장인 이청(一誠) 스님이 한국 선종과 장시(江西) 선종의 법맥연원에서 '한중 두 나라 사람들의 우호 관계는 흐르는 물처럼 끊임없이 이어져 왔다'고 밝힌 뒤 '불교는 이러한 유대 관계에 있어서 문화적 면에 중요한 역할을 해왔다'고 피력했다. 월간 〈선문화〉 잡지가 주도한 한중 선차교류는 민간 차원에서 장시성과 선차교류를 계기로 중국의 문이 조금씩 열리기 시작했다.

2001년 봄에는 끽다거의 흔적을 쫓아 당시 해운정사 조실인 진제스님을 모시고 허베이성 자오현의 백림선사로 징후이 스님을 찾아갔다. 그리고 끽다거란 화두를 놓고 한·중 최초로 선문답을 벌이게 되었다.

2001년 봄 한국의 대표적 선승인 진제스님과 징후이의 선문답은 한·중 선종사에 획을 긋는 사건이 아닐 수 없었다. 마치 천 년 전 신라원의 한 스님과 조주선사가 나눈 선문답을 방불케 했다. 진제스님은 광둥성(廣東省) 운문사 방장 포위안(佛源) 스님과 선문답을 나누고 다시 허베이성 정딩현(正定縣)으로 건너와 임제사 유우밍(有明) 방장과 선문답을 나눈 뒤 곧바로 백림선사를 찾아가 징후이 스님과 방장실에서 만나 선문답을 나누었다.

백림선사 방장실의 접견실 벽면에 조주선사의 끽다거라는 화두가 벽면에 족자로 걸려 있었다. 그 글을 유심히 살펴 보았다. 조주의 차가 두 선승 앞에 한 잔씩 나왔다. 차가 코끝으로 스쳐갈 즈음 진제스님이 먼저 말문을 꺼냈다. 방장실 벽에 '끽다거'란 선어를 보고 진제스님은 징후이 스님에게 다음과 같이 질문을 던졌다.

"천 년 전 조주선사의 끽다거는 조주선사가 말씀한 선어인데 징후이 스님께서는 조주의 끽다거 공안을 어떻게 생각하십니까?"라고 여쭈었다. 잠시 침묵이 흘렀다. 징후이 스님은 손을 내밀면서 찻잔을 가리키며 빙그레 미소지었다. 한 손을 내밀면서 '차나 한 잔 하십시오'라는 무언의 말씀을 전했다.[22)]

이 선문답은 한·중 선차의 다리를 놓아준 중요한 전환점이 되었다. 이후 끽다거는 영원히 식지 않는 천 년의 차로 나의 마음을 사로잡았다.

끽다거란 화두를 쫓아 백림선사를 찾아간 이래 선차가 깨어나면서 동아시아 차계는 선의에 빠져들게 되었다.

08. 백림선사의 중흥中興

백림선사의 옛 이름은 조주관음원
이다. 행정구역으로는 허베이성 스좌
장 자오현에 위치하고 있다. 백림사
는 조주석교에서 약 10리 정도 떨어
진 곳에 있었다.

조주가 북방인 허베이성 자오현 조주
의 관음원에서 남종선을 크게 일으켰
다. 당시 사람들이 '그의 눈빛은 사방 천
하를 깨뜨렸다'고 칭송할 정도로 조주
의 법력은 천하에 떨쳤다. 조주는 관음
원에서 40년간 교화를 펼치는 동안 조
왕으로부터 극진한 예우를 받았음에도

1986년 5월 19일 조주탑을 찾았을 때의
자오푸추 거사 부부

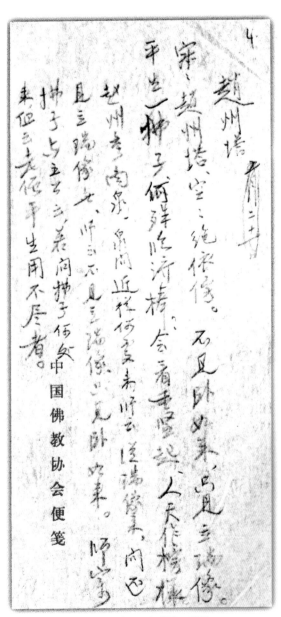

赵朴初居士题《赵州塔》手迹

정치와 종교의 관계를 원만하게 유지하여 승려로서 품격을 지켰다. 120살을 살았던 조주선사가 입적한 뒤 조왕은 극진히 장례를 치렀고 수많은 이들이 관음원으로 달려가 애도했다. 오늘날 백림선사가 깨어나게 된 데는 당시 중국불교협회 회장인 자오푸추(趙樸初, 1907~2000) 거사가 부인의 손을 잡고, 폐허나 다름없는 백림선사를 찾아가 〈조주탑〉이란 시를 남겼기 때문이다. 그때가 1986년 5월 19일이다. 자오푸추 거사는 수행원을 이끌고 백림선사를 찾았다. 옛 영화는 간데없고 조주탑만 덩그렇게 남아 있는 것을 보고 그때의 심정을 〈조주탑(趙州塔)〉[23]이란 한 편의 시로 남겼다.

寂寂趙州塔	고요하고 고요한 조주탑이여
空空絶依傍	비고 비어서 옆에 의지한 것도 끊어졌네
不見臥如來	누워 있는 여래는 보지 못하고
只見立瑞像	서 있는 서상(瑞像)만 보았다네
平生一拂子	평생을 불자(佛子) 하나만 가졌으니
何殊臨濟棒	어찌 임제방(臨濟棒)만 특수할까
會看重竪起	깨달음 중히 여기는 것을 수립하였으니
人天作榜樣	인천(人天)에 모범이 되셨네.

이 한 편의 시로 중원을 일깨우면서 백림선사는 깨어나기 시작했다.

그 후 1987년 10월 15일, 중국불교협회 상무이사인 징후이 스님이 중·일 우호 임황협회(中日友好臨黃協會)를 이끌고 자오현을 찾아와 조주탑에서 잠배했다. 당시 백림선사에는 조주탑과 20여 그루의 측백나무만이 외로이 서 있을 뿐이었다.

장사준(張士俊) 거사의 〈백림사(柏林寺)〉[24]란 시에도 이러한 내용이 들어 있다.

吾趙招提地	아, 조주스님께서 선택한 땅이여
柏林藉有聲	측백나무 숲 자리에 소리가 낭자하네
吃茶參妙理	차를 마시고 묘한 이치를 참구하니
水底一燈明	물 밑에 하나의 등불이 밝구나.

이 시에서도 측백나무와 조주의 차향에 대해 언급했다. 조주선사의 수만 가지 공안 중 차와 측백나무가 그의 살림살이라는 사실을 일깨워주는 것 같다. 조주탑을 지나면 옛 측백나무 사이로 관음전이 있다. 관음전은 조주선사가 관음원에 주석했을 때를 연상케 한다. 관음전 위에는 장경각을 모시고 있는데, 조주의 정신이 깃든 곳이다. 관음전에 이르니 조주의 선어가 살아나는 듯했다.

오늘날의 백림선사를 일으킨 장본인은 징후이 스님이다. 스님은 당시 중국 불교협회 상무이사로 중일우호임황협회의 단체를 이끌고 자오현을 찾았다. 때는 1987년 10월 15일, 스님은 조주탑을 참배하며 범종 소리가 끊겨 텅 빈 모습을 보고 백림사를 중흥시켜야겠다는 의지를 다졌다. 그 심정을 시로 남겼다.

조주종심선사탑(趙州從諗塔)을 참배하다[25]

來參眞際觀音院	진제선사를 참배하러 관음원을 찾았더니
何幸國師塔尙存	다행히도 국사의 탑은 남아 있구나

寂寂禪風千載後	적막한 선풍이 천 년을 지난 후에
庭前柏子待何人	마당의 측백나무는 어떤 이를 기다릴까
一塔孤高老趙州	외로운 탑 우뚝 솟은 오래된 조주 땅에
雲孫來禮漏雙流	참배객들의 두 눈엔 눈물만이 흐른다
斷碑殘碣埋荒草	부러지고 깨진 비석은 풀덤불에 묻혔으니
禪河誰復問源頭	선의 강에서 누가 또다시 근원을 물으랴.

－징후이 1987년 10월 15일 스좌장에서

그리고 징후이 스님은 허베이성 불교협회 회장을 맡으면서 마침내 백림사 중흥의 틀을 마련했다. 그때가 1988년 5월 19일이었다. 불과 23년 전의 일이다.

백림선사가 복원된 지 10년이 지난 1999년 여름, 한국의 임제 법손들이 허베이 백림선사를 찾아가 조주탑을 참배했다. 한국에서 가져간 햇차로 조주탑전에 헌다 공양을 올린 뒤 조주의 다풍을 천하에 알리겠다고 다짐했다.

허운(虛雲) 대사로부터 운문종(雲門宗) 13대 종통을 이은 징후이 스님이 주석하면서부터 조주선풍을 이어가게 되었다. 징후이 스님이 조주 백림선사 복구에 전력투구하는 것을 일본인들이 가만히 두고 볼 리가 없었다. 1980년대부터 중·일 우호임황협회를 구성해 백림선사 참배를 시작했고 이듬해에는 23인을 이끌고 조주탑 참배에 나섰다. 천 년 전 조주고불로 이름을 떨친 조주선사의 정신을 널리 부흥시켜야겠다는 그들의 마음이 하나로 모아지면서 조주의 고불이 세상에 드러나게 되었다.

제5장

잊고 있던 끅다거를 깨우다

01. 선차의 근원이 된 백림선사에서 끽다거를 찾아

– 끽다거 공안의 현장 백림선사

1999년 조주탑 앞에서 처음으로 올린 헌다의식

한국 선차문화교류단[1]을 이끌고 천 년 전 조주의 끽다거 자취를 쫓아 베이징을 거쳐 스좌장에 이르렀을 때는 무더운 여름이었다. 1999년 8월 대지가 이글거리는 여름날 스좌장을 찾은 까닭은 천 년 전 조주선사가 읊었던 끽다거란 공안을 찾기 위해서였다. 자오현 백림선사에 이른 것은 8월 2일이었다. 전날 밤 허베이성 스좌장의 이름난 다관을 찾아가 '끽다거'란 화두에 대해 물어보았다. 질문에 선뜻 대답하는 사람이 없었다. 그리고 그 흔한 끽다거란 선어가 담긴 글씨 하나 보이지 않았다. 한국 땅에서 그 멀리까지 끽다거의 어원을 살피려고 찾아왔건만 해답을 제시하는 스좌장 차인들은 한 사람도 없었다. 조주가 읊었던 끽다거는 어떤 모습으로 회자되는지 궁금했다.

827년경 80세로 조주는 조주성 동쪽 관음원에 머물면서 끽다거란 화두로

대중을 이끌어갔는데 천 년의 세월 동안 끽다거가 식지 않은 차로 오늘까지 회자되고 있는 까닭이 궁금했다. 여전히 백림선사에서 조주의 다풍이 대중을 이끌어가고 있는지를 살피기 위해 다음날 날이 밝자 서둘러 자오현에 있는 백림선사를 찾아갔다. 날씨가 화창했다. 산문 앞 기둥에는 '사장진제천추탑(寺藏眞際天秋塔) 문대조주만리교(門對趙州萬里橋)'라는 7언 2구의 글귀가 새겨져 있었다. 산문을 지나 촘촘히 들어선 측백나무에 이르자 옛 조주의 향취를 느낄 수 있었다.

방장실에 이르니 방장인 징후이 스님은 출타 중이었고 감원인 밍하이 스님이 우리 일행을 반겼다. 밍하이 스님은 30대 후반의 나이였다.

백림사 접견실에서 밍하이 스님과 마주 앉아 끽다거란 화두에 대해 이런저런 이야기가 오고 갔다.

백림선사 감원인 밍하이 스님[2]에게 "조주의 끽다거 공안을 찾아 한국에서 왔습니다"라고 말씀드렸다. 스님께서 깜짝 놀라며 나를 바라보더니 빙그레 미소지으며 "우리가 잊고 있던 끽다거를 다시 찾아줘 뭐라 말할 수 없이 기쁩니다"라며 감사를 표했다. 그때 밍하이 스님은 "어찌하여 끽다거를 찾아 여기까지 왔습니까?"라고 물으셨다. 밍하이 스님에게 조주와 법형제인 신라의 철감도윤 선사라는 분이 있는데 철감도윤 선사와 조주선사와의 인연을 쫓아 여기까지 찾아왔노라고 말씀드렸다. 밍하이 스님이 깜짝 놀라며 "조주와 철감의 법의 인연을 쫓아 여기까지 온 사람은 선생이 처음입니다."

스승(징후이 스님)께서 해외 포교차 싱가포르에 가셨는데 돌아오면 꼭 선생의 말씀을 전해 드리겠다고 말했다.

밍하이 스님에게 백림선사를 찾은 까닭을 말하고 "한국에서 조주고불로 칭송받고 있는 조주선사의 탑 앞에서 헌다 공양을 하려고 합니다"라고 말했다.

스님은 조주탑 앞에서 헌다 공양을 올리는 것은 한국인으로는 처음이라고 말한 뒤 조주탑까지 일행을 안내했다. 더운 여름이라 온몸이 땀으로 뒤범벅이 되었다. 더위에도 일행은 차 공양을 올릴 수 있음을 기뻐했다. 조주탑 앞에 차 공양이 끝난 뒤 그 차를 밍하이 스님에

1999년 여름 당시 백림선사 감원이었던 밍하이 스님. 한국의 차맛을 보고 깊은 감회에 젖었다.

게 올렸다. 차 한 모금을 맛본 뒤 밍하이 스님은 "한국 차는 어찌 이리 향긋합니까"라며 극찬했다. 이것이 백림선사에서 열린 한·중 선차문화교류의 시발점이다. 당시 한·중 선차문화교류에 참가한 반야로 본가 채원화 원장은 "조주탑 앞에서 올린 차 공양은 평생 잊을 수 없을 것"이라고 말했다. 그리고 10년이 지난 2013년 10월 중국 저장성 후저우시 창싱현에서 열린 제8차 선차문화교류대회에 참가한 채원화 원장은 "중국이 놀랍게 변화하는 모습을 보고 충격을 받았다"고 말했다.

끽다거의 자취를 쫓아 백림선사에서 처음 대면한 밍하이 스님의 출가 배경은 드라마틱했다. 당시의 백림선사 감원 밍하이 스님은 20대 후반으로 베이징대학교를 졸업하고 우연히 책을 보다가 그 뜻을 이해하지 못해 앞이 캄캄했

1999년 여름 한국 선차 순례단을 이끌고 백림선사를 처음 찾았을 때
조주탑 앞에 차를 올린 것이 계기가 되어 조주의 끽다거가 비로소 세상에 드러났다.

다. 수만 가지 책을 다 읽어도 의문이 풀리지 않던 중《허운어록(虛雲語錄)》[3]
을 펼쳐보는 순간 모든 의문을 타파했다. 그 길로 광제사로 찾아가 허운화상
의 제자인 징후이 스님과 대면했다. 밍하이 스님은 징후이 스님에게 자신이
의문을 갖고 있던 허운화상이 말씀한 구절을 재차 여쭈니 소상히 가르쳐 주었
다. 그길로 그는 바로 출가했다. 그때가 20대 초반이었다.

그렇게 만난 밍하이 스님과 오랫동안 차에 대한 소중한 인연을 갖게 되었다.

밍하이 스님에게 끽다거에 대해 묻자 "당대 조주선사께서 읊은 공안으로 '차나
마셔라(喫茶去)'란 뜻이 담긴 선문 공안인데 그것을 들고 나온 외국인은 처음입
니다"라는 답이 돌아왔다.

헌다의식이 끝난 뒤 조주탑 앞을 한 바퀴 돌다가 탑명에 '진제선사광조지탑(眞際禪

師光祖之塔'이라고 쓰여 있는 것을 발견했다. 그 비석 우측 상단 모서리에 '푸른 개울에 비친 달이오, 맑은 거울 속의 얼굴이라. 우리 스님 우리를 교화하시니, 천하의 조주탑이여(碧溪之月 淸鏡中頭 我師我化 天下趙州'라는 게송이 새겨졌고 그 아래에 '제자조왕분향배찬(弟子趙王焚香拜贊)'이라는 여덟 자가 쓰여 있었다. 그 글을 읽으니 가슴이 뭉클했다. 그때 〈조주고불 선차기념비〉를 세워 조주선사의 뜻을 천추(千秋)에 길이 빛내리라 다짐했다.

〈조주고불 선차기념비〉 발원

조주탑 앞에서 헌다의식이 끝난 뒤 다시 접견실에서 밍하이 스님을 만났다. 밍하이 스님에게 다가가 여기에 조주의 끽다거 정신을 잇는 〈조주고불 선차기념비〉[4]를 세워 끽다거를 길이 남기자고 제안했다. 그러자 밍하이 스님은 자신은 결정권이 없으니 방장인 징후이 스님과 의논하여 통보하겠다고 말했다.

1년을 기다린 끝에 밍하이 스님으로부터 백림선사를 방문해 달라는 회답이 왔다. 그리고 마침내 2000년 봄 백림선사를 찾아가 징후이 스님과 만나 '한중우의 조주고불 선차기념비'를 공동발의하면서 비로소 선과 차의 기나긴 역사가 조주의 끽다거로 다시 깨어났다.

02. 한국인이 잊고 있던 끽다거를 깨우다

- 천 년간 잊은 끽다거[5]

천 년간 전해 온 끽다거를 잊고 있었는데 그것을 일깨운 것은 한국인이었다. 그때가 1999년 여름이었다. 밍하이 스님으로부터 연락을 받고 기쁜 마음으로 단숨에 백림선사로 찾아갔다.

2000년 봄 백림선사 방장실에서 징후이 스님과 처음으로 대면했다. 그 자리에서는 밍하이 스님과 징후이 스님이 저자와 나눈 대화를 일일이 기록하고 있었다. 향기로운 조주의 차가 오감으로 느껴올 즈음 징후이 스님이 빙그레 미소 지으며 물었다.

"최 선생은 어떤 인연으로 '선차기념비'를 백림선사에 세울 생각을 하게 되었습니까."

그때 징후이 스님에게 다음과 같이 말하였다.

"1998년 겨울 안후이 남전사지로 찾아갔을 때 남전의 문하(門下)에서 신라의 철감도윤 선사와 천하조주고불(天下趙州古佛)로 칭송받았던 조주선사가 동문수학한 사실을 알고 감동했었습니다.

게다가 초의선사(草衣禪師)의 《다신전(茶神傳)》에 '승당(僧堂)에 조주풍(趙州

風)이 있으나 다도를 알지 못해 베껴쓴다'는 구절을 읽고 조주의 끽다거 발원지인 백림선사를 한번 찾아와 조주선사 탑 앞에 예를 다하고 싶었습니다. 그렇게 발원

2000년 봄 허베이성 백림선사에서 징후이 선사와 필자가 극적으로 만나면서 끽다거가 대중 가까이 다가설 수 있는 발판을 마련했다.

한 나의 염원이 1999년 여름에 이루어졌습니다. 뜨거운 여름 날 백림선사를 찾아가 조주탑 앞에, 한국에서 가져간 녹차 한 잔을 올린 뒤 조주탑 앞에서 무릎을 꿇고 발원하길 조주 차의 정신을 기리는 선차 기념비를 세워 천추에 길이 빛내겠다는 의지를 불태우게 되었습니다."

조주고불의 끽다거를 선양하겠다는 나의 의지를 듣고 있던 징후이 스님이 나의 손을 잡더니 빙그레 미소지으며 "지난해에 제자인 밍하이 스님에게 선생의 뜻을 듣고 한번 만나보려 했었는데 선생의 의지를 듣고 보니 매우 뜻있는 일이라고 생각합니다."

"감사드립니다. 이 같은 역사적 일은 한중 선차문화 교류사에 이정표가 될 것입니다."

"비석의 문장은 한국 측에 전적으로 위임할 것입니다. 문장을 미리 작성해서 보내주시면 종교국에 승인을 얻도록 할 터이니 비석에 새길 명문을 빠른 시일

징후이 스님과 저자.
징후이 스님이 조주선사의 끽다거가 동아시아 선종사에 중요한 영향을 끼쳤다고 말했다.

내에 보내주시면 좋을 듯합니다.” 이어서 징후이 스님은 “우리 공동 협력해 봅시다”라며 나의 손을 잡고 미소지었다. [6]

그러나 비석 건립은 그리 순탄치 않았다. 중국의 종교 정책이 난해했거니와 국외인이 백림선사에 비석을 건립한 전례가 없었기 때문이다. 자오현의 종교국을 설득해야 했는데 징후이 스님의 적극적인 의지로 2년 만에 성사될 수 있었다.

당시 백양사 방장인 서옹(西翁) 스님이 조주비 말미에 조주선다송을 붙여 의미를 더해 주었다. 또한 〈조주고불 선차기념비〉의 건립은 현 종정(宗正)인 진제(眞際) 스님과 당시 월간《선문화》회장인 동광 스님, 차계에서는 명원문화재단의 동참과 학자, 스님, 차인으로 구성된 많은 이들의 지원으로 이루어질 수 있었다. 2001년 10월 '한중우의 조주고불 선차기념비'가 건립되면서 중국의 선차가 깨어나게 되었다. 징후이 스님은 다음과 같이 말한 바 있다.

"최 선생은 한·중양국의 불교계와 차계를 수년간 분주하게 오가며 차문화와 선문화의 발전에 앞장서 왔으며, 노고를 아끼지 않고 헌신한 것에 감동하여 그가 제안하는 교류에 적극적으로 지지를 보내게 되었다."[7]

이 말은 문서로도 남겼다. 징후이 스님이 입적한 뒤 《징후이 스님 선다록》[7]이 출간되었고 그 글이 신화사통신의 〈시후룽징(西湖龍井)〉 신문에 실리자 진위에 대한 궁금증이 높아졌다. 그때 징후이 스님이 직접 남긴 문서가 공개되어 중국 신화망에 올려졌고 이로써 뜨거운 반응을 불러일으켰다.

2009년 허베이 전당차인 스좌장점에서 중국 차문화계를 대표하는 첸윈쥔(陳雲君), 첸원화(陳文華), 판쩡핑(范增平), 수만(舒曼), 루야오(陸堯) 등이 모여 담론을 벌였다. 그 자리에서 《끽다거》 잡지 총편인 수만 선생이

"12년 전(1999년) 한국의 최석환 선생이 허베이의 스좌장을 찾아 천 년 동안 내려온 끽다거 공안을 파헤치자 허베이 차문화계가 부끄러워 낯을 들지 못했습니다"고 회고한 바 있다.[8]

조주고불이 세워지기까지 실무 진행을 맡았던 밍하이 스님의 노력과 저자의 열정이 있었기에 가능했다. 수만 선생은 스좌장 차문화의 비화를 구체적으로 언급했다.

"제7회 금추차회(허베이의 차인들은 1997년 제1회 금추차회를 열어 다예관을 처음 선보인 허베이의 차문화 보급을 위해 모임을 가졌다)는 '천하조주 선차문화 교류대회'와 연합으로 개최하여 세상을 떠들썩하게 만들었습니다. 당시 대회에 앞서 최석환 선생을 비롯한 한국 차계와 백림선사가 함께 백림선사에 '다선일미' 비석을 세우고 '다선일미학술토론회'를 개최하였는데, 이는 전국 최초였습니다. 여기에는 최석환 선생의 노고가 컸습니다."⁹⁾

징후이 스님의 수법 제자인 밍하이 스님은 저자와 노력하여 조주의 끽다거 정신을 세계에 전파하고 있다.

잊고 있던 끽다거를 깨우자 허베이 차인들은 단합하기 시작했다.

"우리의 소중한 끽다거를 왜 잊고 있었느냐?" 등 목소리가 하나로 모아지면서 허베이 차문화는 깨어나기 시작했다. 끽다거가 세상에 드러난 뒤(1999) 다시 허베이를 찾을 때마다 차문화도 놀랄 만큼 발전해 있었다. 중국 여기저기를 다녀봤지만 허베이 차계처럼 단합된 모습은 보지 못했다. 특히 외국인에게 천 년 전 끽다거를 찾아준 은인이라는 말을 아끼지 않는 중국인의 뱃심에 놀라움을 감출 수가 없었다.

허베이 차문화를 가만히 들여다보면 문화혁명 이후의 차계 상황은 매우 회의 적이었다. 허베이차가 꿈틀거린 것 또한 1997년 스먼(石門) 공원에서 시작되었다. 이전까지는 차를 사치로 여겨 민중들이 쉽게 접근하지 못했다. 당시 〈허베이일보(河北日報)〉는 '찻잔 속의 혁명'이라는 글을 소개했다. 당시 스좌장도 다관을 근근이 운영하던 상황이라 문화를 향수할 수 있는 여력이 없었다. 그런데 2차, 3차, 4차, 5차 금추차회가 이루어졌고, 그러던 중 2005년 10월 천하조주 선차문화 교류대회가 열리면서 세상을 떠들썩하게 만들었다.

세계선차문화교류대회를 계기로 허베이 차문화가 깨어나면서 끽다거의 고향 허베이성의 차문화는 중국에서도 으뜸으로 부각되었다. 지금도 허베이 사람들은 잊고 있던 끽다거를 찾아준 한국인에게 늘 감사하고 있다.

한국인이 일깨운 끽다거 공안

1999년 8월 조주 끽다거의 자취를 찾아 백림선사를 찾아갔을 때 그곳 사람들은 차는 일상에서 즐기고 있지만 끽다거는 잊고 있는 것 같았다. 허베이성의 스좌장과 자오현 일대의 다관 사람들을 만나 보았지만 끽다거를 말하는 사람은 찾아볼 수 없었다. 그 이야기에 허베이 차인들은 부끄러워 낯을 들지 못했다. 이 같은 말은 《끽다거》 잡지의 주편인 수만의 고백에서도 읽을 수 있다.

끽다거가 본격적으로 세상에 드러나게 된 것은 2001년 〈조주고불 선차기념비〉를 백림선사에 세우고 2005년 세계선차문화교류대회가 태동하면서부터이다. 〈조주고불 선차기념비〉가 세워지기 직전인 2000년 봄, 해운정사 조실인 진제 스님을 모시고 백림선사로 징후이 스님을 찾아가 끽다거란 화두를 놓고 한국 최

초로 선문답을 벌이면서 끽다거는 비로소 깨어났다.

2000년 봄 본격적으로 선차기념비 건립이 추진된 이래 마침내 2001년 10월 조주고불 선차기념비를 백림선사 경내에 세울 수 있었다.

2001년 10월 19일 한국의 불교춘추사가 중심이 되어 40여 명의 대표단을 이끌고 조주탑 아래 모여 〈조주고불 선차기념비〉가 제막되던 날 보광명전 앞에서 한·중 공동으로 선차행다가 펼쳐졌는데 한국

징후이 스님은 생전에 '조주의 차'라는 문장을 남겼다. 저자의 한중선차교류를 높이 평가, 한중 선차문화 발전에 기여를 했다고 입증한 명 문장이다. 위의 글은 징후이 스님의 자료를 모은 장후이 장로 선다록에 실린 내용이다.

측에서는 명원문화재단이 한국 차도계를 대표하여 팔정선다가 시연되었고 중국 남창직업학교에서는 선차시연이 표연되었다. 한국 차도의 선조사 '조주고불'(한국 조계종 조주고불을 선조사로 모심)의 깊은 은정(恩情)에 보은하고 '끽다거'의 차도 정신 이념에 감화하면서 한·중 황금우의를 공고히 하고 새 시대에 인류문명을 더욱 드높였다며 《끽다거》의 주편 수만(舒曼)은 극찬을 아끼지 않았다.

생활선에서 조주차로 깨어나다

1999년 백림선사를 처음 찾아갔을 때는 조주 공안인 '끽다거'는 그리 대단해

보이지 않았다. 당시는 '각오인생(覺悟人生) 봉헌인생(奉獻人生)'이란 기치를 들고나온 징후이 스님이 생활선을 일으켰던 시기였다. 당시로서는 끽다거를 대중 가까이 드러내는 것은 상상할 수 없었다. 그나마 대학생 수련회를 통해 대중들을 생활선으로 이끌어갔다. 한국인이 끽다거의 자취를 쫓아 자오현에 온 것 자체가 큰 사건이었다. 밍하이 스님은 나를 만날 때마다 미담으로 우리가 잊고 있던 끽다거를 일깨워주었다고 고백한 바 있다. 허베이에서 끽다거가 대중 곁으로 다가서지 못했던 까닭은 차의 산지가 아니었기 때문이다. 그러나 징후이 스님의 끈질긴 노력 끝에 조주와 운거도응의 인연을 내세워 장시성 운거산의 차 묘목을 가져왔다. 처음 백림선사에 옮겨 심었을 때 실패했으나 마지막에 선사로부터 200km 떨어진 태행산에서 이식을 성공시킨 바 있다. 이처럼 백림선사에 있어 조주의 끽다거는 천고불변의 진리로 잊을 수 없는 존재이다.

징후이 스님은《다선일미》서문에서 분명히 밝히고 있다.

조주는 차의 산지가 아니다. 하지만 당나라 때 조주에 주석하였던 조주선사의 '차'는 그 무궁한 의미를 천고에 길이 전한다. 그것은 차와 선이 '한 맛[一味]'이기 때문이다. '다도'는 조주선사와 불가분의 관계를 지닌다.[10]

이렇듯 조주선사가 끽다거를 전파한 허베이성의 차문화는 1999년 한국인이 불씨를 당기면서 다시 되살아났다.

03. 부질없는 수천 마디 게송보다
차 한 잔을 마시는 편이 낫다

– 공지천백송 불여끽다거(空持千百頌 不如喫茶去)[11]

七碗愛至味	일곱 잔 마시면 지극한 그 맛을 사랑하고
一壺得眞趣	한 주전자 마시면 참된 정취를 얻게 된다.
空持千百偈	부질없는 수백수천 편 게송보다는
不如喫茶去	한 잔 차 마시고 가는 편이 나으리라.

이 말은 중국 불교협회회장을 지낸 고(故) 자오푸추 거사가 1989년 9월 9일 차와 중국문화 전시주관 기념사에서 읊은 차어였다. 차계에 난무한 말들을 걱정하며 조용히 차를 마실 때마다 이 말이 마음을 적셔 왔다. 자오푸추 거사의 주옥같은 '공지천백송 불여끽다거'라는 게송은 중국 차인들도 즐겨 쓰고 있다. 이 주옥같은 선어는 푸젠성 무이산(武夷山)의 영락선사 들머리의 돌비에 새겨져 있다. 그 글을 대할 때마다 자오푸추 거사의 차 정신이 스쳐간다. 거사는 '혓바닥이 남이 있는 한 차를 마신다'는 명언을 남겼다.

七碗受至味一壺得真趣空

持百千偈不如喫茶去

一九八九年九月九日為
茶與中國文化展之刻書

趙樸初

수천 수만 마디의 말보다 차 한잔 마시는게 낫다는 명언을 남긴
자오푸추 거사의 차 마시는 모습을 위에자오(月照) 스님이 그린 선화.

　백림선사와의 남다른 인연을 갖고 있는 저자로서는 자오푸추 거사는 차를 마시는 일과 불교를 수행하는 것은 모두 깨달음을 이루기 위한 과정이지만 두 가지를 비교해보면, 공허하게 수행하다가 게송만 붙들고 있기보다는 차를 음미하는 편이 낫다고 생각하였다. 여기에는 불교는 세속으로 뛰어들어야 한다는 자오푸추의 독특한 견해가 반영되었다. 자오푸추 거사는 끽다거를 놓고도 수행자의 관점과 차인의 관점을 놓고 끽다거 앞에 선어를 새롭게 붙였다. 즉 수행자 입장에서 볼때는 수천수만가지 게송보다차 한잔 마시는 것이 낫다(不如喫茶去)를 즐겨썼다. 그러나 차인의 입장에서 볼때는 불외끽다거를 말했다.

　자오푸추는 '수천수만 마디 말보다, 차 한 잔 미시는 편이 낫다(萬語與千言, 不外喫茶去)'라고 의미를 붙였다. 이는 조주선사의 수많은 법어 가운데 '끽다거'

조주의 자취를 쫓아 백림선사를 찾아간 자오푸추 거사가 수천수만 마디 말보다 차 한 잔
마시고 가는 것이 낫다는 명언을 남긴 후 백림선사가 복원되기 시작했다.

무이산 영락선사 산문 앞에 세운
자오푸추 거사의 송인 '불외끽다거'

라는 말이 가장 유명하다고 여긴
다. 백림선사 방장 징후이 스님
이 선차를 일으키려는 나의 헌신
적 노력을 높이 평가하여 한중 선
차교류의 다리를 놓은 나를 적
극 지지해왔다. 징후이 스님은
2012년 한국에서 열린 제7차 세
계선차문화교류대회에 친서를 보
내 행사의 성공을 독려했다. 그리
고 다음해 징후이 스님은 2013
년 11월 29일 적멸에 들었다. 스
님께서 적멸에 든 지 2년 뒤 다시
백림선사를 찾았을 때 스님의 상
좌인 백림선사 방장 밍하이 스님
이 징후이 스님의 유지를 받들고
있었다. 2015년 4월 허베이 백
림선사에서 다시 만난 밍하이 스
님과 10차 세계선차대회를 논의
하는 자리에서 밍하이 스님이 먼
서 말을 꺼냈다.

"예전에는 이 자리에서 스승이

신 우리 스님이 선생과 다담을 나누었지만 이제 저와 함께 있습니다. 최 선생과는 참으로 오랜 인연이 이어졌습니다. 많은 한국 사람들이 백림선사를 찾아와 선차교류를 소망하지만 제 마음 속에는 최 선생이 너무나 크게 자리 잡고 있어 다른 차인들과는 대체 불가능합니다."라고 말하자 그 자리에 함께 있던 허베이 차인들이 숙연해졌다. 인연이란 참으로 끈끈한 우정에서 싹튼다는 사실을 실감했다.

곡우가 막 지났을 무렵 양산의 소다헌에서 혜천 김시남 교수와 햇차를 품미하다가 불현듯 지오부초거사가 즐겨 쓴 '불외끽다거'가 떠올랐다.

"혜천 선생님, 오늘 같은 때 자오푸추 거사의 '부질없는 수천 가지 말보다 차 한 잔 마시는 것이 낫다'는 불외끽다거(不外喫茶去)[12]가 떠오릅니다."

"아! 그 불외끽다거를 저도 무척 좋아합니다. 서각으로 만들고 싶습니다."

"불외끽다거를 벽면에 걸고 차를 마시면

삼불 김시남 교수 서각 '불외끽다거'.
자오푸추 거사는 끽다거를 남긴 뒤
'수천마디 말보다 차 한잔 마시는 편이
낫다'는 유명한 선어를 남겼다.

노동(盧仝, 775~835)이 말했던 일곱째 잔을 마시지 않았는데도 두 겨드랑이에서 맑은 바람이 일어나 봉래산에 이른 것과 같은 느낌일 것입니다."

"어찌 저와 생각이 같습니까."

그리고 1년을 기다린 끝에 '불외끽다거'가 서각으로 완성되었다. 혜천 선생은 기쁜 마음으로 '불외끽다거'를 보내왔고 사무실 벽면에 걸고 차를 마시자 예전 곡우가 지난 뒤 용정차를 맛보았던 느낌과 절묘하게 일치되었다. 주옥같은 명문장은 여전히 사람의 마음을 움직인다는 사실에 감동하지 않을 수 없었다.

자오푸추 거사는 임어당 이후 우리에게 차 정신으로 친숙했던 차인이었다. 자오푸추 거사가 병원에 입원해 있을 때 극작가 차오위(曹禺)와 차를 마시다가 다음과 같이 말했다.

"마음이 깨끗하려면 속이 맑아야 합니다. 나는 아침에 일어나면 좋은 차 한 잔을 우려내는 것을 무척 좋아한답니다."

차오위도 만년에는 자오푸추가 그에게 선물한 《심경(心經)》을 늘 손에서 놓지 않았다. 언젠가 그가 자오푸추에게

"차를 마시면 선의(禪意)가 생깁니까?"라고 묻자 자오푸추는

"기쁜 마음으로 마시면 선의는 저절로 생겨나지요."라고 대답했다.

자오푸추가 세상을 뜬 뒤에도 여전히 불외끽다거는 살아있는 생명의 언어로 다가온다.

04. 생활선으로 인간불교 구현

백림선사가 옛 모습을 되찾게 되면서 징후이 스님은 조주선사의 평상심시도를 현대인에게 접목할 방법을 모색하던 중 인간불교 정신을 구현하는 생활선 이념을 제창하고 나섰다.

전통을 계승하고(契理) 시대에 적응하고(契機) 올바른 법에 입각하여 선학을 널리 전하고 지혜를 개발하며 도덕을 제고하고 각오인생, 봉헌인생의 실천을 이념으로 생활 속의 선열(禪兌)을 실천하고 지혜로운 생활을 수행하는 정신으로 전국의 대학생을 대상으로 수련대회를 개최했다. 1991년에 시작된 백림선사의 생활선 수련회는 2019년으로 26회째를 맞아 중국의 모범적 선 체험으로 자리잡아가고 있다.

'생활선'의 이념은 선의 정신, 선의 지혜를 융화시켜, 생활 속에서 선의 초월을 실현하고 선의 의경, 선의 정신을 구현하여 생활 속에서 선열을 실현하고 선열 속에서 생활을 수행할 것을 목적으로 발전해 갔다.

전국의 대학생 수천 명이 모여 생활선 선양에 앞장선 적이 있는데 정부가 전기를 단전시키는 가운데도 대학생들은 동요하지 않고 일사불란한 모습을 보여주

어 감동을 준 바 있다.

생활선 대회는 일주일 동안 백림선사에 들어와 선 생활 체험을 하는 것을 목적으로 하고 있었다. 새벽 4시 30분에 기상하여 아침 학습을 시작으로 집단활동과 참선 등 한국에서 유행하고 있는 1일 출가와 같이 절 예절에 따라 규칙적으로 생활함으로써 선의 길을 온몸으로 느끼게 한다.

한국인으로는 처음 징후이 스님의 배려로 2001년 여름 제10기 생활선 수련대회를 참관하게 되었다. 수련대회는 3박 4일 단기 대학생들이 출가기간을 마련하여 산사에서 생활선 수행회를 열게 되면서 인기를 끌었다. 여름 겨울 두 번에 걸쳐 백림선사에서 생활선 수련대회를 개최한다. 해마다 300여 명의 대학생들이 참가하여 자신의 마음을 밝히고 '내가 누구인가'를 찾는 선수련은 중국의 모범적 선 수련회로 자리잡아 갔다. 징후이 스님의 지도로 매년 개최되는 생활선 수련회는 중국 정부도 주목하고 있다. 입제식에는 허베이성 성장을 비롯, 각

정부요원들이 고루 참여하여 행사의 무게를 실어주었다. 징후이 스님은 개막식 인사말에서 생활선의 중요성을 일깨웠다.

"생활선 안거는 단기 출가를 통해 선의 진면목을 발견하는 계기가 될 것입니다. 불교가 중국에 들어온 지 약 2천 년이 되었는데 21세기를 맞는 현재 선은 중국인에게만 머물지 않고 새로운 정신문화를 이끌어갈 대안 사상으로 떠오르고 있는 점에서 매우 중요합니다. 선은 중국의 전통적인 노장사상과 결합하여 탄생한 선불교로 중국 정신을 떠받치는 기둥이 되고 있습니다. 이러한 때 백림선사의 생활선 수련대회는 1991년에 시작하여 금년으로 10년을 맞았습니다. 이제 선은 보편적인 문화로 자리 잡았다는 증거입니다. 아무쪼록 생활선 대회를 통해 널리 깨달아 중생을 제도하려는 의지를 키우시기를 바랍니다." [13]

이번 생활선 대회에 참가한 베이징대 사회학과 박사과정에 있는 뽀궈이난(包桂南) 씨는 "조주가 끽다거로 천하 사람들을 제접한 이곳에서 차도 배우고 선도 배우기 위해 금년에 처음으로 참가했는데 매우 좋은 경험이라고 생각한다"고 말했다.

천하고불로 끽다거로 대중을 제접한 조주종심 선사의 사상적 고향인 백림선사는 징후이 스님의 지극한 발원에 의해 옛 조주관음원의 명성을 잇고 있으며, 생활선 대회를 통해 중국 선을 주도적으로 이끌어가고 있다. 특히 조주선사의 정신이 물씬 풍기는 '끽다거' 공안을 통해 천하 사람을 깨우치게 한 징후이 스님의 지도력은 중국 불교에 상당한 영향을 끼치고 있다.

05. 조주의 차가 타향에 머물다
고향에 돌아가다

진여선사를 찾을 때마다 조주관 앞에서 명월호를 보노라면 조주와 운거가 주고받았던 선어들이 머리를 스치고 지나간다. 그 인연으로 '조주기행 순례단'이 진여선사를 다시 찾게 되었다.

조주는 잘 알려졌듯 끽다거 공안으로 일세를 풍미한 선승이다. 그와 신라의 철감선사의 인연으로 백림선사의 조주탑 아래 〈조주고불 선차기념비〉를 세운 것 또한 우연은 아닐 것이다. 백림선사를 중흥한 징후이 선사는 기회 있을 때마다 조주선사의 차 정신에 대해 다음과 같이 말했다.

> "허베이성 스좌장 자오현에 자리한 옛 조주 땅 백림선사는 차의 산지가 아니다. 그러나 조주선사가 일으킨 차는 무궁무진한 의미를 지니고 있다."[14]

조주가 행각했을 때 머물렀던 진여선사에 찬림차(攢林茶)[15]가 있다. 찬림차

조주의 차향이 담긴 진여선사의 농선 현장

농선병중을 실천하는 진여선사의 찬림차

의 역사는《운거산지》의 기록에 따르면 이렇다.

종심선사는 운거산용창선원(지금 진여선사)에서 설법할 때 당시의 주지스님이 친

히 산문 밖에 마중 나왔으며, 두 사람은 명월호 앞의 야합산(夜合山) 아래에서 기어

(機語)로 상대하니 능력이 엇비슷하였고 서로 마음이 통하였다. 후인들은 이곳에 '조

주관'을 세워 기념했다.[16)]

찬림차가 조주차로도 불린 까닭은 조주선사가 진여선사에서 수행하였기 때문이

다. 찬림차는 빛깔이 푸르고 향기가 그윽하여 운거산의 맑은 샘물에 우리면 마치

죽순처럼 뾰족이 솟구쳐 올랐다. 그 찬림차가 타향에서 떠돌다가 징후이 스님의

원력으로 고향으로 다시 돌아가게 된 것은 20년 전인 1993년 4월의 일이다.

당시 60세의 징후이 스님은 허베이불교협회 회장과 백림선사 주지를 겸하고 있었다. 버스로 200여 리를 달려 장시성 진여선사에 차 묘목을 청하여 허베이로 가져갔다. 그리고 허베이성 농학원 짱짠이(張占義) 주임의 노력으로 백림선사에서 2시간 거리에 있는 국가산림공원 오악채(五岳寨)에서 차 시험 재배에 성공했다. 2008년 7월 오악채를 찾았을 때 진여선사에서 가져온 차를 재배에 성공한 모습을 보고 놀랐다. 허베이 사람들은 조주의 차가 드디어 고향에 돌아왔다고 기뻐했다.

고향으로 간 조주차, 실현을 꿈꾸다

조주의 차가 고향으로 돌아와 남차북이(南茶北移)가 실현되면서 또 다른 차의 역사를 써 내려가기에 이르렀다. 조주기행 순례단이 1년을 기다려 백림선사를 찾은 까닭은 햇차가 나오는 계절에 조주차 정신을 음미하고자 했기 때문이다. 찬림차는 지금도 진여선사 경내에 수만여 무의 차림(茶林)에 있는데 찬림차라고 불렀다. 종심선사는 매일 차를 마시고 산중에 가서 관차(觀茶), 채차(採茶)를 하였으므로 불문의 제자들은 대사를 기념하기 위하여 소수관 내의 찬림차를 '조주차'라고 불렀다.

조주선사가 수행했던 진여선사에 찬림차로 전해져 온 사실을 접한 허베이성 자오현 백림선사 방장 징후이 스님은 조주가 끽다거를 전해준 백림선사에서 반드시 찬림차의 재배에 성공하여 조주차를 세상에 전하려는 염원을 갖고 있었다. 징후이 스님은 당시 60여 세(1993년)로 허베이성의 불교협회 회장이자, 조주

중국불교협회 회장을 지낸 이청스님은
진여선사의 차묘목을 백림선사로 이운하여
조주의 차정신을 이어지게 했다.

백림선사 방장으로 찬림차가 끽다 거의 고향인 허베이성 자오현으로 돌아가 재배에 성공시키겠다는 강한 신념을 갖고 있었다. 징후이 스님은 버스로 200여 리를 달려 장시 운거산의 찬림차(조주차)묘목을 청하여 왔다. 1993년 4월 17일 며칠 동안 비가 내리던 장시성 영수현 운거산에는 햇빛이 찬란하고 봄바람이 불어왔다. '진여선사천왕전' 앞에는 향내가 넘치고 염불 소리가 들려왔다. 진여선사를 찾은 징후이 스님 일행은 허베이성 조주 백림선사에 찬림차나무 묘목을 기증하는 의식이 진여선사에서 진행되었다.

이청(一誠) 스님은 진여선사를 찾은 징후이 스님 일행과 허운화상 탑원으로 가기 위해 불인교를 건너던 중 그곳의 담심석에 대해 해석하길 "1956년 9월 허운 노화상은 벽계(碧溪)와 개계(改溪)를 서로 소통시키던 중 이 돌을 발견하였는데, 거기에는 '석상(石床)'이라는 소동파(蘇東坡)의 수적(手迹) 두 글자가 새겨져 있었다. 그는 이것을 다리 옆에 세우고 '담심석'으로 명명하였다. 소동파가 운거산에 남긴 시문과 묵적, 일화는 적지 않다. 지금두 조주관의 관문 안쪽 벽에는 〈황산곡과 운거산을 유람하며 짓다(和黃山谷遊雲居作)〉라는 시가 새겨져 있다."

고 하였다. 이청스님은 〈협주기(狹舟記)〉라는 글에 언급된 '불인(佛印)'은 진여사의 불인요원(佛印了元) 선사라고 하였다. 요원선사는 일찍이 송나라 신종(神宗) 희령(熙寧) 연간에 수년간 진여선원에 머문 적이 있으며, 당시 명사이던 소동파와 황정견이 수시로 운거산을 찾아 차를 맛보았다고 한다. 차묘목을 전해받은 자리에서 징후이 스님은 다음과 같이 말했다.

"선가의 차 마시는 풍습은 조주선사 이전에도 존재했습니다. 법당 앞에 차고(茶鼓)가 있었습니다. 차고가 울리면 정해진 장소에 가서 차를 마십니다. 당시 차를 마시는 데는 정해진 규범이 있었습니다. 불법에 관한 문답이나 기봉(機鋒)은 이미 선과 차의 일체성을 보여 주었지만 끽다공안이 정식으로 형성된 것은 아닙니다. 끽차를 일깨운 조주선사에 의해 그 유명한 끽다거 화두가 비로소 세상에 드러났습니다. 그 뒤 투자화상의 가석일배차(可惜一杯茶), 협산화상의 다선일미, 옥산(玉山) 화상의 봉차끽다(逢茶喫茶) 등이 연이어 제창되었습니다. 끽다거는 중국만의 것이 아닙니다. 많은 선승들이 읊어 왔습니다. 그러나 선과 차가 뗄 수 없는 인연을 맺은 것은 중국 선사들의 창조적 혜안으로 보입니다. 나의 스승 허운화상께서는 선방에서 차를 마시던 중에 찻잔이 깨져 손을 데고 나서 깨달음을 얻었습니다."[17]

진여사 방장 이청(一誠) 스님을 만나 진여사의 차 묘목을 백림사로 옮겨갔으면 좋겠다는 의지를 보였고 이청스님의 배려로 실현될 수 있었다.

차 묘목을 전해받은 자리에서 징후이 스님은 감격에 젖어 다음과 같이 말했다.

"조주 백림선사에서 찬림차를 잘 재배하여 이름 있는 조주차로 다시 태어나

웅장한 자태를 자랑하게 하겠다"고 말을 이어갔다.

이청스님은 차묘목을 징후이 스님을 통해 백림선사에 이식시키면서 다음과 같은 말을 남겼다.

"선은 도입니다. 본래의 면목이지요. 사유를 초월하는 것입니다. 하지만 실제에서 벗어나지는 않습니다. 이치가 쓰임을 벗어나지는 않는 것이지요. 마셔봐야 알 수 있는 조주차의 맛과 같은 것입니다. 생각해봐야 생각은 떠오르지 않습니다."[18]

그러나 처음에는 뜻이 이루어지지 않았다. 백림선사는 북방(北方)에 위치한 까닭에 차나무 재배의 적지가 아니었다. 그렇다고 포기할 수 없었다. 1998년이었다. 남차북이의 꿈은 허베이성 농학원에 태행산구 차나무 인종과제조(太行山區 茶樹 引種 課題組)를 설립한 짱짠이 주임의 노력으로 결실을 맺을 수 있었다.

1998년 봄, 그들은 허베이성 영수현 국가삼림공원 오악채에서 두견화가 만발한 것을 보고 기쁨을 금치 못했다. 두견화가 자라는 땅은 일반적으로 산성 토질이기 때문이다. 차엽의 생장에 적합한 생장 조건이 바로 토양이 미산성 혹은 산성 토질이어야 한다. 즉 산성도(pH)가 6.5 전후가 되어야 한다. 허베이성농학원 전문가들이 실험한 결과 이곳의 토양은 최적이었다. 그리하여 허베이성의 제1차 실험으로 북위 38.40° 좌우인 오악채를 선택했다.

1998년 봄, 제1차로 진여선사에서 가져온 차 묘목을 오악채에서 재배하기 시작하였다. 속담에 '고산에 안개가 많으면 명차가 난다'고 했다. 유명한 노산 운무차는 해발 1,200m에서 자란다. 처음에는 오악채의 1,100m 되는 곳에

진여선사의 차나무 묘목은 허베이성 오악채에서
시험성공하면서 북위 38.40°를 성공시켰다.

자리를 정했다. 그러나 공기는 좋지만 기후가 너무 낮아서 금방 심은 차묘목에 큰 눈이 내려 자라나지 못했다. 1차 묘목에 실패한 뒤 고심하기 시작했다.

같은 해(1998년) 차묘목을 해발 760m의 온화한 지대로 바꾸어 다시 묘목을 심었다. 찻잎이 생장하는 조건의 제일 낮은 온도는 영하 12도이다. 차묘에 대나무 장막을 세웠지만 저녁에는 차묘에 얇은 얼음이 끼었다. 그래도 우여곡절 끝에 시험 재배에 성공하여 2001년 오악채 다원에서 0.5kg의 찻잎을 채취하였다. 그렇게 징후이 스님의 노력으로 남차북이를 실현하면서 조주차가 조주의 고향으로 돌아오게 되었다.

장시성 진여선사의 차묘목 재배의 성공을 두고 장시 차문화 전문가들은 그 중요성을 전했다. 장시성 지방지편찬위원회방지처의 헤밍통(何明棟) 처장은 "찬림차는 당대로부터 이미 차엽시장에 유행하였으며 지금까지도 운거산 스님들은 매년 자기 절에 심고 채집하며 일종 교제선물로 손님들에게 제공한다. 작년에 한국의 대표팀이 와서 이곳의 농선병행 생활을 체험하였다"고 말했다. 장시성 중국차문화 연구중심 연구원 위웨 교수는 "찻잎의 개발은 먼저 차 본성인 문화적 가치를 보아야 하는데 찬림차는 '끽다거' 공안과 연결되므로 유구한 역사를 가지고 있으므로, 불교에서 농선병행의 제일 좋은 체현이다. 또한 찬림차의 풍미는 독특하여 금후의 차 산업 발전에 기초를 닦아주었다."고 하였다.

선과 차가 기나긴 세월의 바다를 건너 오늘날 우리에게 다가올 수 있었던 것은 조주라는 위대한 선사가 있었기에 가능했다. 눈 밝은 사람들의 노력으로 조주의 차가 고향에 돌아오면서 남차북이(南茶北移)의 새로운 역사를 세웠다. 허베이성 농학원 짱짠이(張占義)를 만났을 때 "징후이 스님의 격려와 용기로 남차북이를 실현하게 된 것이 매우 기쁩니다. 조주의 차가 고향에서 재배되니 이 또한 기쁜 일이 아니겠습니까?"라고 말하였다.

진여선사에서 가져온 차는 오악채에서 1998년 첫 시험 재배를 시작한 이래 만 5천 평의 땅에서 2001년부터 생산을 시작하여 태행 녹차 브랜드로 저변을 넓혔다. 조주의 차가 세상 밖으로 퍼져 나가면서 비로소 천 년의 차향을 뿜어내게 된 것이다. 매년 찻잎이 솟아오르는 4월이면 찬림차가 그리워지는 까닭은 조주와의 인연을 통해 조주차가 세상에 드러나면서 차향에 흠뻑 빠져들었기 때문이다.

제6장

천 년을 이어온 조주 차

01. 조주탑 아래서 선차가 나왔다

– 끽다거 원조 논쟁 벌인 한·중·일 차계를 바라보는 시각

조주선사가 끽다거를 전파한 백림선사는 한·중·일 3국이 끽다거의 원조 논쟁이 일어났다. 허베이 땅에 차 문화 바람을 일으킨 것은 2001년 10월 19일이었다. 한중우의를 상징하여 〈조주고불 선차기념비〉가 백림선사 조주탑전 앞에 세워짐으로써 지금까지 일본류(日本流) 중심이었던 다선일미를 한국류 중심으로 변화시킨 계기가 되었다. 백림사 조주탑 앞에 이 기념비가 세워지면서 다선일미의 정통을 세우게 되었다. 일본 우라센케(裏千家) 종장인 센겐시쓰(千玄室)는 2001년 백림선사를 찾아가 조주탑 앞에서 예를 다하고 일본 다도의 뿌리는 조주탑 아래에서 나왔다고 밝힌 바 있다. 그 이전인 1999년 여름 한국의 선차순례단을 이끌고 조주탑을 찾아가 예를 다하고 조주선사와 법형제인 철감도윤으로부터 조주의 다풍[1]이 한국에 와닿았다고 말한 바 있다. 그런 인연으로 '조주고불 선차기념비' 건립을 발의하면서 다시 깨어났다.

숭국 선자께는 끽다거가 잊혀져 갔는데 한국이 앞장서서 조주의 끽다거 정신을

백림선사에 우뚝 서 있는 조주선사 사리탑

잇는 '한중우의 조주고불 선차기념비' 건립을 발원하게 되면서 세상 밖으로 전해졌다. 그 같은 결실은 징후이 스님의 혜안으로 조주의 선차 정신이 담긴 기념비가 백림선사 경내에 건립되면서 비로소 끽다거가 세상 밖으로 드러나게 되었다. 조주를 흠모한 한국의 한 차인의 노력으로 조주가 세상 밖으로 알려지는 순간이었다. 그런데도 한국 선종계는 침묵하고 있었다. 그때 일본은 일찍이 백림선사를 찾아가 백림선사를 선종의 조정으로 인식하고 매번 중요한 행사가 있을 때마다 대표단을 구성하여 참가했다. 사실 조주의 끽다거 발상지인 백림선사는 한국보다 일본 차 문화계가 먼저 관심을 보여왔다. 1998년 이전부터 일본의 선승들이 백림선사를 수시로 찾아 조주탑 앞에서 조배(朝拜)한 뒤 조주선사가 자신들의 은인이라고 여겨왔다.

일본은 1993년부터 1999년 사이 백림사에서 수학하기도 하였다. 한·중·일 삼국의 불교우호 교류회의를 계기로 잇달아 한국과 일본의 선수행 체험단이 백림사를 찾아가 선체험을 한 바 있다. 이렇게 백림선사와 *끈끈한* 우정을 맺은 일본 선종계는 어떤 연유로 조주의 끽다거를 잊고 있었을까? 조주의 끽다거를 잊고 있었던 건 중국도 마찬가지였다.

백림선사에서 큰 변화가 일어난 것은 한·중·일 3국이 관심을 가지면서부터였다. 서울올림픽이 개최되기 1년 전인 1987년 일중우호임황협회는 백림선사를 찾아가 예를 다하였다. 1992년 한·중 수교가 이뤄지면서 한국과 일본 간에는 중국 선종의 연원을 이으려고 치열한 경쟁의식이 벌어졌다. 중·일 감정 등의 작용으로 일본 선종계는 중·일 선종의 돈독한 우의를 다지려고도 했다. 10년 뒤 (1999년 8월) 한국의 선차 연구가들이 백림선사를 찾아가 조주의 끽다거를 파

백림선사 경내에 세워진 현창기념비.
그 속에 〈조주고불 선차기념비〉가 우뚝 서 있다.

헤치면서 조주의 차가 세상에 드러났다.

한일 다도계의 치열한 경합을 벌인 백림선사와 끽다거

1999년까지만 해도 끽다거는 잊혀져 있었다. 1999년 8월 백림선사를 찾아가 지리산에서 가져간 차로 조주고불에 예를 올렸다. 3년(1999년 8월~2001년 10월)간 허베이성 백림선사와 자오현 정부와 협상을 벌인 끝에 2001년 10월 19일 〈조주고불 선차기념비〉[2]를 조주탑 앞에 세웠다. 백림선사를 수십 차례 왕래하며 이뤄 낸 눈물겨운 노력의 결과였다.

선차기념비 제막식 날 붉은 천을 걷어내자 서옹스님의 송[3]이 선명하게 드러났다. 그 순간이 지금도 어제 일처럼 느껴진다.

일본 선차의 뿌리가 백림선사라고 외친 우라센케 센겐시쓰 대종장의 생각

〈조주고불 선차기념비〉에는 건립과 관련된 또 다른 비화가 있다. 첫째는 백림사를 찾기 한 달 전(1999년 8월) 일본 다도계가 다도 행사를 제안했다가 징후이 스님의 반대로 실현되지 못했던 일이다. 두 번째는 차 단체가 무리하게 비석에 자신들의 업적을 새기려다가 뜻이 관철되지 않자 포기한 일이다. 지금 생각해보면 참으로 아찔한 일이었다.

일본 우라센케가 조주탑을 미리 선점했다면 〈조주고불 선차기념비〉는 세울 수 없었다. 센겐시쓰(千玄室)는 일본 다도의 뿌리가 백림선사에 와 닿았다고 중국의 청년단에게 극찬을 한 바 있다. 그런데 당시 중·일 감정의 골이 깊어서 쉽사리 이루어질 수 없었다. 게다가 징후이 스님이 조주의 차를 천하에 길이 전하려는 의지가 있었기에 선차기념비가 백림선사 경내에 세워질 수 있었다. 뒤늦게 들은 일화이지만 일본 우라센케가 조주탑 앞에 인연을 대려 했다.

한중우의 조주고불 선차기념비가 세워지기 5개월 전 일본 다도의 최대 유파인 우라센케가 중한 방한 100회를 기념해 베이징 중난하이(中南海)에서 청년들에게 일본 다도의 연원을 밝히기에 앞서 2001년 6월 26일 우라센케 뿌리를 찾아 조주 백림선사에 와서 조정에 예를 올렸다. 그리고 일본다도의 종풍(宗風)이 조주탑 아래에서 나왔다고 폭탄선언을 해버렸다. 4개월 후인 2001년 10월 19일 우라센케 이에모토 센겐시쓰[4]가 찾아간 백림선사의 조주탑 앞에서 한국 다도계와 불교계가 한중우의 조주고불 선차기념비를 세워 조주고불의 보은에 보답하고자 빌원했다. 일본 다도계는 뒤늦게 이 사실을 알고 충격에 휩싸였다. 이 같은 모습을 바라보고 중국 언론들은 한결같이 대대적인 보도를 했다. 그 내용을 살펴보자.

일본 우라센케 기원인 센겐시쓰는 일본 다도의 뿌리가 백림선사로부터 비롯되었다고 말한 바 있다.

2001년 10월 19일 한국의 불교춘추사는 40여 명의 대표단을 이끌고 한국 차도의 비조인 조주선사께 차를 올렸다. 조주고불 선차기념비를 세운 까닭이 대단히 중요하다. '선차일미'의 기념비는 한국인이 '조주고불'에 예를 올리며 세웠지만, 그것은 조주고불의 정신 문화자원을 인류 문명에 널리 전하기 위해서이다.[5]

조주고불 선차기념비가 세워지기 이전까지만 해도 다도를 말할 때 한국은 일본에 한 수 아래였다. 그런데 이 선차기념비를 세우면서 한국의 자존심을 높였다. 백림선사의 조주고불 선차기념비를 세운 까닭은 조주선사와 법형제 되는 철감도윤 선사와의 인연 덕이었다. 일본은 뒤늦게 백림선사의 〈조주고불 선차기념비〉를 보고 회한의 눈물을 흘렸다는 말도 전해온다. 그동안 일본 불교계에서도 백림선사와의 교류를 추진해 왔으나 불교춘추사와의 오랜 인연에 따라 징후이 스님이 한국 측의 손을 들어주면서 〈조주고불 선차기념비〉를 백림선사 경내에 건립하였고 제막 행사가 원만하게 이루어지게 되었다. 특히 한·중 공동으로 건립한 이 기념비의 비문에는 신라 왕자 출신의 고승 무상의 법맥을 복원함으로써 한국선맥 법계도에도 상당한 영향을 미칠 것으로 내다보고 있다. 이로써 무상이 달마로부터 마조도일로 이어지는 중국 선종 역사의 중심에 있음을 공식화했다. 한국의 선종 순례단이 기념비를 세운 이후인 2007년 봄 백림선사를 찾아 조주탑 앞에 향을 사르고 간절히 참배를 했다. 조주 탑 아래에서 한국에서 세운 선차기념비를 보고 감격했다는 이야기도 전해온다.

중국 선종 순례단의 일원으로 참가한 칠불암 통광스님은 선차기념비를 보고 단숨에 비석의 글을 읽어 내려가다가 큰 소리로 "여기 보세요. 마조의 상족인 남전보원 문하에 조주

백림선사에 세운 〈조주고불 선차기념비〉를 보고 감격하는 세계 각국의 차인들

끽다거의 발원지인 백림선사를 찾은 순례자들이 백림선사 스님으로부터 공안 끽다거의 내력을 듣고 있다.

고불과 동문수학한 철감이 있어요"라고 외쳤다. 모두 감격한 듯 눈이 휘둥그레졌다.

천여 년 전 조주화상의 '끽다거'는 '선차일미' 정신의 시작이었으며 또한 백림사는 '선차일미'의 발원지 지위를 가지게 되었다. 2001년 10월 19일 저자와 징후이 스님의 깊은 법연으로 조주고불 선차기념비를 조주탑 앞에 세우고, 한·중 선차문화교류를 부흥시켜 선차의 맥을 이어갔다.

이렇게 천 년 전 조주선사가 남긴 끽다거로 조주의 차는 천 년의 시공을 뛰어넘어 예나 지금이나 변함이 없다고 말할 수 있겠다.

02. 백림선사에 〈조주고불 선차기념비〉를 제막하던 날

무상법맥 공식화하는 순간

천년 전 조주가 끽다거를 전파한 허베이성 자오현이 황금빛으로 물들어가는 가을날, 그윽한 선차의 향기가 퍼져 나가는 계절에 한·중의 스님들과 각국의 차인이 한 자리에 모여 한·중 우의 '조주고불 선차기념비(趙州古佛 禪茶紀念碑)'[6] 건립 제막식이 있었다. 허베이성 불교협회와 한국의 불교춘추사가 공동주최하고 명원문화재단이 협력한 〈한·중 우의 조주고불 선차기념비명〉 제막식 및 〈한·중 다선일미학술대회〉가 백림선사에서 성대하게 개최되었다.

행사가 시작되기 직전 한·중 대표단은 먼저 접견실에서 인사를 주고받았다. 밍하이 스님이 중국 대표단을 소개하고 우리 대표단은 월암스님의 통역으로 소개되었다. 이어 징후이 스님이 인사말에서 "한국과 중국은 한 뿌리이니 예로부터 한 집안이며 선풍과 법맥 또한 서로 전했습니다. 조주 관음원이었던 백림선

2001년 10월 19일 백림선사 경내에서 거행된 〈조주고불 선차기념비〉 제막식

조주고불선차기념비 제막식에 참가한 국내외 인사들

사에 조주비를 세우게 된 까닭은 사자산문을 연 철감선사와 조주스님이 동문수학한 한 집안이며 가풍 또한 같음으로 비석을 세워 천추에 길이 보존하기 위해서 입니다." [7]라고 피력하자 모두들 큰 박수로 답했다.

조주탑전의 제막식 표정

제막식이 있던 19일 날이 밝았다. 제막식을 빛내기 위해 참가한 사람들은 조주탑 아래로 하나둘씩 모여 들었다. 9시가 되자 백림선사 경내의 큰 북이 울리고 밍하이 스님의 제막식 시작을 알리는 멘트가 울려 퍼졌다. 스님들이 탑 앞에서 예불문을 외는 독경 소리가 경내에 울려 퍼졌다. 한국 측에서는《반야심경》

을 독경하고 명원문화재단 회원들에 의해 대광명전에서 육법공양의식이 진행되었으며 백림선사 방장 징후이 스님의 개막 축하인사가 이어졌다.

"오늘 조주선사 선차기념비 행사에 참석하기 위해 멀리서 중국 백림선사를 찾아주신 대덕 큰스님과 차인 여러분에게 매우 깊은 감사를 드립니다."

징후이 스님은 조주 선차기념비를 세우게 된 내력을 "한국과 중국은 한 뿌리이니 예로부터 한 집안이며 선풍과 법맥 또한 서로 전함이로구나"라고 말하면서 후세에 영원토록 빛날 것이라고 감격의 인사말을 했다. 또한 중국 정부의 승인을 받아 건립된 조주선차비의 의미가 매우 크다고 덧붙였다. 허베이성 종교사무청 쥐쯔창(鞠志强) 중국 종교청장의 인사말에서 "한국의 불교춘추사 최석환 대표와 징후이 스님의 지극한 인연에 의해 건립된 조주선차비는 한국과 중국이 한 뿌리임을 새삼 되새

조주고불선차기념비 제막 의식에 법어를 하고 있는 징후이 스님과 한국의 진제스님과 동광스님

기는 계기가 되었다"고 말했다.

〈조주고불 선차기념비〉 제막식은 한국과 중국의 대표적 인물들이 참여한 가운데 거행되었고 이어서 보광명전에서 한·중 다도표연이 이어졌다. 중국에서는 남창 직업학교 학생들이 선차(禪茶)를 보여주었고 한국에서는 명원문화재단의 회원들이 팔정선다도(八正禪茶道)를 선보였는데 고려 전통 복장을 입고 나와 관심을 끌었다.

백림선사의 감원(監院) 밍하이 스님의 간결하고도 조리 있는 환영사로 제막식의 서막을 열었다.

"1,200년 전 선문의 거장인 조주선사께서는 지금 우리가 밟고 있는 바로 이 땅에서 생활 속의 안심법문(安心法門)을 내보이시고, 석가여래께서 전하신 열반(涅槃)의 오묘함을 알리셨습니다. 선사께서는 사방에서 모여든 선수행자들에게 '차를 마시라'고 말씀하셨습니다. 이 평범하고도 소박하지만 의미심장한 한마디는 이로부터 천 년의 세월을 전해 내려오면서 세상 곳곳으로 퍼져 나가 수많은 사람들을 망상과 집착을 끊고 눈앞의 진실로 돌아가게 만들었고, 또한 중생들이 평범한 일상생활 속에서 빛나는 불성을 발견하게 만들었습니다. 또한 직지인심(直指人心)의 이 한마디 개시(開示)로 오늘날 한국 불교계와 다도계의 명사들, 중국 불교계와 문화계의 인사들이 조주탑 아래 함께 모여서 '한·중 선차기념비' 제막식의 거행은 물론, 정밀한 다예를 통하여 선사의 은혜를 되새기며 삼보(三寶)와 오래된 측백나무에 공양하는 것입니다." [8]

허베이성 종교사무청 쥐쯔챵(鞠志强) 청장은 뒤에서 이번 행사를 적극적으로 도왔는데 축사에서 다음과 같이 말했다.

"일찍이 자오푸추 거사가 이루어 놓은 한·중 간의 황금우의를 돈독히 하기 위해 조주비가 건립되었음을 우리 성을 대표해서 축하를 드립니다. 한국의 불교춘추사와 징후이 스님의 지극한 인연에 의해 건립된 조주고불 선차기념비는 중국 불교와 우리 사회에 큰 등불이 되고 있습니다. 선차기념비는 선과 차가 하나가 되고 허베이성이 비록 차의 고향은 아니지만 차와 선을 통해 차문화가 보편적인 문화로 성장하는 계기가 되었으면 하는 마음이 간절하며 천추에 길이 남아 한국과 중국이 한 뿌리임을 새삼 되새기는 계기가 되길 바랍니다." [9]

백림선사의 방장인 징후이 스님은 이번 제막식의 법어를 시로 보여주었다.

曾到初來一杯茶	왔던 이나 처음 온 이나 차 한 잔 하라더니
驗倒諸方老作家	곳곳에서 온 노작가들에게서 증명되는구나
佛子高擎庭柏翠	불자들은 마당의 푸른 측백나무를 높이 들고
堂前依舊走龍蛇	불당 앞에는 예전대로 뱀들이 기어 가누나 [10]

　행사에 참가한 인사들을 가장 감동으로 몰아넣은 것은 제막식이었다. 9명의 스님들이 손에 쟁반을 받쳐 들고 '한 일(一)' 자 대열로 탑 주변에 미리 도열하고 있었는데, 쟁반에는 비단으로 만든 아홉 송이의 선홍색 꽃을 비단 띠에 매어 올려 놓았다. 개막 테이프를 자르는 의식에는 징후이 방장, 쥐쯔촹 청장, 첸웬화 (陳文華) 교수, 진제(眞際) 스님, 백운(白雲) 스님 등이 참가했다. 한·중 양국의 원로들이 비석을 덮고 있던 붉은 천을 걷어내는 순간 2백여 명의 눈길은 일순간 고정되었다. 비석은 다선일미를 만세토록 전하며 조사에게 바치기 위하여 세웠다. 이는 조주의 오래된 문화 자원을 인류 문명에 도움이 되도록 개발하고 역사에 길이 남기는 쾌거이기도 하였다. '끽다거'는 중국의 것이지만 더 나아가 세계적인 것이기도 하다.

　붉은 천이 서서히 흘러내리고 비석은 마침내 그 모습을 드러냈다. 순간 많은 사람들은 감동, 도취, 흥분, 놀라움을 금치 못했으며, 마치 조주선사의 다정하고도 은근한 '끽다거!'라는 말을 듣는 듯한 착각에 빠졌다. 천여 년을 내려온 선차가 마침내 그 향기를 발산하는 순간이었다. '처음 온 사람이나, 다녀간 적이 있는 사람이나, 묻는 사람이나' 모두 차를 마시는 그 심오하고 온화하며 승화된 마음을 검증하는 순간이었다. 진제스님은 인사말 법어(法語)에서

"조주고불에게 예배하노니 죽이고 살리고 죽고 빼앗는 것이 때에 따라 자유자재로왔음이로다"라고 말한 뒤

"선차일미를 달여 만 사람에게 권하니 마시는 사람은 모두 참 생명을 얻을 것"이라고 말했다.[11]

백림선사에 모인 500여 대중은 조주의 선차일미 정신을 마음속 깊이 새겼다.

이어 선문화 회장 동광스님의 인사와 한국문화계를 대표해서 김의정(金宜正) 명원문화재단 이사장의 인사를 고세연 선생이 대독했고, 천진 불광사에서 온 신도의 축하송도 이어졌다. 제막식은 조주탑전에서 이루어졌는데 비석을 가렸던 붉은 천을 걷자 조주 선차 비석이 웅장한 모습을 드러냈다.

조주고불선차기념비 건립의식의 한·중 다례 시연

2001년 10월 허베이 백림선사에 〈조주선차기념비〉가 건립되던 날 건립기념에 참가한 한·중 대표단.
좌로부터 백운스님, 동광스님, 진제스님, 징후이 스님, 최석환, 월암스님 등.

한국과 중국은 한 뿌리 공식 인정

비석의 상륜부에는 '선차일미가 천추에 길이 빛나다' 고 쓰여 있고 비명은 '한중우의 조주고불 선차기념비'로 새겼다. 선차기념비는 높이 2m, 넓이 700자 규모의 웅장한 자태를 드러냈다. 비문을 읽어가다가 눈이 번쩍 뜨였다. 신라 무상선사의 심인을 받은 제자로 마조도일의 문하에서 인가받은 도의·홍척·혜철·무념·범일·현욱·도윤 7 명의 선사가 총망라되어 있었고 임제, 조주에서 석옥청공 선사에게 인가받은 태고보우 까지 연결, 한국 불교계의 법맥을 중국에서 공식 인정하고 있었다. 비석을 읽어내려 가 다가 맨 마지막에 서옹스님의 '선다송'이 시선을 집중시켰다.

서옹스님의 선다송

如來臥兮非瑞像	여래가 누워있음이 상서로운 모습이 아니며
全畿大用罔測	온 기특과 큰 쓰임 성인도 측량하기 어렵다
三寸軟舌超捧喝	세 치의 연한 혀가 방과 할을 뛰어넘으니
趙州喫茶泳不息	조주선사의 차 한 잔 영원히 끊이지 않도다.

조주고불 선차기념비 건립을 추진해 온 나로서는 "3년간 백림선사를 왕래하며 조주고불 선차기념비를 건립하게 된 배경은 조주고불인 종심선사와 법형제 되는 철감의 인연으로 출발했습니다. 그 같은 인연을 높이 평가한 백림선사 방장 징후이 스님이 한·중 선차의 맥을 세워 천추에 길이 빛내기 위해 〈조주고불 선차기념비〉를 세우게 되었습니다." 라고 밝혔다.

특히 이번 제막식은 선차일미 정신을 중국 땅에 선차문화(禪茶文化)가 정신 문화의 하나로 정착되는 계기를 마련한 역사적 의미를 갖는다. 천 년 전 조주가 설파한 차 한 잔의 의미가 담긴 끽다거의 발원지인 백림선사에서 다시 되살리게 되어 진한 감동을 느꼈다.

03. 조주고불 선차기념비의 역사적 의미

 1천 년 전 허베이성 자오현 땅에서 '차나 한 잔 드시게(喫茶去)' 란 화두로 대중을 제접한 조주선사가 1,200년이 지난 오늘 긴 잠에서 깨어났다. 조주고불 선차기념비는 '차 한 잔 속에 우주의 진리가 있다' 는 큰 가르침에서 그 실마리를 찾을 수 있다.

 〈조주고불 선차기념비〉는 2001년 10월 한·중의 뜻을 모아 한국의 불교춘추사가 건립했다. 1988년 조주탑과 측백나무 10여 그루가 전부였던 백림사를 오늘과 같은 선차의 조정으로 이끌어 낼 수 있었던 계기는 허운대사의 법제자 징후이 스님의 원력이 있었기에 가능케 되었다. 이 기념비 건립에 적극 나선 고불총림 방장 서옹스님과 동화사 조실 진제스님, 선문화 회장 동광스님, 선문화 발행인 저자와 차문화계를 대표하는 명원문화재단 관계자들과 중국에서 박사 학위를 받은 월암스님 등 38명이 적극 동참하여 2001년 10월 성대히 개막 의식을 가졌다.

조주고불 선차기념비

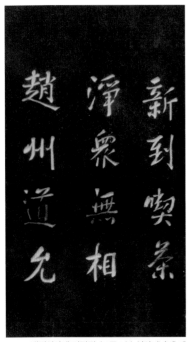

백림선사에 건립된 〈조주고불 선차기념비〉에
신라의 철감도윤과 조주선사의 법형제 내력이
기록되어 있다.

1999년 여름 백림선사를 방문하던 중
〈조주고불 선차기념비〉 건립을 제안하
였고, 2000년 베이징 광제사에서 징후
이 스님과 공식 협의에 들어가 2000년
3월 백림사를 방문하고, 비문 수정 작
업을 최종 마무리짓고 건립 작업에 박차
를 가했다. 비문의 찬문은 중국이 전적
으로 한국 측에 일임하였는데 마조가 무
상의 법통을 잇는 대목과 조주와 철감의
법형제 인연, 서옹스님의 게송 등을 비문
에 수록함으로써 선종사를 새롭게 쓰는 쾌
거를 남겼다.

특히 조주선사 기념비에는 2001년 10월
월간 《선문화》에서 새롭게 밝힌 중국불교 오백나한 중 455번째 성인으로 모신 무
상선사의 법맥을 중국불교계가 인정하는 내용을 수록했다는 점에서 무게를 더해
주었다. 백림선사 경내에 세워진 높이 2m 규모의 〈조주고불선차기념비〉에는 중
국 쓰촨성에서 활약한 무상의 법맥을 다음과 같이 기록했다.

정중무상은 일찍이 서촉 땅의 주인이 되고 문하에 고족으로 마조도일이 있다. 마
곡은 무념에게 인가하고 서당은 도의에게 전하고 염관은 범일을 배출하여 사자상승
법제를 이었다. 태고는 청공에게 법을 받으니 임제의 법손이며 조주와 도윤은 동문

의 법형제이다. [12]

　무상선사가 달마로부터 마조도일로 이어지는 중국 선종 역사의 중심에 있음을 공식화했다. 중국의 5백 나한도에 남아있는 신라인으로는 455번째 조사에 오른 무상공존자와 479번째 오진상존자(悟眞常尊者) 단 두 명뿐이다. 천 년간 신라인이 두 명이나 오백나한에 오른 사실을 까맣게 모르고 있다가 현지 조사를 통해 발굴해냈다. 특히 이때 백림사에 건립된 비석은 중국 자오현 인민정부의 지지를 받고 중국 불교계가 공식 인정한 법맥비라는 점에서 한류의 물결이 이미 천 년 전에도 살아 있었음을 증명해 주었다.

　조주고불 선차기념비의 건립은 한·중이 한 울타리라는 점을 깨닫고 양국이 논의해 왔다. 〈조주고불 선차기념비〉가 백림선사 경내에 세워지기까지 3년간 (1999~2001) 백림선사를 수십 차례 오갔다. 돌비 준비부터 건립까지 징후이 스님의 자비심에 의해 건립하게 되었다.

　이 비석이 무게를 더하는 것은 정중무상 선사가 달마로부터 마조도일로 이어지는 중국 정통 선맥의 중심에 서 있다는 사실을 중국 불교계가 처음으로 공식 인정했기 때문이다. 그뿐 아니라 마조로부터 이어지는 신라 구산선문 7개파의 법손 모두를 기록해서 무상 – 마조로 이어지는 신라선맥을 공고히 했다는 점에서 그 의미가 매우 크다. 이번 비석 건립은 한·중 불교계가 적극 지지하여 백림사 방장 징후이 스님과 힘을 합쳐 이룬 천추에 길이 남을 만한 업적이다.

04. 다선일미를 논하다
- 백림선사 첫 다선일미 학술대회 개최[13]

2001년 10월 19일 〈조주고불 선차기념비〉가 제막되던 날 허베이성 백림선사에서는 뜻깊은 일이 벌어졌다. 한·중 다선일미 학술대회가 바로 그것이었다. 다선일미란 말을 처음 들고나온 것 자체가 역사적 사건이라고 지금도 중국 불교계와 차계에서는 말하고 있다.

《중국 차엽 대사전》은 다선일미의 정의를 다음과 같이 내리고 있다.

> 불교 용어, 선미(禪味)와 다미(茶味)는 동일한 종류의 흥취임을 가리킨다. 본래 송대(宋代) 원오극근(圓悟克勤, 1063~1135)이 선 수행을 하던 일본인 제자에게 써준 네 글자로 이루어진 진결(眞訣)로, 일본 나라(奈良)의 다이토쿠지(大德寺)에 보관되었으며, 나중에 불교계와 민간에 널리 유행하는 말이 되었다.[14]

허베이성 불교협회와 조주 백림선사, 한국의 불교춘추사, 명원문화재단이 공동 주최한 한·중 다선일미 학술대회(韓中 茶禪一味 學術大會)가 조주 백림선사에서 열렸는데 강당을 가득 메운 청중들의 열기가 뜨거웠다. 한국 측에서는 서

2001년 10월 중국 최초로 한·중 다선일미 학술대회가 열렸고 이후 중국 땅에서는 선차 바람이 불기 시작했다.

자와 백운스님, 김용정 교수, 중국 측은 위웨 교수, 첸윈쥔 교수, 첸웬화 교수 등 각각 3명씩 발표했다.

　원래 중국 측에서는 중·한 불교 선차 좌담회 형식으로 추진해 보자고 제안했었다. 그런데 당일 월간《선문화》, 월간《차의 세계》발행인인 저자가 한·중 다선일미 학술대회로 해 보자고 제안해 극적으로 타결되었다.

　2001년 10월 19일 2시 30분, 만불전 옆의 강당으로 대중들이 모여들었다.

　한·중 다선일미 학술대회가 백림선사 감원 밍하이 스님의 개회 선언으로 시작되었다. 불문(佛門)의 땅은 언제나 사람들에게 평온한 느낌을 준다. 회의장은 엄숙하고 장엄한 분위기에 휩싸였다. 회의가 시작되자 모두 기립하여 백림선사 스님들이 합창하는〈삼보가〉를 경청했다. 참석자들은 환영사에 격조있게 예의를 표하였다. 〈삼보가〉는 불·법·승(佛法僧)을 찬송하는 노래로, 불교계에 두루 알려진 태허(太

虛) 대사와 홍일(弘一) 대사가 각각 가사와 곡을 만들었다.

학술대회의 의사 일정은 먼저 중국 측의 위웨(余悅) 교수, 첸윈쥔(陳雲君) 교수, 첸웬화(陳文華) 교수가 논문을 발표한 다음 한국 측의 미륵암 백운(白雲) 스님, 동국대 김용정(金容貞) 교수, 월간《선문화》의 발행인인 저자 순으로 발표했다.

중국 측 첫 번째 발표자인 위웨 교수는 선차일미의 선은 언어로 표현할 수 없으며 그것은 선이 아니라고 말하였다. 중국 측 두 번째 발표자로 나선 첸윈쥔 교수는 "끽다거의 고향에서, 오랜 지혜의 바다에서 무언가를 찾아낸 것 같았다."

돌연 기억 속의 시구가 떠올랐던 것인지 독특하게도 한 수의 시로 운을 뗐다.

千年茶未涼	천 년 전해온 차향은 식지 않았고
栢子又生香	잣은 또 다시 그 향기를 뿜어낸다
趙州有今日	조주에 오늘과 같은 날이 생기니
長江接漢江	양자강과 한강이 서로 맞닿았도다.[15]

그는 시를 풀이하며 조주에 오늘과 같은 날(趙州有今日)이 있게 된 것은 다음과 같은 이유 때문이라고 했다. 첫째, 천 년 동안 전해 온 차향이 식지 않아서 사람들은 아직도 조주에서 참선을 하며 차를 마신다. 둘째, 최근 백여 년 동안 백림선사는 번번이 난리를 겪었지만 '뜰 앞의 측백나무'는 여전하여 영원토록 푸를 것이다. 셋째, 한·중 양국이 기념비를 세우는 것을 계기로 서로 우의를 다지고 희로애락을 함께하겠다는 것을 한국의 한강과 중국의 양자강이 서로 이어지는 것으로 비유했다. 선차일미에 대한 첸윈쥔 교수의 비유는 적절했다.

한·중 다선일미 학술대회

중국 측 세 번째 발표자는 첸웬화 교수로 "선이 없으면 차도 향기롭지 못하다" 는 견해를 드러내 보였다.

중국측의 발표가 끝난 뒤 한국에서는 첫 번째 발표자로 나온 백운스님이 '조주선이 한국 선종에 미친 영향'을 들고 나왔다. 스님은 다음과 같이 말했다.

"한국의 선가에서 조주선사가 제시한 공안을 가장 많이 참구하는 것은 그만큼 조주선사를 믿고 존중하고 따르기 때문이다. 조주선사는 한국 선종의 핵심 종사이다. 육조하에서 간화선(看話禪), 묵조선(默照禪)의 두 길로 나뉘어졌지만 한국 선종계는 간화선계인 남악파(南岳派)에 편중되어 왔다. 물론 이는 신라 왕자 출신의 무상(無相) 선사에 의해 배출된 마조선사의 영향도 컸지만, 그 아래에서 조주 고불이 출현하여 큰 가르침을 폈기 때문에 간화선계로 쏠린 것이다."[16]

두 번째로 발표자로 나온 김용정 교수는 조주와 임제에 있어서의 불성(佛性)의 유무(有無) 문제를 발표했다.

"불성은 분별적인 '유무'를 초월한 일종의 본래의 자기(自己)를 나타내는 것이기 때문에 범인이 생각하는 자아를 의미하는 것이 아니다. 단도직입적으로 말하면 공(空)이요, 무아(無我)이다. 그러나 이 공(空)이나 무아(無我)인 무(無)는 결코 생각하고 추리해서 깨달을 수 있는 것이 아니다. 이 '무(無)'란 무엇인가' 하는 대의단(大疑團)의 참선 수련을 통해서만 깨달을 수 있는 것이다."라고 하였다.[17]

세 번째 발표자로 나선 저자는 '다선일미의 연원이 된 조주 끽다'란 논고를 들고 나왔다.

"차인들이 입버릇처럼 말해온 조주의 끽다거는 천 년을 이어왔다. 그러나 끽다거는 사람의 근기에 따라 설파했는데 조주가 관음원에서 40년간 펼쳐 온 '차나 마셔라'라는 화두가 1천 년간 생명력을 지니는 이유는 마조의 '평상심의도'에서 찾을 수 있다. 일상생활에서 도를 가장 완벽하게 소화해 낸 선승이 조주이며 조주는 끽다거를 통해 마조의 정신을 완성시키는 계기를 마련했다"라고 말했다.[18]

특별히 발표 기회를 얻은 베이징대 로우위례 교수는 철학적 관점에서 다선일미를 사상적으로 접근했다.

당나라 때 조주화상께서는 그를 찾아오는 납자에게 "어서 차를 드시오"라고 말했다. '다선일미', '선차일미(禪茶一味)', '품차자(品茶者)', '참선자' 모두 공허하게 들린다. 그러나 소위 '일미'는 도대체 어떻게 이해해야 할 것인가? 인자(仁者)는 인(仁)을 보고, 지자(智者)는 지(智)를 보니 이해는 같지 않았다.[19]

많은 사람들이 조주의 끽다거를 설명해 왔지만 결국 조주선, 조주차, 선차는 모두 '본분사'이다. 조주차, 조주선, 차선 모두 평상심과 연결되어 있는데 그 뜻을 이해하는 바 없은 다선일미, 선차일미라고 말할 수 있다. 요약해서 말하자면, 다선일미란 뜻은 결국 차를 음미함으로써 선의를 얻고 선의를 얻음으로써 평상심으로 청정을 증득한다는 것이다. 선차일미는 선의로 다예를 수련하고 다예로 다도를 깨달아가면서 다도로 선도를 증오(證悟)케 한다.

이렇게 7명이 각각 다선일미론에 대해 진지한 발표를 마친 뒤 중국 불교협회 부회장인 징후이 스님은 총평에서 다음과 같이 말했다.

"선은 일체의 존재하는 것과 존재하지 않는 것과 더불어 일미(一味)입니다. 차는 선과 연계할 수도 있고 또한 일체의 사물과 연계할 수도 있습니다. 위와 같은 선과 차는 차의 본의이며 선의 본의라고 말할 수 있습니다."[20]

차와 선을 연계하는 첫 번째 다선일미 학술대회에 쏠린 시선이 클 수밖에 없었다. 지금까지 다선일미란 선어가 전해져 오긴 했으나 그것을 수면 위로 끌어내 새로 논의를 붙인 것은 이번이 처음이었기에 징후이 스님께서도 남다른 생각을 갖고 있었던 것 같다.

방온거사와 마조가 주고받은 '네가 서강의 물을 다 마시고 난 뒤에 불법의 진리를 말해 주겠다'던 그 선어는 이제 선가로 옮겨갔다. 사람들은 흔히 '차 한 잔은 서강의 강물과 같다'고 한다. 하지만 징후이 스님께서 '한입에 서강의 물을 깡그리 길어' 버렸다고 제시했다. 마치 수수한 듯하면서도 깊고 너른 느낌이다. 짧은 몇 마디로 사람들을 미묘하게 하고, 쉬우면서도 의미심장한 말로 깜짝 놀라게 하여 마음의 문을 열게 한다.

이번 한·중 학술대회를 통해 토론의 수준이 높을수록 깊이 있는 토론이 된다는 사실을 보여 주었다. 무엇보다도 다선일미란 용어를 처음 들고나온 것 자체가 중국 차계로서는 큰 충격이었다.

일본의 다도는 무라타 주코(村田珠光, 1422~1502)에서 시작하여 다케노 조오(武野紹鷗, 1502~1555)를 거쳐 센 리큐(千利休, 1522~1591)에 이르러 완성되었는데 일본 선학을 완성한 잇큐(一休) 선사에 의해 다선 정신이 굳어졌다. 또한 다선일미는 중국에서 발원하여 일본에서 발전했다고 설명하고 있다. 고칸(古鑑)의 《차와 선》에도 '원오의 친필 족자를 센 리큐 차실에 자랑스럽게 걸어 놓고 있다'고 적고 있다.

이후 다선일미란 말이 중화권에서 일상적인 언어로 다가가기 시작했다. 사실 조주선사가 즐겨 읊었던 끽다거란 화두 또한 끽다거의 고향 스좌장이나 자오현 사람들조차도 잊고 있었다.

그것을 찾아 준 저자에게 늘 고마움을 잊지 않았던 그들이다. 그래서 이 학술대회는 그 어느 때보다도 의미가 깊었다.

한·중 다선일미 학술대회는 〈삼보가〉를 시작으로 〈조주팔십유행각(趙州八十猶行脚)〉이란 게송을 대중이 합창하는 것으로 막을 내렸다.

2001년 가을 사람들은 선차와 다선이 결국 한 길이라는 화두를 담아 갔다. 선차라는 말의 의미는 무상이나 조주, 원오극근 등 역대 선조사들만이 그 심오한 뜻을 전해왔다. 대중들은 그 뜻을 알 듯 말 듯 마음속에 담아 갔다.

첸윈쥔 선생도 '다선일미'는 선 수행자나 음차인(飮茶人)의 구두선이 되어 오랜 세월을 거쳐 지금까지 전해졌다고 말했다. 다선일미란 말이 많은 사람들의 구두선이 되어 읽혀 왔으나 그것을 학술회의로 끌어낸 것은 이번이 처음 있는 일로 많은 참가자가 충격을 받은 듯한 표정이 역력해 보였다.

잊혀졌던 다선일미를 세상 밖으로 끌어내 공론화한 것 자체만으로도 커다란 수확이 아닐 수 없었다. 2001년 다선일미 학술대회가 있기 전에는 '차는 차이고 선은 선일 뿐'이라는 말이 팽배했다. 원오극근의 묵적을 놓고 논쟁이 불 붙은 것 또한 그 후의 일이다. 백림선사에서 한중 공동으로 다선일미 학술대회가 개최되며 선차 문화는 급속도로 발전되어 갔다. 당시 조주의 끽다거는 잊혀져 가던 중이었지만 조주 차의 정신을 계승하려는 징후이 스님의 원력이 있었기에 가능한 일이었다. 그 후 백림선사가 선차의 조정으로 거듭나게 되었고 징후이 스님은 기회가 있을 때마다 조주선사가 주창한 차의 정신을 이어가려고 노력해 왔다.

차와 선은 기나긴 한 배를 타고 흘러가듯 다선일미란 말이 법류처럼 흘러 차와 선이 한 맛이라는 깨달음이 인류에게 전해지게 되었다. 2001년 조주 백림선사에서 처음으로 열린 다선일미 학술대회를 계기로 선차 문화는 비로소 인류 정신문화의 한 축으로 자리 잡았다.

05. 천 년을 이어온 조주탑과 조주종심 선사에게 올리는 헌다공양

2000년 전후의 허베이 사람들은 조주탑 앞에 헌다공양을 하려는 시도를 하지 않았다. 향 하나를 피워 마음을 관조했을 뿐이었다. 예로부터 다게(茶偈)가 전해오며 부처님전(佛殿)에 공양물을 올릴 때의 게송이 전해오는데 조주의 끽다거 공안 이후 불가에 육법공양(향, 등, 꽃, 과일, 차, 쌀) 의식에 차가 빠지지 않게 된 것은 조주의 끽다거가 널리 유행한 후부터인 것 같다.

百草林中一味新	갖가지 많은 풀 가운데 싱그러운 맛
趙州常勸幾千人	조주스님은 많은 사람들에게 권하였으니
烹將石鼎江心水	돌솥에 강물을 달여 바치오니
願使亡靈歇苦輪	원컨대 영혼이여 고통을 버리소서 [21]

이 같은 다게는 조주의 차로부터 유래되었던 것 같다. 그런데 오랜 세월이 흘러가면서 조주탑 앞에 차를 공양하려는 풍습이 어느 때인가 사라졌다.

조주의 차를 올려 영혼을 깨우다

2001년 10월 19일 한·중이 조주탑 아래 모여 〈조주고불 선차기념비〉를 세우고 조주탑 앞에 여법하게 헌다의식을 거행하였다. 그리고 조주다풍(趙州茶風)을 이어준 조주의 차향이 세상 밖으로 퍼져 나가길 염원했다. 조주고불 선차기념비 제막식이 끝난 뒤 징후이 스님께서 당대에 탁본한 조주선사 영정을 한국 측에 기증하여 김의정 명원문화재단 이사장께 전달했다. 김의정 이사장은 "조주선사가 말한 '차나 마시게'는 1천 년간 우리 차인들에게 차선어가 되어 왔으므로 조주선사 영정 앞에 차를 올리는 것은 차인의 도리입니다. 따라서 조주선사의 끽다거 정신을 높이 받들어 정신문화의 하나로 자리잡아 가길 바랍니다."라는 말을 전했다.[22)]

백림선사 방장 징후이 스님은 한국에서 조주영정을 소중히 간직하고 있다는 소식을 듣고 감동하여 해외의 인사들을 만날

조주선사의 영정 앞에 차공양을 올리는
종쑤엔(宗舜) 스님

해마다 조주선사 기일에 차를 공양하고 있는 명원문화재단의 김의정 이사장

때마다 두루마리로 배접한 조주영정을 기증하면서 조주의 선풍을 동아시아로 널리 전하는데 앞장서고 있다.

그렇게 조주의 끽다거 화두는 차인들의 노력에 의해 아직도 조주차의 맥을 이어오고 있다.

조주탑 아래서 차향이
온 세상으로 퍼지다

천 년 전 조주가 관음원에서 학인들을 제접했던 끽다거는 차향에 실어 오늘까지 이어졌다. 백림선사에 〈조주고불 선차기념비〉를 세우면서 조주탑은 한·중·일 천

다공양의 메카가 되었다. 〈조주고불 선차기념비〉를 세우기 이전에는 선향을 올렸는데 그 이후 차와 향을 올리는 성지로 뒤바뀌게 된 것이다.

1999년 8월 뜨거운 여름날 조주탑 앞에서 헌공다례를 올릴 때까지만 해도 끽다거는 역사 속에 묻혀 있었다. 그러다가 끽다거의 중요성을 깨달은 허베이 사람들은 비로소 깨어나기 시작했고, 끽다거의 고마움을 알았다.

조주선사는 천 년 전 끽다거를 퍼뜨린 공덕으로 사후에도 후학들에게 차 공양을 받고 있다. 조주선사처럼 후세에도 차 공양을 받는 선사는 흔치 않을 것이다.

이 얼마나 행복한 순간인가. 2001년 10월 백림선사에 〈조주고불 선차기념비〉가 건립된 이후 10년(2011년)만에 한·중 선차문화교류회가 백림선사에서 거행되었다. 한·중 대표단들은 조주탑 앞에서 차 공양이 이루어졌다. 차를 올린 뒤 탑을 한 바퀴 돌고 다시 차 한 잔을 받쳐 들었다. 백림사 문수각에 이르는 동안 차에 대한 고마움을 생각했다. 백림선사 감원 밍영(明影) 스님은 다음과 같이 말했다.

"조주 조정(祖庭) 백림선사는 '끽다거' 공안의 발생지로 다선문화의 발전에 대한 책임을 회피하는 것은 있을 수 없다. 이것을 기본으로 하여 우리들은 '정 · 청 · 화 · 아'를 중국 차인의 4대 수양으로, 차사 행사와 차인의 일상생활 중에 실현할 것을 건의한다. 정(正)은 바로 정견(正見)이며 다선문화의 정확한 인식이고, '다선일미'의 생명 경계에 대한 체득(體得)이며, '다선일미'는 대승불법(大乘佛法) 색공불이(色空不二), 이사원융(理事圓融)의 무주열반(無住涅槃) 경계의 생활화 해석이다. 이것은 계속적인 《대승경전》과 《선종어록》에 대한 연구와 공부가 필요하다. 그래서 이 정견은 바로

조주탑 앞에서 다화를 올리는 한·중·캐나다 대표단

선의 정견이며, 즉 대승불법 불공(不空)의 반야정견(般若正見)이다. 이것은 심오한 다선문화의 사상연원이다."라고 말했다.[23)]

조주탑원이 한·중 선차문화의 발원지가 되면서 한·중·일 삼국의 다우들은 앞다투어 찾아와 차를 올렸다. 근래 이 같은 전통이 확립되었으며, 청명날 조주탑 앞에 향, 꽃, 과일, 등, 쌀, 차를 올리는 육법공양 의식이 연례행사로 이어져오고 있다.

조선 후기 다승들의 선시에 '한 잔의 조주차'는 깨달음을 이루게 한 차라는 시어(詩語)들이 많다. 현대에 이르러 끽다거가 중원을 깨우면서 조주상 앞에 차를 올리는 의식이 눈에 띈다. 2015년 10월 제10차 세계선차문화교류대회가 허베이성 백림선사에서 개최되었다. 백기디석이 '만불루(万佛樓)' 앞에서 기행되었으며 조주상 영정을 모시고 한·중·일 헌다의식이 거행되었다.

조주고불 앞에 차를 올리는 의식은 영혼 앞에 차를 올려 조주를 추모하고 조주차의 정신을 기리려는 염원에서 이루어졌다고 볼 수 있다. 조주탑 앞에서 이루어진 헌다의식은 징후이 스님께서 두루마리로 된 조주상 진영을 기증하면서 조주다풍이 이어져온 한국에서도 이루어지고 있다. 2018년 10월, 서울역사박물관에서 거행된 제12회 세계선차문화교류대회에서 삼국의 선차비조(한국 무상선사, 중국 조주선사, 일본 무라타 주코)에게 올리는 헌다의식을 계기로 삼국 선차비조를 공식화했다. 이후 2017년 10월 서울 무계원에서 열린 제1회 세계명차품다회에서 거행된 조주선사 영정을 모시는 헌다의식은 조선 후기까지 이어진 조주다풍이 현재에도 여전히 이어져오고 있음을 증명했다. 천 년 전 조주선사가 '차나 한 잔 마시게'라는 화두로 학인들을 제접했다면 이제 조주선사의 영혼 앞에 차를 올리는데 있어서 차인 스스로 긍지를 갖게 되었다. 이는 조주의 '차나 한 잔 드시게'는 무한한 의미로 천고에 길이 빛나면서 선의 마음이 차에 담겨 있듯이 우리들의 마음속에 영원히 살아있다고 하겠다.

06. 백림선사에서 처음 열린 세계선차문화교류대회[24]

선차대회의 창립과 역사적 배경

〈조주고불 선차기념비〉 건립은 한·중 선종사에 영원히 기록될 역사적 사건이었다. 원오극근이 다선일미라는 묵적을 일본에 전해준 이래 무라타 주코가 선차일미로 일본 차인들을 불러모았다. 그후 센 리큐가 와비차(초암차로 알려짐)로 집대성시킨 이후 선차일미는 일본 정신의 연원이 되다시피 했다. 그 후 500여 년 간 선차 문화를 발전시켜 온 것으로 알려져 왔다.

그러나 일본 선차의 연원이 매월당 김시습의 영향을 받은 사실을 알고 있는 사람은 그리 많지 않다. 매월당은 무라타 주코에게 조선의 다법을 이어줌으로써 센 리큐를 거쳐 초암차로 발전했다.

선가에서 다반사(茶飯事)가 되었다는 선차일미 사상은 차인들에 인해 다선일미로 바뀌있다. 일본 차인들은 송대 원오극근의 친필인 '다선일미'기 일본으로

허베이성 자오현에서 열린 제1차 세계선차문화교류대회 개막식

스좌장 인민회당에서 거행된 제1차 천하조주선차문화교류대회 개막식

전해져 나라(奈良)의 다이토쿠지에 수장되어 있다는 연유로 중히 여겨왔다.
그러나 슈코의 권위자인 일본의 차학자 쿠라사와 유키히로 교수는 원오극근
의 묵적인 '다선일미'는 일본 다이도 쿠지에 전승되었다고 전해오고 있으나 보
지도 듣지도 못했다고 밝히면서 원오극근의 다선일미 일본 전래설은 전설이
되어 버렸다.

선차일미의 연원은 당(唐)대의 선승, 조주의 끽다거에서 출발했다. 조주는 '평
상심의 도(道)'로 중국선을 완성시킨 마조의 손제자로 남전(南泉, 748~834)의
법을 이었으며, 그의 나이 여든이 되어서야 자오현으로 들어가 조주 관음원에서
선과 차를 통해 대중을 제접했다. 그 곳이 오늘날 허베이성 자오현 백림선사(栢
林禪寺)이다.

중국 허베이성 불교협회와 한국의 월간 《차의 세계》가 공동주최한 '천하조주 선차문화 교류대회(天下趙州禪茶文化交流大會)'는 2005년 10월 18일부터 21일까지 허베이성 자오현(옛 조주)의 백림선사에서 조주고불탑에게 고하는 헌다의식을 시작으로 개막되었다.

선차대회는 한국과 중국, 일본, 싱가포르, 대만 5개국이 참가한 가운데 스좌장시 정부와 자오현의 열렬한 지지를 받으면서 그 서막이 올랐다. 조주차(趙州茶)의 고향인 허베이 땅에서 행사가 개최된 것은 지금까지 일본류(日本流) 일색이던 선차일미에 종지부를 찍은 사건이 되었다. 대회는 스좌장시와 자오현을 옮겨가며 조주고불탑전에 고하는 헌다의식을 시작으로 학술교류와 선차 공연, 무아차회 등 끽다거의 발원지인 허베이를 축제 분위기에 휩싸이게 했다. 동아시아권에서 처음으로 개최된 선차대회인 만큼 세계의 눈이 허베이성으로 쏠리기 충분했다.

오늘날 선차일미라는 말은 선수행자나 음다인(飮茶人)들 사이에 오랜 세월 회자되었다. 그 연유는 조주의 '차나 한 잔 들게나(喫茶去)'에서 시작되었다. '조주의 한 잔의 차(一碗茶)'는 예나 지금이나 변함이 없건만 음다인들의 마음은 갖가지 생각으로 가득 차 있었다.

선차대회 준비 배경

2001년 10월 백림선사에 〈조주고불 선차기념비〉가 세워진 지 3주년을 맞아 그 기념으로 무엇인가 뜻깊은 행사를 추진하던 중, 2004년 7월 백림선사 징후이 스님을 만나면서 극적인 해결점을 찾았다. 선차일미를 다예로 결합하여 전승을 위해 선차대회를 한번 열어보자는 나의 제안에 스님은 박장대소했다.

그로부터 1년간 수차례 허베이성을 왕래하면서 백림사 방장 밍하이 스님과 천하조주 선차문화 교류대회를 갖자고 의견을 모았다. 그로부터 1년 뒤 극적인 해결점을 찾아 2005년 10월 18일부터 21일까지 개최하기로 했다.

이번 개최는 1,100년 전 조주선사가 '끽다거' 화두로 대중을 제접했던 허베이성이 옛 조주 땅이라는 점에서 상징성이 매우 컸다. 선차일미의 연원이 된 끽다거를 다시 식지 않는 천 년의 차로 회생시키려는 움직임이 일어나자 허베이성과 스좌장시 정부가 적극 지지를 해 주며 스좌장시의 인민회당을 선차문화교류의 장소로 제공했다.

그 뒤를 이어 허베이 차문화 학회(河北茶文化學會), 허베이 통엽홍 문화전파공사(河北桶葉紅文化傳播公司), 허베이 여유집단 등에서 적극 지지를 보내 천하조주선차대회 조직위원회는 큰 힘을 얻었다. 이 소식이 일파만파로 한국에까지 퍼져 한국 선차를 표방한 차 단체가 적극 참여 의사를 보내왔다. 명원팔정선다, 반야로선차, 숙우회(熟盂會) 선차, 운수선차 등 오랫동안 선차 행다(行茶)를 해 온 차 단체들이 대거 참여의 의사를 보여 왔다.

선차대회의 준비 과정에서 한·중은 형언할 수 없을 정도의 고난을 극복해왔다. 성공적인 선차대회를 개최할 수 있었던 것은 오직 조주의 끽다거 덕분이라고 밍하이 스님과 이야기했다. 허베이 차학회 비서장인 수만(舒曼) 선생은 "끽다거의 연원을 밝히는 첫 선차대회를 허베이성에서 개최할 수 있었던 것은 싱후이 스님, 밍하이 스님과 한국 월간 《차의 세계》 최석환 거사의 자비은덕이다"라고 극찬했다.

끽다거의 고향에서 첫 선차 결합

허베이성 자오현에 자리한 백림선사는 1,100년 전 조주선사가 끽다거라는 화두를 통해 남차북이(南茶北移)를 실현시킨 땅이다. 그곳에서 천하조주 선차문화 교류대회를 열게 된 것은 차사를 새로 쓰게 된 쾌거라 할 수 있겠다. 세계 5개국이 참가한 가운데 선차대회의 서막이 올랐다. 이를 두고 다선일미가 법류(法流)처럼 흘러 세계를 관통했다고 말한다. 중국 CCTV를 비롯한 신화사통신 등 20여 매체가 앞을 다투는 취재 열기를 보여 선차대회에 쏠린 세계의 눈을 실감할 수 있었다.

그 전까지 선차문화를 말할 때에는 일본 다도를 먼저 거론했었다. 이유인즉 무라타 주코(村田珠光)부터 시작해 다케노 조오(武野紹鷗)를 거쳐 센 리큐에 이르러 완성했다고 믿고 있었기 때문이다. 그러나 끽다거의 발상지가 허베이성이고 다선일미의 발상지 또한 후난성 협산사(夾山寺)라는 사실임을 감안한다면 설득력이 약해진다.

끽다거의 발상지인 허베이성에서 선차대회를 개최하는 의미는 다선일미의 법통을 세우고 다선일미가 일본류 중심이라는 지금까지의 인식을 불식시키는 계기가 되었다. 선 연구가인 일본의 스즈키 다이세츠(鈴木大拙, 1870~1966) 교수는 "선종 문화를 서방 세계에 형성한 선의 고향은 일본이다. 또한 일본 다도는 선차일미의 바탕에서 오랜 세월 지속되어 왔다."고 말한 바 있다.

그와 같이 20세기 이후 거의 1세기를 일본 선종 다도가 지배해 온 바탕에서 중국과 한국이 손을 잡고 선차대회를 개최함으로써 다선일미의 정통을 바로 세우게 되었다.

2005년 11월 우라센케의 전 이에모토인 센겐시쓰(千玄室)는 단독 인터뷰 자리에서 중국에서 선차대회가 열렸다는 소식을 듣자 매우 놀라는 표정을 짓기도 했다. 백림사 방장 밍하이 스님은 천하조주 선차문화 교류대회를 백림선사에서 개최한 뜻을 다음과 같이 전했다.

"우리는 선차를 매개로 문화 전승과 우의를 증진하고 문화품미(文化品味), 생활품미(生活品味)로 심적 품격을 높이며 사회적 분위기와 조화를 이루기를 바라는 마음으로 선차대회를 개최하게 되었다." [25]

이렇듯 세계의 이목이 집중된 가운데 천하조주 선차문화 교류대회의 역사적인 서막이 올랐다. 조주탑 앞에는 세계 각국에서 모인 차인 500여 명과 불자들이 모여 인산인해를 이루었다.

천하조주 선차문화 교류대회 개막

천하조주 선차문화 교류의 역사적 서막은 조주고불(趙州古佛)에 고하는 헌다의식을 시작으로 개막되었다. 10시가 되자 범종이 세 번 울린 후 멘트가 시작되었다.

"황금빛 가을날에 우리는 조주의 차를 기리기 위해 천하조주 선차문화 교류대회를 처음으로 개최하게 되었습니다. 조주고탑에 고하는 헌다의식을 시작으로 18일부터 21일까지 4일간 헌다의식, 무아차회, 학술연토회, 다예교류의 역사적 장이 열리게 됩니다." 26)

황윤수(黃云秀) 자오현 부현장이 개막 선언을 하였다.

"오늘 천하조주 선차문화 교류대회가 백림선사에서 진행됩니다. 이것은 불교계의 성대한 일일 뿐만 아니라 자오현의 역사상 중대한 사건입니다. 현 정부를 대표하여 천하조주 선차문화 교류대회가 순조롭게 진행되기를 기원하며 열렬한 축하를 보냅니다." 27)

이어 각국 대표의 축사가 끝난 뒤 월간《차의 세계》와 공동개최한 허베이성 백림사 방장 밍하이 스님이 다음과 같이 말했다.

"황금빛 가을에 끽다거라는 공안을 배경으로 이렇게 많은 사람들이 모였습니다. 끽다거는 선차일미 사상의 원천이며 천 년 동안 동방 문화의 별빛이 되었습니다. 오늘 우리는 조주다선의 아름다움을 꽃피우기 위해 이렇게 선연(善緣)을 지었습니다." 28)

2005년 백림선사에서 처음으로 열린 천하조주 선차교류 대회의 이모저모

이어 각국 대표팀은 조주탑전에 헌다의식을 진행했다. 의식이 진행되는 동안 멘트가 흘러나왔다.

"차는 남방에서 나는 아름다운 나무이며 대자연이 준 영물입니다. 우리들이 조주탑전에 봉차의식을 올리는 것은 선차일미를 깨닫고 부처님과 일체가 됨을 의미합니다."

조주탑 헌다의식의 대미인 징후이 노스님의 '조주선다송(趙州禪茶頌)'이 조주탑에 메아리쳤다.

"조주차 한 잔의 맛은 옛 것과 다름없다. 뿌리의 종자로 뿌리를 내리고 지혜의 싹에서 잎이 피도다."라고 게송으로 읊었다. 조주탑전에서 선과 차의 맛을 느낀 대중은 모두 조주의 차향이 영원히 마음속에 남아 있기를 기대했다.

헌다의식에 이어 오후에는 무아차회와 천하조주 선차문화 교류대회가 있었다. 이번 학술연토회는 4년 전 〈조주고불 선차기념비〉 건립 기념으로 개최한 다선일미 학술연토회에 이어 두 번째로 중국을 대표하는 학자 군단이 모두 참가했다. 베이징대 로우위례 교수와 첸진의, 첸윈쥔, 장시성의 위웨, 천웬화 등 중국을 대표하는 차 학자 군단이 모두 백림사에 모여 다선을 논했다. 선차일미 학술연토회의 열의는 뜨거웠고 저녁 6시에야 마칠 수 있었다.

베이징대 로우위례 교수는 "평상심(修) 속에 선이 있고 선 속에 차미(茶味)가 있고 차 속에 선도(禪道)가 있다"고 간파했다. 위웨 교수는 2001년 10월 19일 백림선사에서 열렸던 다선일미 학술연토회를 상기하며

"다선일미는 인류에게 바치는 가장 위대한 보배"라고 극찬했다. 커우단 선생은 〈한자 문화권의 선차의 융합〉을 발표했고, 한국 측에서는 저자가 맨 먼저 나

불꽃튀는 한·중·일 선차교류 장면

가 〈조주 다풍의 한국적 전개〉를 발표해 중국 측에 신선한 충격을 주었다. 이어 김철수 교수가 〈가야차 전래설〉을, 김대철 선생이 〈금당의 끽다래〉를 발표한 뒤 징후이 스님과 로우위례 교수 등이 총론을 내리면서 학술연토회는 다선일미가 법류처럼 다시 천 년을 흘러갈 것이라고 결론지었다.

학술대회가 끝난 다음 날 20일 오전 스좌장시에 있는 인민회당(人民會堂)으로 모여들었다. 선계, 차계, 문화예술계와 중국 허베이성위원회 성통전부장 쩐쑤팡(榛秀芳), 허베이성 민족종교 사무청장인 찡뽀우앤(張寶嚴), 허베이성 불교협회 회장이며 본 선차대회 조직위원회 주임 징후이 스님과 저명 국학대사, 91세 고령인 웬화이시아(文懷沙), 베이징대 로우위례 교수, 저자, 달마선원 원장인 범주스님, 오각농(吳覺農) 농업연구회 회장인 우찌아지에(吳甲迭), 천진서화원 원장 첸윈쥔(陳云君), 저명한 차 학자인 커우단, 베이징 노사다관 총경리 인쯔쥰(尹智君), 대만차문화 학회장인 판쩡핑(范增平)이 참석해 개막식을 빛냈다.

이어서 징후이 스님의 개막 법어가 이어졌다.

"우리는 오늘 선차의 발원지인 허베이에 모여 맑고 그윽한 조주차를 음미하면서 선차문화의 오묘한 정신을 토론하고 아울러 선차 나눔의 체험을 함께하게 되었습니다. 천하조주 선차문화 교류대회를 열게 됨에 모든 이들이 차연(茶緣), 선연(善緣), 법연(法緣)을 맺게 될 것입니다. 선차문화의 정신은 '정·청·화·아'입니다. 이는 선차문화가 철학이나 윤리학과는 다른 독특한 사회적 화육(化育) 기능을 지니게 했습니다. 선차문화는 인문적(人文的) 관심과 떨어질 수 없고, 일상적 삶과 유리될 수도 없습니다. 또 선의 깨달음에서 분리될 수 없으며, 청정·

담백·고결한 번뇌를 씻고 조화에 이르게 하는, 차를 통한 수양과도 분리될 수 없습니다. 이렇게 본다면 선차문화의 기능은 감은(感恩)·포용(包容)·분향(分享)·결연(結緣)의 네 가지로 개괄하는 것이 가장 합당할 것입니다. 이론과 실제를 융합하고 우아함과 속됨을 포용하는 것은 일상에서 보편적으로 실천할 수 있는 의미를 지닙니다.

감은의 마음으로 차를 마신다면, 이는 단순한 차가 아닐 것입니다. 그것은 인문정신으로 충만하고, 천지만물과 조화를 이루며, 서로를 도와 성취시키는 정신이 가득함으로써 어긋난 기운을 녹이고, 바른 기운을 발양하며, 조화로운 기운을 이룩하게 될 것입니다.

포용의 마음으로 차를 마신다면, 사람의 은혜와 원망은 마치 정결한 찻물에 그윽한 향기를 녹여내는 찻잎처럼 서로의 심신을 도야할 것입니다. 찻잔을 들고 서로를 존경하는 가운데, 비로소 정기·청기·화기를 실천할 수 있을 것입니다." [29]

징후이 스님은 세계선차문화교류대회 개막식에서 유가의 정기(正氣), 도가의 청기(淸氣), 불가의 화기(和氣), 차가의 아기(雅氣)를 제시하면서 커다란 반응을 불러일으켰다.

이어 중국 저명한 국학자인 웬화이시아(文懷沙) 선생의 축사가 있었다. 한국 측 대표로 저자가 축사를 이었다.

"오늘 이 자리는 매우 감격스러운 자리입니다. 1,100년 전 조주선사가 한 잔의 차로 대중을 교화했던 이 땅에서 처음으로 천하조주 선차문화 교류대회를 맞게 되어

천하조주 선차문화 교류대회에서 개막식 축사를 하는 저자의 모습

이루 말할 수 없이 기쁩니다. 이번 선차대회는 차와 선이 하나로 만나는 순간이며 선

차문화는 다예로 거듭 태어나 인류에게 바치는 동양의 귀중한 보배라고 말할 수 있

습니다." [30]

개막식 축하 법어가 끝나자 당간을 앞세운 스님들이 단상으로 나와 개막식을

알렸다. 앞에서 차계의 대표 인사가 붉은 천으로 가린 천을 걷자 황금색 찻잔들

이 드러나면서 청중들의 우레와 같은 박수가 터져나왔다.

개막식이 끝나고 천수관음춤이 극을 반전시켰다. 천수관음춤은 중국 열도를

뜨겁게 달아오르게 했던 춤으로 그 순간 천수관음춤과 다예가 하나로 만나 극적

인 순간을 맞이했다. 천수관음춤이 끝나자 한국, 중국, 일본, 싱가포르 등 각국

선차대회 폐막식에서 달마상이 내려오면서 많은 사람들이 선차대회 발전을 염원했다.

의 대표팀이 나와 다예를 겨루었다. 천하조주 선차문화 교류대회는 그렇게 시작하여 20일, 21일 양일간에 걸쳐서 스좌장 인민회장을 달아오르게 했다.

첫날의 다예표연은 맨 먼저 항저우 다엽박물관의 문사차(文士茶)로 무대를 열었다. 그 뒤를 이어 한국 측 숙우회의 등만선차(燈鬘禪茶), 윈난의 보이다법, 창원전문대의 다도문답 순서로 오전 다예표연이 끝났다. 뒤이어 오후에는 장시난 창직업학교의 선차(禪茶), 운상차회의 자하(紫霞)선차, 쓰촨 아안의 용행18식, 한국선차교류단의 다선일미를 선보였다. 다음 날인 21일에는 일본 오모테센케의 선다도, 이선옥 교수가 이끄는 선무 공연, 항저우의 스님들로 구성된 다선일미가 대미를 장식했다.

특이한 것은 각 다법이 끝난 뒤 차계 전문가들의 다예 비평이 있어서 보는 이의 이해를 도왔다는 것이다. 차와 무용, 단소와 달마도를 특징으로 한 한국 선다도는 중국 측으로부터 찬사를 받았다. 이틀에 걸쳐 진행된 선차대회는 연일 언론의 스포트라이트를 받았다. 밍하이 스님이 폐막을 선언했다.

"이번 행사는 한국 월간《차의 세계》와 중국 허베이성 불교협회가 공동주최하였습니다. 특히 불교계와 사회 각계의 지지를 받지 않았다면 이와 같은 선차문화 교류대회를 성공적으로 개최할 수 없었을 것입니다. 또한 2005년 10월 21일은 음력으로 9월 19일 관세음보살성도 기념일로 매우 좋은 인연입니다. 이제 천하조주 선차문화 교류대회 폐막을 선언합니다." [31]

이렇듯 3일간에 걸친 천하조주 선차문화 교류대회는 성공적으로 끝났다. 선차문화 교류대회 조직 위원회는 앞으로도 계속 중국 각 성과 동아시아를 돌며 대회를 열기로 결의했다. 우리는 선차대회를 계기로 다선일미가 법류(法流)처럼 흐르는 모습을 실감할 수 있었다.

07. 조주선다송에 담긴 깨달음

– 조주차오(趙州茶悟)[32]

여전히 살아있는 조주의 화두

백림선사 경내를 걷다 보면 문선요(問禪療)라는 전각 옆으로 좌측에는 조주차향명심성(趙州茶香明心性), 우측에는 정전백수오진공(庭前柏樹悟眞空)이란 주련이 있다. 이 말은 어느 날 한 납자가 조주선사에게 조사서래의(祖師西來意)를 묻자 조주선사가 정전백수자(庭前柏樹子)라고 답한 것을 비유한 글귀이다. 정전백수란 화두를 깨칠 때 진공묘유가 드러난다는 것이고 '조주차향명심성'이란 조주의 차 한 잔으로 맑은 마음의 본성이 드러난다는 뜻이다.

조주의 끽다거 공안은 차를 하는 사람이나 선을 하는 사람들로부터 '영혼을 적셔주는 깨달음의 차'로 칭송받으면서 많은 이들에게 감동으로 다가왔다. 2015년 가을 제10회 세계선차대회가 열리던 스좌장 인민대극장에서 무대 위로 올라간 6살 어린 동자로 하여금 깨달음을 점검하는 장면을 펼쳐보여 끽다거는 주목

받기 시작했다.

> "선을 일으켜 다예(茶藝)로 나타내고 다예로써 다도를 존경하고 다도로써 선도(禪道)를 깨닫게 해주는 선차(禪茶)가 바로 당신의 눈앞에 있다. 차는 일종의 존재이며 선은 일종의 체험이다. '인연(緣)'의 촉진으로 생명과 함께 연결된다. '조주차'와 '끽다거'는 긴 단어의 말이 아니지만 절묘하고 간단명료하며 평이하지만 뜻은 심오하고, 마음의 지혜를 일깨우며, 영혼을 감동시킨다. 선의 마음(禪心), 차의 마음(茶心), 사람의 마음(人心)이 서로 교류하고 융합되어 초범탈속(超凡脫俗)의 선의 영혼, 차의 영혼을 형성한다. 이것이 바로 '조주차오'로 표현하고 싶은 표연자의 생각이다."[33]

그렇게 조주차오가 다예 표연으로 등장하면서 중화권에 바람을 일으켰다.

조주차오를 처음 만난 것은 2011년 9월 22일, 백림선사 만불전 옆 문수각에서 거행된 한·중 선차문화 교류 현장에서였다. 그 곳에서 우리를 놀라게 한 사건이 벌어졌다. 중국의 선차 표연이 끝날 즈음 6세의 어린 동자가 나타나 표연자들에게 다가가 일일이 점검하는 장면이 포착된 것이다. 이 같은 장면은 〈화엄경 입법계품〉에 나오는 선재동자의 53선지식을 찾는 구법을 다예로 나타내 보이면서 선정을 느끼게 했다. 징후이 스님의 '조주선다송'의 조주차오를 선차로 표연해 낸 이 같은 장면은 선의 뜻을 다예(茶藝)로 나타낸 명장면이다.

어린 동자는 다예 표연자의 차맛을 감별한 이후 세세한 점검을 끝으로 징후이 스님이 지은 〈조주선다송〉을 읊어 관중들을 법희선열로 이끌었다. 조주끽다기를 차예로 표연한 기발한 발상이었다. 이 같은 선차 표연이 탄생하게 된 데는

2005년 세계선차대회가 열린 스좌장 인민대극장에서 징후이 스님이 조주선다송을 들고 대중 앞에 드러내 보였기 때문이다. 10년이 지난 뒤 허베이성 차인들은 징후이 스님의 조주선다송에 감격하여 다예로 완성하게 되었다.

한·중 양국 선차문화교류 10주년을 맞아 백림선사 문수각에서 한·중 행다 발표가 시연되었다. 한국 숙우회의 청풍과 중국 허베이성 차문화학회의 조주차오가 펼쳐졌다. 선을 언어로 표연할 수는 없으나 표연자로 하여금 법희선열을 느끼게 할 수 있다. 마조선사가 방온거사에게 '한 입에 서강의 물을 마시면 그때 말해 주겠다'고 한 고사처럼 '차 한 잔이 서강(西江)의 강물과도 같다'는 말이 차가에 자주 등장한다. 어린 동자가 깨달음으로 이끈 조주차오의 백미는 끽다거라는 삼자선(三字禪)에 담긴 선차의 뜻을 바람에 실어 멀리 띄워 보낸다는 징후이 스님의 '조주선다송'의 마지막 구절이었다. 〈조주선다송〉의 마지막 구절은 한국의 숙우회에서 펼쳐보인 '청풍'과도 서로 상통된다. 이는 '서호'에 짐을 몽땅 던져버리고 청풍만 가득 싣고 쏜살같이 강을 떠내려가는 빈배에 비유한 청풍 행다를 통해 깨달음을 드러내 보인 장면이다.

"차가 없으면 선도 없고 차가 있어야 선도 존재한다. 만약 차도 없고 선도 없다면 단지 일미(一味)만 남게 된다. 일미는 바로 차의 맑은 향기이며 차의 청정함이다"라고 말한 첸윈쥔 선생의 표연이 적절한 것 같다. 행다를 통해 수행을 하다 보면 자연스럽게 깨달음에 이른다. 그 같은 세계가 선의 맛(一味)이라고 말할 수 있다.

08. 천하청규를 되살린 백림선사의 보차회普茶會

중국 허베이성 자오현에 있는 백림선사에 새로운 다선(茶禪) 바람이 불어왔다.

2004년 7월 21일 밤 백림선사를 찾았을 때 전국의 대학생이 모인 제12차 하기 생활선 수련회가 한창이었는데, 마침 징후이 스님(현 백림선사 방장)의 주도로 보차회가 열리고 있었다. 그 현장을 찾았다.

선미에 빠져드는 듯

그날 밤 참가한 허베이성 백림사 보차회(차를 마시는 담선법회)는 저녁 7시 만 부처님을 모시고 있는 만불루 광장에 수련회에 참석한 학생들이 하나둘 모여 가부좌를 틀기 시작했다. 삽시간에 모인 인원은 500여 명. 팽주(烹主: 차를 끓여 손님에게 내놓는 사람)를 맡은 10여 명의 학생들이 큰 다관을 들고 학생들 앞에 치를 따르기 시작했다.

대학생을 중심으로 매년 여름 겨울 방학기간 동안 백림선사에서 열린 생활선 수련법회

　보차회가 시작되기 전 백림사 주지 밍하이 스님이 좌중을 정돈시켰다. 7시 30분이 되자 백림선사 방장인 징후이 스님이 들어왔다. 대중은 맨바닥에 오체투지(五體投地)로 큰스님께 예를 올리기 시작했다. 이어 범종이 세 번 울리고 큰스님 앞에 지심귀명례로 예를 올린 뒤 총림가를 불렀다. 징후이 스님이 대중을 살핀 뒤 다음과 같이 말했다.

　　"오늘 하안거 생활선법회에 참선하기 위해 전국에서 올라온 500여 명의 대학생 여러분은 5박 6일간 출가인이 됩니다. 오늘은 이틀째 되는 보차날입니다. 즉 차를 마시면서 다선일미의 정신을 느끼는 시간입니다. 이 보차 의식은 당나라 때 백장선사가 청규를 제정하면서 시작되었으나 그 맥이 단절되었다가 허운대사가 복원한 이래 계속 이어져 왔습니다.

보차의 유래는 차를 마시면서 방장 스님에게 탁마의 견처를 밝히는 데 그 의미가 있습니다. 따라서 학생들은 차 한 잔을 앞에 놓고 그동안 공부한 도리를 큰스님께 점검 받을 수 있는 좋은 기회이기도 합니다. 허운대사는 '우리는 본시 매일 차를 마시는데 왜 오늘은 보차를 마신다고 합니까. 이것은 선배들의 노파심에 보차를 마시는 기회를 이용하여 여러분을 깨우치기 위한 것입니다.'라고 보차의 의미를 말한 바 있습니다.

여기 백림선사는 당나라 때 조주선사가 끽다거란 화두를 통해 차 한 잔으로 천하 사람들을 깨우쳤던 도량입니다. 때문에 어느 곳보다 보차의 의미가 크지 않을 수 없습니다. 백림선사는 조주선사가 끽다거 화두를 통해 대중을 제접한 곳입니다.

조주스님의 도풍(道風)이 고준하다는 말을 듣고 많은 학인들이 조주관음원을 찾아왔을 때 왜 그를 찾아오는 모든 이에게 '차나 한 잔 마시게'라고 했는가. 이것은 조주스님만의 독특한 수행가풍인데 훗날 그를 찾아오는 모든 이가 조주의 끽다거를 통해 깨달음에 이르게 되었다는 고사가 있습니다. 오늘 여기에 모인 학생들은 차 한 잔으로 무엇을 얻었습니까?" [34)]

이때 한 학생이 법루 앞으로 나가 오체투지를 한 뒤 큰스님에게 물었다.

"차의 맛이 선미(禪味)에 드는 것 같습니다."

이 말에 징후이 방장스님이 박장대소하자 방장석 좌우에 있던 스님들이 함께 웃었다. 이어 또 다른 학생 10여 명이 방장석 앞으로 나와 불가의 공덕을 찬탄하는 염불송을 불렀다. 백림선사 보차회의 특징은 각기 방장스님 앞에서 자신의 공부견해를 드러내어 차와 선이 둘이 아니라는 사실을 깨우쳐 준다는 점이다.

징후이 스님은 보차회의 특징에 대해 다음과 같이 말했다.

"나는 학생들에게 보차회를 통해 한순간에 선미에 빠져드는 순간을 감동적으로 느낍니다. 그래서 수련회를 통해 차 한 잔으로 선미에 빠져드는 현상들을 하나하나 감지하면서 하기수련회에서 보차를 매우 중시 여깁니다."

징후이 스님께서 차를 한 잔 들어 보이면서 "끽다"라고 말하자 학생들이 차를 음미했다. 품다를 맡은 차 박사들은 연신 대중 속으로 파고들어 차를 따른다. 그 광경은 마치 선재동자가 53 선지식을 하나하나 찾아 구법하는 것 같았다. 달은 중천에 떠 있고 차 한 잔을 앞에 놓고 다선삼매에 빠져 있는 학생들의 표정은 매우 밝았다. 보차회는 저녁 9시가 되어서야 마무리 되었다.

이튿날 날이 밝자 조주탑 앞에서 수련회에 참가한 학생과 이야기를 주고받았다. 한 학생에게 어제 보차회가 어떠냐고 묻자 '차 한 잔으로 그 많은 대중이 마음과 마음을 주고받는 광경은 일찍이 체험하지 못했다'며 앞으로 계속 수련회에 참가하겠다고 했다. 또 한 학생은 팽주를 맡아 학생들에게 차 따르는 심부름을 열중했기에 그 느낌을 세세히 감지하지 못했으나 그날의 광경은 환상적이었다고 전했다.

조주탑 앞에 세운 〈조주고불 선차기념비〉를 보았다. 예전에 없었던 유리를 비석 위에 덮어씌워 비석을 보호하고 있었다. 비석의 중요성을 일깨워주기 위해서였다.

09. 조주 다석 펼친
백가百家 찻자리와 천가다인千家茶人

2015년 10월 5일 밤 스좌장에서 차인의 밤이 열리던 중무해열(中茂海悅)의 공간 분위기는 예사롭지 않았다. 중국 전역에서 온 300여 명의 차인이 빙 둘러 앉아 다담을 나누고 있었다. 촛불과 선물을 하나씩 눈앞에 두고 있었다. 사회를 맡은 항저우 태극 다관의 찡춘회이(鄭純輝) 사장이 의미심장한 말을 꺼냈다.

"오늘 여기 모인 다우들은 차 하나를 좇아 모였습니다"라고 외쳤다.

차인들은 순환의 이치를 표현하듯 각기 준비해 온 선물을 옆 사람에게 전달했다. 어떤 차인의 발상인지는 가늠할 수 없지만 기발한 아이디어였다. 무대 한 가운데는 차와 음악과 자신이 체험한 차 인생을 논하는 자리였다. 3시간이 흘러 간 뒤 선차문화를 중흥시킨 징후이 스님의 영단에 자신의 손에 들고 있던 촛불 하나를 올려놓고 합장을 하고 물러나며 차인의 밤은 마무리 되었다. 그렇게 차인과 차인의 마음을 차 한 잔으로 이어 주는 밤이었다.

중국 차문회가 꿈틀거리고 있음을 감지했다. 다음날 천하조주 끽다거의 산실

완전히 좌식으로 천 명이 운집한 백가다석

이라고 말할 수 있는 백림선사에서 중국 차문화가 변화하고 있음을 예견했다.
그리고 만불루 광장에 마련된 조주다석이라는 또 다른 카드를 들고 나온 중국
선차계는 찻자리의 전범(典範)을 보여 주겠다는 각오가 대단해 보였다.

2015년 10월 6일 백림선사 만불루에 이르렀을 때 만불루 앞에 펼친 100가
다석을 보고 화들짝 놀랐다. 차회가 시작되기 직전 화목(花木) 나무차탁이 찻자
리의 주인을 기다리고 있었다.

1시가 다가오자 다석의 주인이 삼삼오오 만불루 앞으로 나갔다. 다석의 초대
손님은 지정표를 배정받아야 다석 앞의 찻자리에 앉을 수 있었다. 한국 측은 5
개의 다석을 지정받았다. 다석의 특이한 점은 완전히 좌식으로 뒤바뀌었다는 점
이다. 한국 측은 화목형 탁자를 빼 버리고 다포를 땅바닥에 깔고 좌식형 찻자리

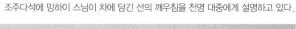

조주다석에 밍하이 스님이 차에 담긴 선의 깨우침을 천명 대중에게 설명하고 있다.

형태를 마련했다.

제10회 세계선차문화교류대회에 백림선사가 보차회 형식의 조주다석을 들고 나온 것은 천하선차 조정 백림선사의 격을 높이는 일로 극찬을 받았다. 이번 차회의 주제는 정념(正念)과 감은(感恩)이었다. 100인의 팽주와 400인의 귀빈, 600인의 참가자들이 다석을 돌며 갖가지 차를 맛보는 이번 차회에는 중국 전역의 차인이 참가했다. 조주다석을 이끈 밍지에(明杰) 스님은 출가와 재가를 막론하고 사부대중이 이렇게 참여하여 주신 데 대해 기쁜 마음을 드러내 보였다. 그리고 오늘 조주조정으로 운집하여 조주탑전과 만불루 등에서 백가다석을 위해 이렇게 많은 사람들이 백림사에 오신 데 대해 거듭 감사를 드렸다.

1시 30분이 임박해 오자 《선(禪)》 잡지 부편집장인 밍지에 스님이 행사를 알리는 멘트를 시작했다. 이윽고 한 스님이 법고 앞으로 올라가 법고를 치면서 조주다석은 시작되었다. 이어 백림선사 방장인 밍하이 스님이 대중 앞에 나서

"오늘 여기에 모인 국내외 대중들은 정념과 감은의 이해를 통해 평상심을 실천해 나가자"고 역설했다. 그리고 징후이 스님이 주장한 정·청·아·화의 정신과 기능과 감은, 포용, 분향, 결연의 바탕 위에서 조주다석을 발전시켜 나가야 한다고 힘주어 말했다. 또한 "여러분들께서 분향하는 마음으로 차를 마신다면 자신의 마음을 미루어 남을 헤아리는 어진 마음을 기르게 될 것"이라고 말하자 경내가 숙연해졌다. 11년 전 징후이 스님께서 스좌장 인민회당에서 설법한 말씀이 그의 제자인 밍하이 스님을 통해 실천하고 있어 감격스러웠다. 그리고 밍하이 스님은 비차비선(非茶非禪)을 제시했다. 심취시선(心就是禪), 다선일미, 다심일선(茶心一禪)의 자재한 모습을 보일 때 선과 차는 기나긴 배를 타고 갈 수

있다는 제시를 해냈다.

밍하이 스님의 법어가 끝나자 두 명의 다우가 병향로를 들고 조주다석 앞을 한 바퀴 돌아 조주선사 영정 앞에 올렸다. 병향로를 들고 조주다석이 시작된 것 자체가 이채롭다. 이어 한국, 중국, 일본, 인도 등 각 나라별로 단상 위의 다석에 앉아 차를 우려낸 뒤 각국의 대표단이 조주선사 영정 앞에 나아가 차공의식이 거행되었다. 조주선사 영정 앞에 발원했다.

'조주선사이시여, 이 차 한 잔의 공덕으로 간절한 마음으로 발원하나이다.'

각국의 대표단이 조주선사 영정 앞에 합장을 했다. 백가다석에 초대받은 대중들은 두 손을 모아 다 같은 마음으로 발원했다. 그렇게 조주선사 영전에 올린 공차 의식이 끝날 즈음 백가다석에서는 갖가지 차를 앞에 놓고 찻자리가 이루어졌다.

이 절의 방장인 밍하이 스님과 오조사 정츠(正慈) 방장은 향도의 대가인 종쑤엔 스님 앞에 앉아 종쑤엔 스님이 내놓은 백차 한 잔을 음미했다. 무쇠 주전자로

각국의 차인들이 정성껏 차를 포다하고 있다.

차를 내어놓는 종쒸엔 스님은 차 우려내는 솜씨가 예사롭지 않았다. 그와의 다담이 오갔다.

"차 한 잔이 코끝으로 느껴집니다."

"송 휘종도 극찬한 백호은침(白毫銀針)차입니다.

"종쒸엔 스님께서는 향도문화를 선도하지 않았습니까?"

"향도는 차와 뗄 수 없지요."

밍하이 스님에게 넌지시 물었다.

"2005년 관음전 앞에서 무아차회의 형식을 빌어 찻자리가 이루어졌는데 오늘 이 같이 조주다석을 이끌어낸 스님의 안목이 놀랍습니다."

밍하이 스님이 말을 꺼냈다.

"최 선생께서 선차 정신을 헌신적 노력으로 선양하신 것에 저희들 또한 감동을 받아 오늘과 같은 조주다석이 이루어졌습니다. 더 나아가 조주 끽다거가 오늘날 조주다석으로 다시 깨어났습니다."

"밍하이 스님의 안목 아닙니까."

"해마다 가을날 백가 천인 찻자리를 마련하면 차와 선을 하나로 이어 주는 가교 역할이 될 것 같습니다."

차향을 음미한 오조사 방장도 이에 공감하는 듯했다. 밍하이 스님은 오조사 방장을 소개하며 2016년 11차 세계선차문화교류대회를 이끌어갈 이가 오조사 방장 정츠(正慈) 스님이라고 했다. 옆자리로 옮기자 베이징에서 온 화정차수원(和靜茶修院)의 왕징(王琼) 여사가 차를 우려냈다. 개완을 한손으로 붙잡고 차를 내는 솜씨가 예사롭지 않았다. 또 다른 다석에서는 젊은 다우들이 차향에 빠져들어 갔다. 그 옆에는 일본 차인들이 말차를 내놓았다. 인도인들도 홍차를 우려냈다. 또 다른 다석으로 옮겨갔다. 한국의 숙우회가 다포를 바닥에 깔고 홍삼 가루차를 내놓았다. 중국 스님들이 다완을 잡고 감미롭게 음다했다.

다석을 살피다가 큰 다완에 말차를 우리는 포다법(泡茶法)을 보았다. 중국에 불길처럼 번져가고 있는 말차 열풍을 실감했다. 중국의 경우 다완에 일일이 차선을 격불하는 우리 말차법과 달랐다. 큰 사발에 격불한 뒤 조롱박을 붙잡고 작은 잔에 말차를 포다하는 법이다. 중국의 한 다우에게 중국에서 생소한 말차를 어떻게 하게 되었느냐고 묻자 그는 최근 중국에 말차 붐이 일어나면서 깊이 빠져들었다고 답했다. 또 다른 다석에서는 다완에 찻잎을 넣고 뜨거운 물을 부어 적당히 잔에 따르는 포다법이 중국에서 되살아나고 있음에 충격을 받았다. 그리고 백가다석을 위해 특별히 탁자를 준비해 낸 중국의 저력이 놀라웠다. 여러 가지 차 맛을 음미하면서 중국의 차문화가 바뀌어 가고 있음에 놀랐다.

그런데 이 같은 사람을 동원한 데는 숨겨진 비화가 있다. 처음 베이징의 한 다우가 큰소리를 치면서 백가다석을 자신했다. 그런데 점점 행사 일정이 가까워지자 초조해졌다. 이러다가 11년 전으로 돌아가지 않을까, 행사를 집행하는 감원 스님은 난감해했다. 그러다가 몇 해 전 산시(山西)성의 오대산에서 열린 다석을 준비했던 그룹과 연이 닿아 7할은 그들의 손에 의해 자리가 채워지면서 백가다석은 완벽하게 진행할 수 있었다.

3시간 동안 사람들은 차향에 깊이 빠져들었다. 그리고 다석이 끝나갈 무렵 우리를 놀라게 한 장면은 조주다석 인가증서였다. 조주다석 인가증서는 이렇게 시작되었다. '조주진제 종심선사가 제창한 끽다거는 천고에 변함없는 화두가 되어 오늘까지 회자되고 있으며 이 같은 고준한 화두를 받드는 것 또한 후학들의 책무' 그리고 말미에 '비차비선, 즉심비불, 다선일미 진체를 깨닫는 것이 끽다거'라고 밝힌 뒤 백가다석에 참가한 차인들에게 이름을 새겨 천고에 빛나게 했다. 행사가 끝나 뒤 조주다석에 참가한 스좌장의 다관에 들렀는데 다관 정문 앞에 조주다석 인가증서를 걸어 놓고 자부심을 드러냈다. 이 같은 모습을 보고 한국의 차문화가 깨어나야 한다는 생각을 떨칠 수가 없었다.

만불루에서 열린 백가다석은 차인들을 한자리에 초대한 근래 보기 드문 차회로 중국 차문화의 혁명과도 같이 등장했다. 중국 도처에서 이번 찻자리를 위해 참석한 것 자체가 중국의 차문화가 깨어나고 있음을 말해 준다.

3시간 동안 계속된 조주다석이 끝날 무렵 폐막식에는 밍하이 스님의 폐막사가 이어졌다.

"우리들은 조주고불인 종심선사께서 천여 년 전 끽다거란 화두로 차와 선을 이끌어 주었다면 이제 천 년이 지난 지금 조주다석이라는 또다른 선차문화를 태동시켜 조주고불의 숭고한 차 정신을 이어가야 한다"고 역설했다.

이어 보림사 주지 일선스님의 폐막사로 제10차 세계선차문화교류대회는 폐막되었다. 조주다석 단상으로 올라온 밍하이 스님과 필자가 오조사 방장 정츠 스님에게 깃발을 전하면서 이번 대회는 폐막되었다. 천 년 조주 차향이 되살아나는 것 같다고 모두들 기뻐하면서 조주다석을 빠져나갔다.

10. 한·중 선차 교류 10년 회고와 전망 [35]

'다선일미 법유천추(茶禪一味 法乳千秋)'란 말은 2001년 10월 13일 조주탑 경내에 세운 〈조주고불 선차기념비〉에 새긴 머리글이다. 다선일미가 법유처럼 흘러 천추에 길이 빛나길 염원한 이 글은 징후이 스님의 바람이 담겨 있다.

10년 전인 2001년 10월 21일 〈조주고불 선차기념비〉를 건립한 지 꼭 10년 만의 일이었다. 조주선사의 발자취를 따라가는 2011년 9월 21~26일까지 진행된 행사는 제3차 조주기행 기간에 열려 더 뜻깊었다. 더욱이 선차의 고향 백림선사를 대내외에 알리는 데 원력을 세워온 지 10여 년이 흘러갔다는 점에서도 그랬다.

한·중 차계와 불교계 대표단과 다우들이 문수각(文殊閣) 법당에 가득 모인 가운데 한·중 양국의 우의를 다지고 다선일미가 세상 밖으로 퍼져 나가길 발원했다. 자오현의 백림선사 허베이 차문화학회, 한국의 국제선차문화연구회가 주최하고 한국 월간《차의 세계》잡지사와 중국《끽다거》잡지가 협력한 이번 대회는

찻잔을 들고 백림선사 경내를 도는 한 · 중 차계 대표단

200여 명이 가득 모인 가운데 거행되었다.

　10년 전 가을, 한국 불교춘추사, 한국 명원문화재단과 중국 허베이성 자오현 백림선사가 공동으로 '한중우의 조주고불 선차기념비명 게비(揭碑) 의식'과 '한·중 다선일미 학술대회'를 개최했다. 그때 백림선사 감원 밍하이 스님의 개막선언으로 시작되었는데 "부처의 땅은 언제나 사람들에게 평온한 느낌을 준다"고 말했다. 한중 학자들의 다선일미에 관한 다양한 말들이 쏟아져 나왔다. 그중 '조주선사 끽다거'는 일미(一味)가 짙은 선차를 다시 우려내어 '선(禪)'과 '차(茶)'의 향기를 천년을 이어오면서 '식지 않는 천년의 차가 되었다'는 등 담론이 쏟아져 나왔다. 2011년, 한국 선차 대표들은 10년 전 세운 〈조주고불 선차기념비〉를 직접 보고 가을 햇살 아래 차향을 꽃피우면서 조주의 높고 깊은 선풍을 통해 마음속을 법희선열(法喜禪悅)로 가득하게 했다.

〈조주고불 선차기념비〉 건립 이후 10년 만에 가진 한·중 선차교류

조주탑 앞에서 개최한
한·중 선차교류 10주년 기념행사 이모저모

조주고불 선차 기념비 건립 10주년을 맞아 한중이 공동으로 올린 헌다례. 한국의 차인들은 청자잔과 백자로 말차와 잎차를 올렸다.

한·중 선차문화 교류회는 먼저 백림선사 감원(監院) 밍영스님의 인도로 양국 대표가 백림선사 지월루(指月樓)에서 출발하여 사찰을 따라 조주탑으로 천천히 걸으며 다례(茶禮)를 올렸다. 탑을 한 바퀴 돌고 조주탑 앞에 차를 한 잔씩 올린 뒤 문수각으로 들어가 선차문화교류를 진행했다. 모든 장면이 엄숙하고 숙연하여 한 잔의 조주차로 생명의 장엄함을 깊이 느꼈다.

학술 교류는 한·중 양국의 다예 교류부터 시행되었다. 중국 측에서도 조주차오의 다예 표연을 선보였는데 10여 년 전 입식 선차에서 완전히 좌식으로 바뀌어 변화된 중국 선차를 엿볼 수 있었다. 더욱이 우리를 놀라게 한 대목은 《화엄경》〈입법계품〉에 나오는 선재동자를 내세워 행다를 보여주는 장면이었다. 7세의 소녀가 일일이 점검한 뒤 사조사 방장 징후이 스님이 찬한 조주게송을 읊으며 다례 시연은 마무리되었다. 한국 측에서는 숙우회가 청풍 차행법을 선보였다. 원오극근 어록인 청풍을 찻자리로 끌어들인 숙우회는 맑고 상쾌한 바람을 불러들여 선의를 보여주어 중국 차인들의 눈과 귀를 집중시켰다. 양측의 다례 교류가 끝난 뒤 좌담회가 이어졌는데 한국 측의 월간 차의세계 발행인인 저자와 한양대 문화인류학과 박정진 교수, 중국 측 백림선사 감원 밍영스님, 허베이 차문화학회 비서장인 수만(舒曼) 선생, 베이징 중앙재경대 바오싱용(包胜勇) 교수의 순으로 발표하였다. 오전에 시작된 선차교류는 점심 공양 후 조주탑 헌다공양 의식을 끝으로 대미를 장식했다.

참가 대중은 조주의 차를 음미하면서 조주가 일생 동안 전해온 끽다거를 마음에 담아갔다. 이는 2001년 백림선사에 건립된 〈조주고불 선차기념비〉가 우리에게 준 커다란 선물이라고 입을 모았다. 3차 조주기행으로 확대된 한·중 선차 교류는 사람들의 마음을 다선일미의 세계에 흠뻑 빠져들게 했다. 선차행다가 끝난 뒤 선차 교류가 시작되었다. 이번 선차 교류는 중국 언론에 집중 보도되어 중국 내에서 한국 월간《선문화》, 월간《차의 세계》의 위상을 실감나게 했다.

조주선사의 끽다거 공안의 발원지에서 〈조주고불 선차기념비〉 건립 10년 만에 선차문화 교류회가 열린 날이었다. 원래 계획은 조주의 끽다거의 의미를 다지는 제3차 조주기행이 목적이었으나 백림선사 측에서 한·중 양국 선차문화 교류회로 확대하면서 행사가 커졌다. 수만 선생은 10년 전 〈조주고불 선차기념비〉를 세우면서 그 비석에 새긴 선차일미가 법유처럼 흘러간다는 뜻을 10년 만에 재음미하는 역사적 순간이라고 설파했다.

행사가 끝난 뒤 백림선사 인터넷망에는 '이번 행사는 10년 전 선차 문화의 발

10주년 기념으로 백림선사에서 한·중선차교를 갖고 한국 선차 행사를 발표했다.

학술 강연을 한 밍영, 저자, 차 연구가 수만, 인류학자 박정진, 중국 재경대 바오싱용 교수(왼쪽부터)

상지인 백림사를 찾아준 한국의 월간 《차의 세계》 발행인 최석환 선생과의 두터운 인연에서 비롯되었다'고 밝혔다.

　이번 행사는 중국의 백림사와 허베이 차문화학회, 한국 불교춘추사, 한국국제선차문화연구회가 주최하고 한국 월간 《차의 세계》와 중국 《끽다거》 잡지, 중국 선차망이 후원하여 선차 문화의 발원지인 자오현의 백림선사에서 개최한 점에서 무게를 더한다. 더욱이 허베이 차 연구가와 차인, 차계 종사자, 스님들 200여 명이 고루 참여하였다. 한국의 격조 높은 차행법을 보여준 숙우회를 비롯 한국의 대표적 차인이 동참했다.

　2011년 9월 22일 양국의 선차문화 교류는 백림선사 감원인 밍영스님의 인도로 시작되었다. 지월루에서 출발한 한·중 대표단은 조주탑에 공차의식을 한 후 한 바퀴를 돈 뒤 차를 한 잔씩 들었다. 그 후 문수각(文殊閣)에서 선차문화 교류회가 개막되었다. 문수각을 밟는 순간 입식에서 좌식으로 변화한 중국의 모습에

한·중 선차 교류 10주년을 맞아 열린 행사 후 기념 촬영을 했다.

놀라지 않을 수 없었다.

이어 한·중 선차 표연이 펼쳐졌는데 먼저 중국의 삼자선다원(三字禪茶院)에서 들고 나온 행다는 조주차오였다. 중국의 표연 중에 선재동자가 나타나 "한 잔의 차로 대중의 마음을 깨닫게 해주는 선차가 바로 당신의 눈앞에 있다"고 말하는 멘트는 우리를 놀라게 했다. 조주차오는 한국의 선차 표연을 보는 것 같았다. 처음에는 한국과 너무 흡사한 표연 방식 때문에 매우 혼란스러웠다. 한국 측은 숙우회가 송나라 원오극근의《벽암록》을 근거로 하여 청풍 차행다를 선보여 청중을 사로잡았다. 양국의 다예 교류가 끝난 뒤 교류회의 하이라이트인 좌담회가 이루어졌다.

한국 측에서는 첫 번째 발표자이 저자가 '선차일미 법유천추(禪茶一味 法乳千

秋'를 새긴 기념비 건립이 10주년을 맞게 되어 매우 기쁘다고 발표했다.

이어 백림선사 감원 밍영스님은 2005년 천하조주 선차문화 교류대회(天下趙州禪茶文化交流大會)를 개최할 당시 백림선사의 징후이 스님이 '정(正)·청(淸)·화(和)·아(雅)'를 중국 다선문화(茶禪文化)의 4대 정신으로 하면서 차 문화계에 광범위한 공명(共鳴)을 일으켰다며, '정·청·화·아'의 4대 정신을 더욱 발전시켜 나가자고 말했다.

이어 베이징 중앙재경 대학의 바오싱용 교수는 중국 땅에 선차 문화를 전해 준 저자에게 고마움을 표한다고 했다. 허베이 차문화학회 비서장인 수만 선생은 "2001년 10월 19일 한국 불교춘추사가 불교계와 차계 대표단을 이끌고 백림선사에 와서 조정에 제를 올리고 조주고불 끽다거를 불이법문(不二法門)으로 널리 알리기 위해 〈조주고불 선차기념비〉를 세워 게비(揭碑) 의식을 열었던 것을 기억합니다. 백림선사 고불조정에서 차를 마시고 참선하며 사방으로 퍼지는 차향에 선취가 끝없던 당시의 선희를 느낍니다."라고 말했다. 10년 만에 가진 한·중 선차문화 교류회는 제3차 조주기행이 맺어 준 인연이라 할 수 있겠다.

11. 나한에게 올린
차 한 잔의 감동

조주의 끽다거가 시대를 초월하여 우리에게 다가설 수 있는 까닭은 무엇일까. 그것은 두 말 할 것 없이 삼자선(三字禪, 끽다거의 세 글자를 말함)이 후세에 전한 감동의 메시지 때문일 것이다. 중국 저장성 천태산(天台山)은 조주가 차를 들고 나오기 이전 이미 '차로서 부처에게 공양하고 다선일미의 법해(法海)를 실천한다'는 말을 천태지자 대사의 유훈처럼 받들어왔다.

천태산 방광사는 대대로 나한도량으로 이름을 얻었다. 여기에 명나라 전계 원년의 중추절에 청량산 후학사문 벽막(壁幕)과 뜻을 같이한 거사들의 발원으로 청동 감실형 오백나한도(五百羅漢圖)가 완성되었다. 그 속에 달마와 무상선사 등도 조성되었다. 사실 저자의 개가로 2001년 신라의 무상공존자가 오백나한에 포함되어 있다는 것이 알려지기 이전만 해도 오백나한은 절 한 칸에 있는 갖가지 얼굴들로만 비춰졌다. 그러나 2001년 무상선사가 오백나한에 올랐다는 사실이 알려지자 상황은 급변했다. 뜻밖에 석량폭포 위의 중방광사에서 명나라 때 조성한 감실

천태산 방광사에 있는 '청동오백나한도'

한국의 한 스님이 석량폭포에 차를 올리고 있다.

형 오백나한을 찾게 된 것이었다. 석량폭포 아래에서 나한에게 차 공양을 올린 후의 이야기였다. 조주선사의 선대 조사의 은덕일까. 선차지법을 창안한 무상선사에게 차 공양을 올린 것은 우리에게 감동이 아닐 수 없다.

아직도 꺼지지 않은 나한공차(羅漢供茶) 의식

북송 인종(仁宗) 황제 이후 천태산 방광사는 나한도량으로 명성을 얻었다. 명나라 때에 천태산 방광사에 청동으로 오백나한을 조성하면서 나한도량으로 자리매김하게 되었다. 여기에 모신 나한들을 신앙의 대상에서 차 공양의 대상으로 바라본 것은 송나라 시기 중국에 유학 온 도겐(道元, 1200~1253) 선사가 처음이다. 도겐선사는 천태산에서 행한 나한공차 의식을 일본 에이헤이지(永平寺)에 가져가 나한에게 차를 올렸다. 차를 올리자 찻잔에 대사응공(大士應供)이 나타나 당시의 일본을 뒤흔들었다. 도겐선사는 〈나한공양 의식문〉을 지어 반드시 차로 나한에게 공양하였다 에이헤이지 산문에 쓰인 '국자 바닥에 남은 한 방울의 물과 강물을 긷는 천억 인'이란 글귀는 모두 천태산 방광폭포에서 영향을 받은 듯하다. 흥미롭게도 도겐선사는 나한에 오른 신라의 무상선사에게 차 공양을 했다. 이는 동아시아 선차사에 차로 회향하려는 좋은 징조가 아닐 수 없다.

도겐선사가 천태산 석량폭포 아래에서 대대로 나한에게 차를 올렸다는 소문을 듣고 2011년 7월 폭포를 찾았다. 도겐선사가 방광사의 푸광(普光)이 폭포수 아래에서 떨어지는 물을 맞으며 수행하던 모습에 감동해 꼭 한번 석량폭포를 찾아 차를 올리겠다고 발원했던 터였다. 2012년 5월 11일 태극권의 고수인 진주 봉일암의 동초스님이 의천구법 순례단의 일원과 동행하여 석량폭포를 찾았다. 쏟아지는 석량폭포 아래에 찻자리를 펴고 한국에서 가져간 가루차로 차를 올리는 모습은 예사롭지 않았다. 동작 하나하나를 태극권에 맞춰 폭포 아래에서 허공 위로 다완을 높이 들어 올렸다. 이처럼 한 잔의 차가 마음을 감동시킨 것은 선차의 정신이 아니고서는 어려운 일이었다.

도겐선사가 차를 공양한 석량폭포 앞에서 좌선삼매에 빠져든 천태산 스님

차를 올릴 때 꽃이 수백 가지로 나타난 예는 방광사가 처음이자 마지막이었다. 옛사람들이 말하길 석량에 올리는 차는 반드시 유화(乳花)의 효능이 있다고 하였다. 이번 조주기행은 조주의 끽다거 이전에 선차지법을 창안한 무상을 모신 나한도량 방광사 오백나한 전에 차를 올리며 동아시아 차사를 한 잔에 담아냈다는 소중한 의미를 가지고 있다.

숙우회 회원이 조주탑 앞에서 헌다를 하고 있다.

12. 조주와 임제가
차 한 잔으로 만나다

임제의현(臨濟義玄, ?~867)과 조주종심 선사는 허베이성의 정딩현(正定縣)과 자오현을 사이에 두고 선법을 펼쳐나갔다. 임제가 할(喝)로 대중을 제접했다면 조주는 차로 대중을 이끌어 갔다. 두 사람은 마조 문하의 법손으로서 임제는 황벽희운(黃檗希運, ?~850)의 법(法)을 이었고, 조주는 마조의 세달(백장, 남전, 서당)로 알려진 남전의 법을 이었다. 생몰 연대는 비슷하나 조주는 마조의 손제자이고, 임제는 마조의 증손제자인 셈이다. 그러나 두 사람은 같은 지역에 있으면서도 많

조주탑에 올린 차

은 교류를 하지는 않은 듯하다. 《임제록(臨濟錄)》에는 조주와의 만남이 단 한 번 나온다. 이렇듯 두 선승의 교류 관계를 살펴보면 임제는 무위진인(無位眞人)을, 조주는 끽다거를 통해 절대 자유를 추구하였다. 천 년 전 두 사람의 삶을 더듬어 보면서 차로 만난 기연을 살펴보겠다.

임제탑에 퍼져 나간 차향

제3차 조주기행 순례단은 2011년 9월 22일 끽다거의 향기가 살아있는 허베이성 자오현 백림선사에서 한·중 선차문화 교류회를 마치고 23일에야 정딩현 임제로(臨濟路)의 신 임제사에 이르렀다. 근래 정딩현(正定縣)의 임제탑이 기울어져 탑전을 돌지 못하게 주변을 막아 놓았으나 조주기행 순례단은 임제사의 허락을 얻어 탑전에 차를 올리는 영광을 얻었다. 먼저 숙우회의 김경남 다우가 송나라 때 유행한 말차 한 잔을 격불한 후 두 손으로 받들고 임제탑 앞으로 다가갔다. 조주기행 참가 대중들은 그 광경을 지켜보고 있었다. 그렇게 시작한 조주기행은 전날의 백림선사 차향을 몰고 한국 임제 법손과 다우들의 공차 의식을 임제선사에 올렸다. 공차 의식이 끝날 즈음 임제사 감원스님에게 조주 끽다거 기행

정딩현 임제사는 한국 선종의 발원지이기도 하다.

의 깃발을 잡게 했다. 임제사 감원스님이 잡은 깃발이 바람결에 펄럭이자 그윽한 차향이 세상으로 퍼져 나가는 것 같았다.

임제의현의 사리를 모신 임제탑은 당예종 함통 8년에 건립되었고 탑명은 〈당임제혜조 징령탑(唐臨濟惠照澄靈塔)〉이다. 기록에 의하면 명나라 때 중수했고, 높이 33m의 9층 8면 전탑으로 처마에는 120개의 영탁이 달려 있다. 임제의 탑은 스님의 다비 후 그의 밥그릇과 가사 등을 넣은 의발탑이 되었다. 현 임제사는 임제의 사리를 모신 영탑이고, 실제 임제의 행화도량은 조주의 임제원이다. 지금은 폐사로 남아 있다.

허베이성 정딩현 사람들

《임제록》에 전하는 임제의 할의 정신세계를 쫓아

임제사 구지는 옛 모습과 같이 복원을 진행 중이다. 중국의 문화 정책에 힘입어 복원을 눈앞에 두고 있다. 임제사 구지에 이르러 일본 임제종이 세운 거대한 비석을 보자 우리는 백림선사에서의 위풍당당했던 모습과 달리 한없이 작아졌다.

일찍이 일본의 임제종이 조사의 유흔을 찾아와 임황 임제종파가 비석을 세우고 복원에 나선 것이 1985년이었다. 조사전 옆에 중일임제선연기록(中日臨濟

禪緣記錄)이 있다. 그 내용을 살펴보면 '남송 시기에 에이사이(榮西) 선사가 송(宋)의 구법(求法), 임제의 법맥을 가져가 황룡파 9세 법손인 허암회창(虛庵懷敞) 선사에게 인가받은 뒤 일본에 임제종을 전파했다'고 기록하고 있다.

임제의현 옆에 송나라에서 구법한 일본의 에이사이선사가 임제선을 배워 일본에 전파한 인연으로 그의 조상을 모신 것을 보고 매우 놀랐다. 태고 법손들은 지금까지 무엇을 했는가. 그나마 2001년 불교춘추사가 발의하여 백림선사에 세운 〈조주고불 선차기념비〉가 위안이 된다. 1990년 중반 처음 임제사를 찾았을 때 당시 유밍(有明) 방장이 조사전으로 데려가 임제법맥 원류를 가리키며 한국의 임제종도 여기서 발원했다고 하자 매우 부끄러웠던 기억이 난다. 조사전에 모신 임제종의 계보를 살펴보면 임제의현을 1세로 43대에 허운화상이 있었고, 44대에 중국 임제종의 최고의 선사인 번환(本煥) 스님이 있었다. 이어 45대에 이청(一誠) 스님과 유밍스님 등이 그 뒤를 이었다. 임제사의 방장인 유밍스님은 번환선사의 선맥을 이어 임제조정 임제사를 일으켰다. 그러나 임제사의 법유당 좌측이 일본 에이사이 선사의 족적과 일본 임제종으로 가득 채우고 있어 아쉬움이 남았다.

할의 소리가 들리는 듯

옛 진주 땅은 후타하(滹沱河) 강변 인근에 있다. 감원스님이 이끄는 3차 조주기행 순례단은 30분 만에 임제사 구지에 이르렀다. 좁은 소로를 따라 구지에 이르니 일본 임황 임제종파가 세운 거대한 비석이 우리를 압도했다. 그리고 잠시 후 마을 아이들이 몰려왔다. 그 천진무구한 모습에서 할의 소리가 들리는 듯했다.

어느 날 한 스님이 임제선사에게 물었다.

"무엇이 불법의 큰 뜻입니까?"

임제가 느닷없이 할을 하니 그 승은 절을 올렸다.

"그대는 이 할이 완전하다고 여기는가?"라고 임제가 물었다. 승은 말했다.

"초야의 도적은 완패하였습니다."

"허물이 어느 곳에 있느냐?"

임제가 묻자 그가 대답했다.

"두 번이나 범하는 것은 용서할 수 없는 일입니다."

임제는 재차 할하였다.[36]

차를 올리는 임제사 스님

금방이라도 어린아이가 달려와 할을 할 기세였다. 임제의 할 소리가 천 년이나 요동치고 있는 까닭은 무엇 때문일까. 왜 임제의 할 소리가 메아리처럼 자오현의 조주 관음원까지 들려왔을까.

《임제록》에는 다음과 같이 조주와 임제의 극적인 만남이 적혀 있다.

조주스님이 행각할 시기(時期)에 임제스님을 만나 보았다. 임제스님이 마침 발을 씻고 있었다. 조주스님은 바로 물었다.

임제의 이야기가 전해 오는 호타의 강변

"달마(達摩) 조사가 서쪽 인도(印度)에서 온 뜻은 무엇이오?"

임제스님이 말했다.

"마침 내가 발을 씻는 중이외다."

조주스님이 가까이 다가가서 귀를 기울이고 듣는 척하는 자세를 취했다.

임제스님은 말했다.

"또 두 번 더러운 물을 뿌리려고 합니다."

조주스님은 바로 내려가 버렸다.[37]

임제탑에서 헌다의식

3차 조주기행은 끽다거의 자취를 따라 조주의 차향을 느끼고자 기획되었다.

조주탑 앞에 한국에서 가져간 잎차와 말차를 한 잔씩 올렸다. 자심다례원의 신순희 원장이 차를 올린 뒤 숙우회의 김경남 다우가 말차를 올렸다. 그 당당함이 임제의 무위진인을 대하는 듯했다. 이렇듯 한국에서 가져간 차를 올림으로써 조주의 법향이 되살아나는 것 같았다.

임제의 살림살이를 살펴보건대 무위진인의 선사로 살아가면서 간혹 다선일미로 경책했다. 그가 조주 끽다거의 영향을 받았는지는 알 수 없다.

《임제록》에 전하는 차에 대한 공안을 살펴보자.

임제가 삼봉에 이르자 삼봉화상과 대면했다.

"어느 곳에서 왔는고."

"황벽에서 왔습니다."

"황벽은 무슨 언구가 있었는고."

"금우(金牛)가 어젯밤에 도탄을 만났는데 지금에 이르도록 자취를 보지 못했습니다."

"금풍에 옥관(玉管) 불거늘 어느 것이 지음(知音)인고."

"바로 만종관을 통하여 맑은 하늘 안에 머물지 않도다."

평화상이 말했다.

조주기행 깃발을 잡은 저저와 임제사 감원스님

"자, 앉아서 차나 드시오."

이런 공안도 있다.

양주의 화엄에 이르니 엄화상이 주장자에 의지하여 잠을 자는 모습을 보이자 임제
가 말하였다.

"노화상이 좋아서 어떻게 하시겠습니까?"

"작가(作家)의 선객(禪客)은 완연히 같지 않구나."

"시자야 차를 가져와 화상에게 드리게나."[38]

임제의 주 활동 근거지는 호타하 변에 있는 구 임제사였다. 지금은 폐허로 남
아 있다. 당시 임제가 활동한 임제원은 진주 지역이었다. 조주의 큰 무에 대한
일화도 전해오는데 여기서 조주를 통해 임제를 엿볼 수 있었다.

어떤 스님이 조주스님에게 물었다.

"듣자 오니 스님께서는 남전스님을 친견했다고 하는데 그렇습니까."

조주스님이 답했다.

"진주에는 큰 무가 있느냐."[39]

《벽암록》 30칙에 원오극근이 평하길,

"진주의 큰 무가 천하의 조주를 흉내 내지만, 어제의 나와 오늘의 나일뿐, 어

찌 백조는 희고 까마귀 검은 것을 분간하리오. 조주는 도둑일세. 중의 코를 비틀었으니."라고 하였다.

이에 설두중현 스님이 말하였다.

"모름지기 전광석화 가운데서 백조와 까마귀의 희고 검음을 가려내야 비로소 얻는다"고 말하였다. 설두선사는 능숙한 도적은 조주스님이라고 말하였다.

조주의 끽다거를 통해 임제의 내면 세계를 들여다보게 됨은 기쁜 일이다. 징후이 스님의 말처럼 자오현이 차의 산지가 아님에도 차가 발전할 수 있었던 것은 조주의 끽다거 공안에 힘입은 것으로 보인다. 여기에 인근 임제사가 있어서 더욱 발전했다고 볼 수 있다.

어느 날 임제원을 찾아온 한 스님이 임제에게 불법의 대의가 무엇이냐고 물었다. 임제는 벼락같은 '할'로 상대를 제압했다. 그 스님은 정딩현을 나와 자오현으로 달려가 조주에게 똑같이

"불법의 대의가 무엇입니까?"라고 물었다. 조주는

"차나 한 잔 드시게"라는 말로 상대를 제압했다.

차와 할이 불가분의 관계에 있는 까닭은 무엇일까. 3차 조주기행을 떠나며 진정한 임제와 조주를 마음에 담고 순례길에 올랐다. 저 멀리 임제의 차향이 퍼지며 조주기행의 푸른 깃발이 바람결에 나부꼈다. 그 사이로 차향이 퍼져 진주까지 전해지는 듯했다.

"자, 차나 한 잔 드시게."

조주선사의 법어가 감미롭게 들려왔다.

13. 원오극근으로 이어진 조주의 차

안후이성 남전산은 선종의 창(窓)이 되어 하나는 당토(唐土)에 남고 하나는 신라(新羅)로 전파되었다. 그 같은 선종의 전파는 조주와 철감이 있었기에 가능했다. 조주는 허베이성 스좌장 백림선사로 들어가 끽다거란 화두로 대중을 제접했다. 신라에서는 철감선사가 화순의 쌍봉란야(雙峰蘭若)에서 선풍을 일으켰다. 2011년 1월 조주의 고향인 산둥성에서 출발, 2년간 답사하면서 가는 곳마다 끽다거를 외쳤다. 그리고 뜨거운 조주의 차향을 온몸으로 느꼈다.

원오극근에서 일어난 다선일미

조주의 끽다거 정신 중 하나는 한국에서 또 하나는 중국에서 꽃을 피웠다. 송나라 시기 다선일미로 천하의 눈을 열어 놓은 원오극근에 의해 조주의 끽다거는 뇌살아났다. 원오극근은 선종부서인 《벽암록》을 저술, 차와 선의 나룻배가 되었다. 원오극근은 양기방회(楊岐方會) – 백운수단(白云守端)으로 이어진 임제하의 양기파로 후난성 협산사에서 《벽암록》을 집필할 때 벽암천의 물로 차를 달여 마셨다. 이때부터 원오극근은 '차 맛을 느끼는 정도가 향상하는 만큼 불법의 지혜가 솟아난다'는 이른바 다선일미론을 제창하게 되었다.

다선일미를 제창한 원오극근은 20여 년간 협산에 머물렀다. 원오극근 선사가 협산에 머물 때 대혜종고(大慧宗杲)와 호구소륭(虎丘紹隆)을 제자로 얻었다. 그렇게 되면서 다선일미는 모두 원오극근 선사에 의해 발원되었고 송

쓰촨성 석각사에 있는 원오극근 묘탑

대에 크게 번성하게 되었다. 원오극근은 《벽암록》에서 조주 한 사람에게 11칙에 달하는 상당한 비중을 할애했다. 이를 통해 그가 얼마나 조주를 추앙했는지 알 수 있다. 그는 조주차와 '뜰 앞의 측백나무'로 상징되는 조주선을 확대시키는 데 상당한 영향을 끼쳤다.

《신선소각사지(新選昭覺寺志)》의 기록에 의하면 일본승인 무라타 주코(村田珠光)가 중국에 와서 불과극근선사를 참배하니 선사는 '정법안장(正法眼藏)'을 전하고 '다선일미'라는 묵보(墨寶)를 증송하였다고 한다.

무라타 주코는 귀국하면서 태풍을 만났는데, 대나무 통 안에 '다선일미' 묵보를 넣고 밀봉한 것이 물에 떠돌아다니다가 일본 혼슈(本州)의 강변에서 잇큐(一

2005년 다선일미를 전해준 원오극근 묘탑에 차를 올리고 있다.

休) 화상에게 발견되어 후에 교토(京都)의 다이토쿠지에 보관되었다. 일본 승려들은 이 묵보를 보고 깨우치고 조사(祖師)의 오지(奧旨)를 발휘하여 후에 《선차지도(禪茶之道)》를 저술했고 지금까지 전해오고 있다.

그런데 선차맥을 조주선사보다 먼저 제창한 신라의 무상선사가 선차지법을 들고 나와 무상-조주-원오극근으로 선차의 맥이 형성되었다. 항저우 사람들은 허베이가 차의 산지가 아님을 들어 차의 고향은 항저우라고 강하게 주장한 바 있다.

소각사 옌파 방장에게 한국의 금잔에 우린 말차를 전하는 송광사 현봉스님

소각사에서 깨어난 다선일미 정신

조주기행 순례단은 2010년 7월 6일 쓰촨의 대자사에서 '무상선사와 서촉'이란 학술대회를 마치고 소각사로 향했다. 소각사는 알려진 바와 같이 원오극근선사의 묘탑이 있어 다선일미의 고향으로 더 잘 알려졌다. 소각사의 원오극근 묘탑 앞에 1988년 자오푸추가 찬문한 〈중건원오극근선사묘비기(重建圓悟禪師

墓碑記)〉가 서 있다. 그 비에는 다음과 같이 적혀 있다.

> 원오극근 선사는 선종 임제종을 흥성시켰고 그로부터 양기파가 번성하게 되었다.
> 일본 불교 임제의 24세로 중국선을 일본에 전파하는 데 기여했다. 지금도 일본 선승
> 들은 원오극근의 자취를 찾아 한없이 참배를 올리고 있다. [40]

이렇듯 원오극근의 정신은 일본에 닿았다. 또한 한국 선종도 원오극근과 닿아
있다. 양기파는 호구소륭과 석옥청공을 거쳐 고려 말 태고보우와 연결되면서 양
기파의 선이 신라와 고려로 이어졌다고 해도 과언이 아니다.

소각사 방장 옌파(演法) 스님은 2005년 8월 원오극근 묘탑에서 한국인으로는
처음 헌다를 올린 인연을 떠올리며 저자를 반겼다. 스님을 따라 한국에서 가져
간 말차로 헌공다례를 올린 뒤 탑을 한 바퀴 돌고 갈무리하며, 조주의 차향이 우
주에 널리 퍼져 나가길 발원했다.

헌공 의식이 끝난 뒤 방장실로 이동해 2012년 한국에서 열릴 예정이었던 제7
차 세계선차문화교류대회에 참가할 것을 권유하자 즉석에서 수락했다. 그리고 1
주일 뒤 〈소각사(昭覺寺)와 선차일미〉라는 장문의 논문을 보내와 끈끈한 우정에
답했다.

최근 쓰촨 땅에서 무상 열풍이 일어나는 계기를 묻자 그것은 저자에 의해 오백
나한이 세상에 알려졌기 때문이며, 한·중 교류에 초석이 되었다고 말했다. 중
국보다 한국 땅에서 무상의 현창이 덜 되고 있음을 묻자 중국에서 일생을 보낸
요인이 아니겠느냐고 말했다. 그 말을 듣고 있던 한국의 한 학자가 무상은 귀화

인이기에 자연스레 한국 불교계나 학계가 도외시한다고 말했으나 저자는 그것은 잘못된 생각이라고 반박했다.

역사적 근거를 바탕으로 초기 선종의 법맥을 살펴 보겠다. 달마-혜가-승찬-도신-홍인으로 달마선맥이 이어졌다. 홍인은 육조혜능과 자주지선에게 달마의 선맥을 이었다. 한국의 선맥은 홍인-혜능으로 무상의 선맥을 이으면서 자연스럽게 무상은 선맥에서 빠져 버렸다. 그런데 1908년 돈황석굴에서 돈황문헌 속에 〈무상어록〉이 발견되면서 비로소 그가 깨어났다. 일찍이 무상은 후스(胡適) 박사나 중국계 캐나다의 Jan Yun-Hua, 일본 선학의 권위자인 야마구치(山口瑞鳳), 가마다시게오(鎌田茂雄), 야나기다 세이잔(柳田聖山) 등 세계적 학자에 의해 연구되고 있었다.

국내에는 이종익 박사, 민영규 교수 등에 의해 무상 연구의 개가를 이루었다. 그러다가 2001년 10월 무상의 자취를 쫓아 쓰촨성 나한사 오백나한당에서 중국 오백나한 중 455번째 무상선사가 성인으로 오른 사실이 밝혀지면서 비로소 무상 연구가 급물살을 타게 되었다.

한국에 돌아온 뒤 2012년 쓰촨 대자사에서 열린 국제학술회의에 대해 한국의 언론들은 일제히 '이제 한국선은 혜능이 아니라 무상에서 찾아야 한다'고 보도한 바 있다.

무상의 선법은 마조, 지장, 마곡, 남전을 거쳐 도의, 홍척, 혜철, 범일, 무염, 현욱으로 전해진 뒤 구산선문을 이뤘다. 이 같은 역사성을 토대로 무상은 동아시아 선차의 비조로 추앙받고 있다고 말할 수 있겠다.

한국 불교의 총 본산격인 조계사 내의 한국불교 역사문화 기념관의 공연장에서 제7차 세계선차문화교류대회(2012년 10월 18일~20일)가 열리던 날 중국 쓰촨성 대자사(大慈寺) 방장인 따이은(大恩) 스님이 단상 위로 올라가

　"무상선사는 조주선사가 끽다거 공안을 퍼뜨리기 이전부터 선차지법(禪茶之法)으로 대중을 이끌었다"는 사실을 하나씩 밝혔다.

　선차지법의 정신을 잇는 끽다거 공안은 후대까지 존경받고 있으므로 조주선사를 조주고불이라고 부르는 것은 조금도 손색이 없다. 조주의 차향은 승속을 막론하고 시대를 넘어 오늘날까지 향기로운 차향으로 살아있다. 그것이 조주기행에서 얻은 또 하나의 화두였다. 지금까지 조주기행을 격려해 준 강호 제현의 뜨거운 성원에 거듭 감사를 드린다.

제7장
조주선사의 끽다거 담론

01. 조주의 차를 말한다

- 징후이 스님과의 대화[1]

선에서 차를 말한 징후이 스님

천고(千古)에 길이 전해져 온 끽다거라는 화두는 당나라 시기 조주종심 선사가 읊은 화두이다. 무수히 많은 사람들이 조주선사의 끽다거 공안(公案)을 두고 사족을 달았는데 천 년의 세월이 흐르는 동안 잊혀져 버렸다. 천여년전 조주종심 선사는 중국 허베이성 관음원(현재의 백림선사)에 주석하고 있었을 때 그의 법력(法力)이 사방에 떨치자 법을 물으러 학인(學人)들이 찾아오면서 끽다거가 세상에 알려지게 되었다.

어느 날 두 명의 학인이 조주선사를 찾아와 간절한 마음으로 깨달음에 대해 물었다. 조주선사는 "차나 한 잔 마시게(喫茶去)"로 간단명료하게 답하면서 선문(禪門)의 화두가 되었다. 그런데 천 년의 세월이 흐르면서 백림선사는 조주탑만 덩그렇게 남아있을 뿐 황폐화했다. 그러다가 징후이 스님이 1987년 10월

조주의 차를 말하는 징후이 스님

15일 처음 조주선사의 자취를 찾아 백림선사를 찾았을 때 다행히도 국사의 탑은 남아 있구나(來參眞際觀音院. 何幸國師塔尙存)라는 시를 남기면서 백림선사 중흥의 의지를 불태웠다.

1년 뒤(1988년) 징후이 스님이 백림선사 복원(復元)의 원력을 세우고 중건을 시작하면서 부흥의 길에 들어섰다.

백림선사가 10여 년의 노력 끝에 옛 모습을 되찾아 가면서 생활선을 표방하고 나섰다. 징후이 스님은 대학생 수련을 주도하면서 평상심을 생활선으로 이끌어갔다. 징후이 스님은 백림선사에서 생활선 근본 도량의 기치를 내세우고 '각오인생 봉헌인생'을 실천해 나갔다. 당시로서는 차와 선이 대중들로부터 주목을 받지 않았던 시기로 끽다거를 제창하는 것은 간단한 일이 아니었다. 백림선사가 복원을 시작한 해가 한국에서 88올림픽이 개최된 그 해이다.

그로부터 10년 뒤(1999) 저자가 백림선사를 찾아가 조주탑 앞에 차를 올린 뒤 백림선사 경내에 '조주고불 선차기념비'를 세워 조주의 차 정신이 역사적으로 길이 남기를 염원했다. 한국의 사자산문을 연 철감도윤과 동문수학한 조주의 차 정신을 잇는 기념비를 세우려는 의지가 당시 감원인 밍하이 스님을 통해 백림선사 방장 징후이 스님에게 알려져 1년 뒤 극적으로 만남이 이루어졌다.

다선일미를 실천해 온 징후이 스님은 제자인 밍하이 스님에게 백림선사 방장을 물려주고 4조사 방장에 취임하여 4조 도신의 선풍을 선양해 나갔다. 그러던 중 2004년 8월 27일 후베이성 황매현 4조사에서 '끽다의 선적(禪的) 사유와 선(禪)의 미(美)'라는 학술강연이 있었다. 그 자리에서 징후이 스님은 끽다거에 담긴 이미를 처음으로 드러내 보였다.

　"'끽다거'의 '거'는 공간의 전환이나 시간의 흐름을 의미하는 것이 아니라 '당하(當下)'를 의미하는 것으로 당시 음차의 기풍이 얼마나 성행하였는지를 알 수 있다. 수행(修行)을 언급함에 있어서도 그것은 '빈 것(空)'이 아니다. 남이 대신할 수 없는 것이니 마치 차를 마셔 보면 맛이 단지 쓴지 저절로 알게 됨과 같은 것이다. 선이란 '오고 감'이 없는 것이자, 또한 '오고 갈' 수 있는 것이라고 할 것이다. 하지만 조주스님께서 말씀하신 것은 '끽다거'이다." [2)]

　징후이 스님은 다도를 통해 선도(禪道)를 깨달아간다는 조주의 차 정신이 담긴 끽다거의 정신을 선의로 이끌어가려고 노력했다. 징후이 스님은 견해를 드러낸 것은 2004년 8월 27일 중국 후베이성 황매현 사조사에서 열린 '끽다의 선적사유와 선의 미'에 담긴 학술강연에서 징후이 스님은 끽다거는 공간의 전환이 아니라 당하(當下)

를 의미한다고 분명하게 스님의 견해를 드러냈다. 조주선사가 끽다거를 전파한 백림선사를 중흥시킨 징후이 스님을 승속을 막론하고 많은 스님과 차인이 찾아와 스님에게 질문을 던졌다. 스님은 자오푸추 거사의 말처럼 '수천 수만가지 말보다 차 한 잔 마시고 가는 것이 낫다'는 견해를 드러내 보이면서 손으로 차를 가리켰다. 끽다거의 견해도 징후이 스님이 백림사를 떠난 이후 4조사 방장에 취임한 이후에 드러났다. 징후이 스님의 끽다거에 관한 가르침이 널리 알려지면서 일본의 히사마츠 신이치(久松眞一)의 학풍을 이어가고 있는 저명한 학자인 쿠라사와 유키히로(倉澤行洋) 교수가 2000년대 초 백림선사를 찾아가 지월루에서 징후이 스님과 만났다. 먼저 쿠라사와 교수는 징후이 스님에게 조주 끽다거의 의미에 대해 여쭈었다.

"'조주끽다거'의 선적 철학에 대해 여쭙고자 합니다."

"悟在当下証在当下, 깨달음은 바로 그 자리 그 순간에 있습니다. 깨달음을 위한 수행은 생활 속에 있다는 것을 나타낸 말입니다."

"다양한 일상적 행위는 모두 깨달음의 기회와 인연이 됩니다. 또한 일상적 표현들이 그것을 나타내고 있습니다."

"다양한 일상적 행위 속에서 특히 끽다가 선과 잘 이어지는 연유는 무엇때문일까요?" 라고 쿠라사와 교수는 다시 질문했다.

"여러 일상의 행위 속에서 끽다는 선의 철리를 가장 잘 표현할 수 있다고 인정되어 각별히 다루어져 왔습니다."

"'조주끽다거'의 '거(去)'의 해석에 관해서입니다만, '끽다거'는 '다른 장소로 차를 마시러 가게(차를 마시고 다시 오게)' 라는 의미일까요, 아니면 그 자리에서 '차를 마시게'라는 의미일까요?"

"이 선문답에서는 '가다' 라든지 '오다'라
든지 하는 공간적인 것은 문제가 되지 않
습니다. '거(去)'를 그러한 의미로 취할 수
는 없습니다. 핵심은 분별의 세계에서 무
분별의 세계로 그 자리 그 순간의 전환입
니다. 생활선의 본의도 거기에 있습니다."

"말씀을 듣고 제가 생각하는 바가 틀리
지 않았음을 확인할 수 있어서 기쁩니다.
저는 다도는 '생활선' 그 자체라고 생각합
니다. 그 또한 말씀을 통하여 확인할 수 있
었습니다. 감사합니다." 3)

2005년 허베이 스좌장 인민회당에서 열린
제1차 세계선차문화교류대회 개막식에서
개막법어를 하고 있는 징후이 선사가
'조주선다송'이라는 의미있는 다송을
발표하고 있다.

이같은 대담은 2019년 5월 산둥성 우롄현
(五蓮縣)에서 열린 제16차 세계선차아회의
'우롄 선차학술연토회'에서 발표자로 나선 쿠
라사와 교수가 '조주종심선사의 끽다거에 대
하여'에서 백림선사 징후이 선사와 끽다거에
얽힌 비화가 공개되면서 세상에 알려졌다. 징
후이 스님과 쿠라사와 교수와 나눈 끽다거에
대한 대화이다. 징후이 스님은 철학, 화학, 불

학, 차인 등 세계각국의 많은 사람들과 대화를 나누었다. 대체적으로 징후이 스님은 차 한 잔으로 손을 가르키며 미소지었다. 징후이 스님의 끽다거에 관한 가르침이 드러난 것은 황매사 조사 방장에 추대되면서 끽다거 의미를 법어로 남기면서 세상에 알려졌다. 징후이 스님과 쿠라시와와 나눈 대화는 2018년 5월 산둥성에서 열린 제16차 세계 선차아회에서 '조주종심의 끽다거' 논문이 발표되면서 세상에 알려졌다.

선차의 오묘한 정신을 세계에 전하다

조주차의 정신이 승속을 막론하고 대중에게 가까이 다가서자 선차 조정 백림선사로서는 자부심이 대단했다.

징후이 스님은 기회가 있을 때마다 '조주의 차는 무수히 많은 세월 동안 무수한 선인(禪人)들이 조주의 차의 정신을 이어갔다'는 고견을 밝히고 '조주의 차야말로 선의 등불이라'는 말을 자주 쓰셨다. 그러던 중 2005년 징후이 스님과 저자가 세계선차문화교류대회를 공동 발의하면서 비로소 선차 문화가 대중에게 가까이 다가섰다. 2005년 10월 19일 허베이 스좌장 인민대회당에서 열린 제1차 세계선차문화교류대회 개막식에서 징후이 스님은 '조주선다송(趙州禪茶頌)'을 대중 앞에 드러내 보였다.

趙州禪茶頌[4]
爲天下趙州禪茶文化交流會而作

趙州一碗茶, 今古味無差   조주의 한 잔의 차는 예와 이제나 다름없는 맛이로다

根植菩提種, 葉抽智慧芽　보리의 종자로 뿌리를 내리고 지혜의 싹에서 잎이 피도다

瞿曇曾記莂, 鴻漸復添蛇　구담이 일찍이 싹을 내니 자손들이 점차 다시 줄기를 더했도다

甌注曹溪水, 薪燒鷲嶺椏　사발에 조계수를 부어서 영축산 고개의 나뭇가지를 때도다

虛空爲玉盞, 雲水是生涯　허공을 옥잔으로 삼고 운수가 생애로다

著意嘗來淡, 隨緣得處佳　뜻을 붙여 맑은 맛을 보고 인연 따라 아름다운 곳을 얻도다

正淸和雅氣, 喜舍慈悲花　바르고 맑음과 화아한 기운이요, 희사와 자비의 꽃이다

上供諸佛祖, 平施百姓家　위로는 제불조에 공양하고 고르게 백성들 집에 베풀도다

人人親受用, 處處絕塵渣　사람 사람이 친히 수용하고 곳곳에 티끌 때가 끊어졌다

林下淸和滿, 塵中敬寂誇. 숲 아래 청화함 가득하고 저자 가운데서도 경적함을 자랑하도다

千年逢盛會, 四海頌兼葭　천 년의 성대한 모임을 만났으니 사해의 칭송이 갈대와 같도다

三字禪茶意, 和風送邇遐. 세 글자 선차의 뜻은 바람에 실어 멀리 보내도다.

淨慧老和尙

(2005年10月13日於旅次)

이 한 편의 시로 중국의 선차가 깨어났다. 그 자리에서 징후이 스님은 유가의 정기(正氣), 도가의 청기(淸氣), 불가의 화기(和氣), 차가의 아기(雅氣) 등을 담아 선차 문화의 근본정신을 표방했다. 이를 통해 차를 앞에 놓고 선을 논했던 다선일미가 유·불·도가 융합하는 문화의 측으로 발전해 갔다. 징후이 스님은 조주 차의 정신을 잇고자 조주선사가 수행했던 장시성 진여선사(眞如禪寺)의 찬림차(攢林茶) 묘목을 이식하여 백림선사 경내에 재배하려 했다. 그러나 백림사는 북방 한계선으로 기후조건이 맞지 않아 허베이성 농학원이 태행산에 실패를 거

듭한 끝에 성공하였고 조주 차로 탄생하게 되었다.

차(茶)와 선(禪)은 일미(一味)이다

징후이 스님은 대중들에게 조주선사와 차는 불가분의 관련이 있음을 강조하며 끽다거가 천고에 길이 전해졌다고 밝힌 바 있다.

징후이 스님은 차와 선에 대해 명확한 견해를 피력한 바 있다.

"어떤 체험도 말로 표현하려고 하면 명상(名相)이 나뉘어지기 때문에 이미 체험 그 자체가 아니며, 진리와 인식 그 자체가 아닙니다. 차는 마셔봐야 맛을 알 수 있습니다. 마시지 않고서는 어떤지 말할 수 없습니다. 또한 진실한 느낌을 가질 수도 없습니다. 진정한 불법은 수행을 통해서만 깨달을 수 있습니다. 마치 차를 마셔봐야만 맛을 느낄 수 있는 것과 같은 이치입니다. 불법(佛法)과 선수행은 심신을 모두 쏟아야 합니다. 때문에 조주 스님께서는 '천 마디 만 마디 말도 차 한 잔 마시는 것만 못하다'고 하신 것입니다." [5]

징후이 스님은 기회가 있을 때마다 말했다.

"대중들은 조주(趙州) 화상의 '끽다거(喫茶去)' 공안을 알고 있을 것입니다. 이 공안은 시방삼세 일체의 모든 부처와 역대 조사의 심지법문을 담고 있습니다. '끽다거' 라는 세 글자는 예부터 지금까지 얼마나 많은 선인(禪人)들의 계오(契悟) 선기로 계발되었고 마음을 밝혔는지 알 수 없을 정도입니다. 이 한 잎의 차, 한 잔의 차는 바

2001년 10월 백림선사에서 처음 열린 다선일미 학술대회에서 차와 선을 말하는 징후이 스님

로 인생의 큰 도리, 철학의 큰 도리, 과학의 큰 도리, 선기의 큰 도리입니다.

이 한 잎의 차는 예부터 지금까지 일반 백성들의 힘든 노동이 응집된 것이고 시인들의 지혜가 응집되고, 선사들의 깨달음이 응집되고, 보통 백성들의 희로애락이 응집된 것입니다."[6]

징후이 스님은 조주 차의 전승을 위해 수행자들에게 상당법어로 차의 의미를 간단명료하게 들려준 바 있다.

"한 잔의 차를 매우 중시합니다. 참선을 하는 사람에 대해 말하자면 이 한 잔의 차는 갈증을 해결하고 정신을 차리게 하며 병을 물리치고 추위를 물리치며 위를 따뜻하게 합니다. 그뿐만 아니라 차의 모양에서 형이하학적(形而下學的)인 작용을 얘기하고 만약 이 한 잔의 차를 형이상학적(形而上學的)으로 승화시킨다면 화제는 매우 많아집니다.

역대 조사의 어록을 열어 보면 차를 마시는 공안, 차에 대해 쓴 게어(偈語), 송차(頌茶)의 시문이 너무 많아 얼마든지 얻을 수 있습니다. 선인이 되어 만약 차와 찻잎에 대해 깊이 있는 인식과 깨달음이 없다면 깊이 있는 내용의 사물에 대해 인정받은 기회를 놓칠 수 있습니다. 그래서 차를 마시는 것은 차를 만드는 것뿐만 아니라 차를 따르는 사람도 그것을 노동, 일종의 부담, 어쩔 수 없는 것으로 여겨서는 안 됩니다. 차를 마시는 사람은 감사하는 마음으로 마시고, 이 한 잔의 차를 힘들여 얻은 것에 감사하고 천지만물이 이 한 잔의 차를 성취한 것을 감사해야 합니다.” [7]

징후이 스님은 1988년 백림선사를 중창하고 조주선사의 끽다거를 회상하며 '조주의 차는 무궁한 의미를 지니고 천고에 길이 전해졌다'고 말한 바 있다. 이는 선(禪)이 일미(一味)이기 때문이며 조주의 차는 불가분의 관계가 있다고도 말했다. 징후이 스님은 조주 차를 깨운 한중 양국을 오가며 선차 문화의 발전에 노고를 아끼지 않았던 저자를 선차 문화의 공헌자라고 피력한 바 있다. 조주 차를 전파하기 위해 한국을 찾은 징후이 스님은 한국의 차 문화를 살핀 뒤 7언 12수의 차 시를 남겨 심금을 울렸다.

오늘 날 선차계는 끽다거를 말하고 있으나 1998년 이전까지만 해도 화두에 불과했다. 그 후 징후이 스님은 끽다거를 제창하면서 끽다거가 대중 가까이 다가서게 되었다. 징후이 스님은 조주의 차는 무궁한 의미를 지니고 천고에 길이 빛나게 되었다고 말한 바 있다. 그렇게 조주 차의 정신을 징후이 스님에 의해 근·현대로 되살리게 되었다.

02. 조주의 차를 달여 만 사람에게 권하니

– 진제스님, 징후이 스님 대담[8]

〈조주고불 선차기념비〉제막식에 참가한 동화사 조실 진제스님과 백림사 방장 징후이 스님과의 대담은 한·중 선종의 뿌리를 재확인하는 계기가 되었다. 2001년 봄 백림선사를 찾은 진제스님, 징후이 스님이 나눈 대담과 2001년 10월 〈조주고불 선차기념비〉건립 당시 나눈 대담을 정리했다. 먼저 2001년 봄날 허베이 자오현 백림선사를 찾은 당시 동화사 조실인 진제스님과 징후이 스님이 백림선사 방장실에 마주 앉아 대담을 나누었다.

징후이 스님: 조주고불의 흔적을 찾아 백림선사를 내방해 주시어 감사의 말씀을 전하고 싶습니다.

다담이 오고가는 사이 시자가 차를 한 잔씩 돌렸다. 차향을 오감으로 느낄 즈음 진제스님이 방장실에 걸린 끽다거를 보고 말을 꺼냈다.

진제스님: 천이백 년 전 조주종심 선사께서는 그를 찾아오는 납자들에게 한결

진제스님과 징후이 스님의 대담 장면.
징후이 스님이 천 년 전 경주의 황룡사 9층 목탑도를 보고 놀라워하고 있다.

같이 말씀하시길,

"여기에 이르렀는가?"

"이르지 못했습니다."

"차 한 잔 먹게" 하셨습니다.

또 한 수좌가 들어오니, 똑같이 물으시기를,

"여기에 이르렀는가?"

"이르렀습니다."

"차 한 잔 먹게" 하셨습니다.

옆에 있던 원주(院主)가 이 모습을 지켜보고는 조주선사께 여쭈었습니다.

"조실스님! 어째서 '여기에 이르렀다' 해도 '차 한 잔 먹게' 하고, '이르지 못했다' 해도 '차 한 잔 먹게' 하십니까?"

하니, 조주선사께서

"그대도 차 한 잔 먹게" 하셨습니다. 이렇게 조주선사께서는 누구든지 찾아와 법을 물으면 '차 한 잔 먹게' 하셨습니다.

산승이 그 글귀를 보고는

"조주선사께서는 누가 와서 물으면 '차 한 잔 먹게'라고 하셨는데, 조주선사의 뜻이 어디에 있습니까?"

진제스님의 질문에 징후이 스님은 침묵만 흐르고 아무 말이 없었다. 잠시 후 한 손으로 찻잔을 가리키며 빙그레 웃으며 '차나 한 잔 드시게'로 무언의 말을 건넸다. 징후이 스님이 아무 말이 없자 진제스님이 답을 했다.

진제스님: 방장스님이 앞에 놓여 있는 찻잔을 들어 산승에게 내밀기에, 산승이 "그것은 산승이 받아먹지만, 화상(和尙)도 또한 나의 차 한 잔을 먹어야 옳습니다" 하였습니다. 이 말의 낙처(落處)를 척 알아야 하는데 역시 더는 답이 없었습니다.

그렇게 한·중의 고승이 마주 앉아 선문답이 이루어진 것은 한국의 불교 문화적 교류에 중요한 계기가 되었다. 그날 한·중 두 선승과 나눈 대담도 조주의 차향을 담아 강물처럼 흘러갔다. 그 후 1년이 지난 뒤 2001년 10월 백림선사에서 〈조주고불 선차기념비〉가 제막되면서 한중의 고승이 다시 만났다. 백림선사 방장실에서 대담이 오고 갔다.

징후이 스님: 오늘 〈한중우의 조주고불 선차기념비〉 건립 행사에 참석하기 위해 멀리 한국에서 백림선사를 찾아주신 스님께 감사를 드립니다. 1988년 폐허나 다름없던 옛 조주 관음원을 오늘과 같은 모습으로 되찾은 것은 매우 기쁘고 의미있

징후이 스님

는 일입니다. 한·중 양국의 뜻을 모아 〈조주 고불 선차기념비〉를 조주탑(趙州塔) 앞에 세우게 된 것에는 천추에 길이 남을 역사적 의미가 담겨 있습니다. 〈조주고불 선차기념비〉 건립은 2년 전 불교춘추사 최석환 거사의 발의를 시작으로 고불총림 방장 서옹스님과 동화사 조실 진제스님을 비롯한 한국불교계와 명원문화재단이 힘을 합해 조주탑 앞에 세우자는 제의를 하여 쾌히 승낙했습니다.

진제스님: 이렇게 2년 만에 다시 선사님을 만나 뵙게 되어 기쁩니다. 오늘 한·중 양국의 황금우의를 다지는 〈조주고불 선차기념비〉 제막식이 있기까지 자비를 베풀어주신 선사님께 감사드립니다.

징후이 스님: 백림선사의 옛 이름은 관음원입니다. 조주선사는 여기서 끽다거란 화두로 대중을 제접했습니다. 사실 백림선사는 1987년 10월까지만 해도 범종소리도 끊긴 텅빈 절터에 조주탑만 덩그렇게 서 있는 백림선사를 보고 중흥의 지를 불태웠습니다. 다음해(1988) 부흥되었고 10년간 노력 끝에 옛 모습을 되찾아 갔습니다. 당시로서는 조주의 공안 끽다거를 대중 곁으로 드러내려고는 상상도 못했어요. 오늘날 백림선사의 정신적 근간이 되고 있는 각오인생 봉헌인생을 내세워 대학생 생활선 수련을 하는 것이 중심이었어요. 그런데 1999년 여름 한국의 최석환 선생이 백림선사를 찾아와 끽다거를 들고 나오면서 비로소 끽다거의 소중함을 드러내게 되었습니다.

진제스님: 이번에 〈조주고불 선차기념비〉 제막을 계기로 방장스님께서는 한중의 불교는 한 뿌리이니 예로부터 한집안이며 법맥 또한 서로 전해졌다고 말하지 않았습니까.

징후이 스님: 그렇습니다. 예전에는 조주선사와 한국의 선종이 깊은 연관이 없는 것으로 알려졌었어요. 2000년 봄 최석환 거사를 처음 만났을 때 왜 백림선사 경내에 신라의 조주고불 선차기념비를 세울 생각을 하게 되었느냐고 여쭈었습니다. 그때 백림선사 경내에 조주고불

진제스님

선차기념비를 세우게 된 데는 남전보원을 스승으로 조주와 법형제지간인 철감도윤 선사의 인연으로 한중우의의 상징인 조주고불 선차기념비를 세워 천추에 길이 빛내자는 뜻밖의 제안을 듣게 되었습니다. 그래서 《조당집》을 살피다가 철감도윤의 내력을 보고 기쁜 마음으로 승낙하게 되었습니다.

진제스님: 철감도윤은 남전보원 선사로부터 인가를 받을 당시 '중국의 선이 몽땅 신라로 가는구나'라고 말씀한 뒤 선맥을 전해 주었는데 철감은 구산선문 중 사자산문의 법맥을 잇는 고승으로 한국에 널리 알려져 있습니다.

징후이 스님: 나는 기회 있을 때마다 인성을 끌어올려 불성을 일으켜야 한다는 말을 해오고 있습니다.

진제스님: 좋은 뜻인 것 같습니다. 이 거룩한 백림선사 청정도량에 부처님의 심인법이 유전되어 조주선사 때 가풍을 크게 드날렸습니다. 오늘 1,200여 년의

세월이 흘렀지만 중국과 한국의 스님들과 거사들이 조주선사의 비를 세우고 학술회의를 여는 등 대단히 뜻깊은 일을 했습니다.

징후이 스님: 조주비를 세운 뜻은 한국과 중국의 선종이 한 뿌리임을 새삼 되새긴다는 뜻이 담겨 있습니다. 기념비의 글에는 중국으로부터 법을 받은 조사들을 남김없이 기록하여 선종의 자취를 영원히 기릴 수 있게 되었습니다.

진제스님: 오늘 백림선사에서 중국 최초로 한·중이 공동으로 다선일미 학술대회를 개최한 것은 매우 뜻깊습니다. 학술대회를 보면서 산승은 조주고불에게 예배하노니, 죽이고 살리고 주고 빼앗는 것이 때에 따라 씀이로다. 선차일미를 달여 만 사람에게 권하니, 마시는 자는 다 생명을 이룸이로다.

남전선사가 때로는 말하기를

"문수보살과 보현보살을 어젯밤 삼경에 각각 이십 방(棒)씩 때려서 철위산(鐵圍山) 지옥을 향해 던짐이로다."

조주선사가 이르기를

"화상은 누구의 방망이를 맞으렵니까?"

남전선사가 이르되

"일러라, 왕노사(王老師)는 허물이 어느 곳에 있음인고?"

조주선사 예배하고 물러나가다.

"도리어 알겠는가?"

용과 범이 서로 부딪침에 번갯불 긋는 기틀이 있음이로다. 남전선사와 조주선사의 날카로운 기봉 앞에는 천하도인도 속수무책이로다. 비록 그러하나 시자야! 차를 달여 두 분 선사께 올려라.

징후이 스님: '선(禪)'이라는 것은 말로 표현할 수 없습니다. 그렇지만 언어(言語)에 의거해 선을 말하지 않을 수 없고, 차 시연을 통해 차의 정신을 드러내지 않을 수 없습니다. 선에는 차(茶)가 없고 차에는 선이 없지만, 선과 차는 어디에도 없는 곳이 또한 없습니다. 차는 선과 분리될 수 없습니다. 차를 마시는 것은 결국 선을 마시는 것입니다. 선의 본뜻은 바로 차의 본의입니다. 선을 믿건, 믿지 않건 간에 존재하는 것이며 깨달음을 향해 나아가는 것이기에 우리는 깨우쳐야 하겠습니다.

징후이 스님: 오늘 조주고불 선차기념비의 건립으로 한중의 선차일미의 정신을 되살리는 계기가 될 것 같습니다.

진제스님 : 산승이 일미차(一味茶)를 대접하려 두 팔을 건지고, 두 손을 씻고 오늘 참석한 모든 분들 앞에 차 한 잔 선물하려 합니다. '할(喝)!'

징후이 스님: 오늘 한중의 조주와 철감의 법연으로 만나 조주를 생각게 되어 저로서는 매우 기쁘게 생각합니다.

진제스님: 오늘 비로소 방장스님과 대화를 나누다 보니 조주고불의 화두가 한국 불교의 근간을 이루고 있음이 더욱 확연히 드러나는 것 같습니다. 조주고불 선차기념비 건립을 계기로 만 사람에게 차를 전하오니 차를 마시는 모두가 참생명을 얻길 바랍니다.

철감과 조주의 법형제 인연으로 1,200년이 지난 뒤 한·중의 두 고승이 만나 차와 선을 논하면서 조주선사가 제창한 '차나 한 잔 드시게'라는 화두가 다시 되살아나고 조주의 선차 맥이 되살아나는 계기가 될 것 같았다.

03. 한 잔의 차로
한·중이 다시 만나다[9]

대담: 징후이 (淨慧 · 四祖寺 방장)
       법장 (조계종 총무원장)

2004년 10월 21일 중국 백림선사 방장이며 사조사 방장인 징후이(淨慧) 스님의 방한을 계기로 징후이 스님과 조계종 총무원장 법장스님이 만나 한·중 양국의 다선일미 정신의 계승 발전을 위해 진지한 대담을 가졌다.

징후이 스님과 법장스님은 10월 22일 조계종 총무원에서 자연스럽게 다선일미에 대해 이야기를 나눴다. 이 자리에는 명원문화재단 김의정 이사장이 배석했는데, 법장스님은 잊은 차문화를 다시 찾아내서 모든 국민에게 비전을 제시한 명원 선생의 다도 정신을 높이 평가했다. 차가 문화의 중심에 서기까지 노력해온 차문화계의 노고에 감사드린다고도 말했다. 또한 우리 차문화의 중심에 서게 된 다선일미는 차와 선을 하나로 이어주는 징검다리였다고 말했다. 선풍을 이어가고 있는 두 나라 선승의 눈에 비친 다선일미의 세계를 드려다본다.

법장: 우리 불교는 차와 떨어질 수 없는 관계입니다. 그러기에 차와 불교는 하

한 잔의 차로 만나 대담을 나누고 있는 징후이 스님과 법장스님

나이지요. 그래서 예부터 선차일미라고 말할 수 있지요.

징후이: '차나 한 잔 드시게'란 말은 원래 1,200년 전 당나라 시기 조주선사에 의해 시작된 화두인데, 차와 선이 하나에서 출발했습니다. 그 뒤 원오극근 선사가 다선일미를 언급한 이후 선과 차는 마치 그림자처럼 뗄 수 없는 관계가 되었지요.

법장: 선과 차가 둘이 아닌 것과 마찬가지로 한국 불교와 중국 불교는 하나입니다. 저 역시 중국과 실질적 교류를 희망하고 더불어 중국에도 한국 불교 선차에 대해 적극적인 홍보를 해서 불교와 더불어 차문화가 꽃 피울 수 있도록 다 함께 노력하는 계기로 삼았으면 좋겠습니다.

징후이: 한국과의 인연은 2001년 10월 19일 한중 양국이 뜻을 모아 조주탑 앞에 '조주고불 선차기념비'를 세운 것이 계기가 되었습니다. 비명에는 이런 말이 나와 있지요. '한중은 한 뿌리이니 예로부터 한 집안이며 선풍을 함께 하니 법맥 또한 서로 전함이라'고 기록했지요. 또한 조주선사와 신라 구산선문 중 사자산문을 연 철감선사가 법형제간으로 다선일미 정신이 신라로 이어진 것을 통해 확실히 한국 불교는 중국 불교와 매우 인연이 깊다고 생각합니다.

법장: 한국의 다선일미는 신라 구산선문을 소급하여 신라, 고려를 거쳐 조선시대 초의선사에 의해 꽃을 활짝 피웠습니다. 중국에 다선일미가 있듯이 한국에는 '명선(茗禪)'이 있지요. 명선의 탄생 배경은 이러합니다. 추사가 제주도에 귀양을 갔을 때 초의는 다섯 번이나 직접 찾아가 추사와 같이 지내며 차나무도 심고 함께 참선을 하며 우정을 나누기도 했습니다. 이에 답례로 추사는 초의선사에게 '명선(茗禪)'이란 두 글자를 써서 보냅니다. 당시 추사는 초의스님을 통해 선학을 정립하기에 이르렀고 초의를 통해 선차일미 사상에 눈뜨게 됩니다. 추사는 명선 이외

징후이 스님과 대담 중인 법장스님과 김의정 이사장

에도 '차삼매(茶三昧)'와 '전다삼매(煎茶三昧)' 등 선적인 표현을 많이 했었지요. 따라서 중국의 다선일미를 추사는 한국식의 명선으로 이끌어냈지요.

징후이: 선차일미란 송나라 때 원오극근선사가 언급한 이후에 선과 차는 마치 그림자처럼 떼려야 뗄 수 없는 관계가 되었지요.

법장: 차를 사랑하는 사람들은 모두가 아름답고 마음이 곱습니다. 마음이 곱고 모양이 아름답다는 것은 곧 건강하기 때문입니다. 마음과 몸이 건강하다는 것은 또한 정신이 건강하다는 것이지요. 정신이 건강하면 가정이 건강하고 가정이 건강하면 사회가 그리고 국가가 건강해집니다. 그러기에 우리가 찻상을 대한다는 것은 선인(仙人)과 같은 삶이 배어 있어 착한 마음이 우러나오는 것입니다. 그래서 차를 즐기는 것은 참선을 하는 것이며 따라서 자세가 그와 같고 맑은 마음이 그와 같다

하여 다선일미 또는 다선일여(茶禪一如)라고 합니다.

징후이: 우리가 살아감에 있어서 현존하는 한 생각은 중생이 될 수도 있고 부처와 조사가 될 수도 있습니다. 불성은 우리의 진정한 자아이며 우리의 귀의처로서 선종에서는 무위진인(無位眞人)이라고 하며 우리의 본래 면목이라고도 합니다. 다선일미의 경지에서는 그런 경지를 평상심의 도라고 하지요. 조주선사는 모든 사물을 직관할 때 '차나 한 잔 드시게(喫茶去)'로 정의를 내렸지요. 1,200년 전 조주선사가 말한 '다선일미'라는 그 선어 속에 평상심의 도가 차 한 잔에 녹아 있기에 다선일미는 더욱 빛나는 것입니다.

법장: 잊은 차문화를 새롭게 발현해서 모든 국민에게 비전을 제시해 준 우리 차문화계의 숨은 노고에 감사를 드립니다. 우리 차문화는 정신문화의 한 축으로 불교문화와 더불어 많은 발전을 가져올 것을 기대합니다.

한중 양국의 지도자에게 듣는 다선일미는 한국 차문화의 새로운 비전을 제시해 주었다. 조계종 총무원장 법장스님은 덕숭산문의 가풍을 이어가고 있는 선승이다. 중국의 백림선사, 사조사 방장인 징후이 스님은 문화대혁명 시기 존폐의 위기에 놓였던 중국 불교를 살린 허운대사의 전법제자이다. 운문종 13세종풍을 이어 끽다거로 천하의 대중을 제접한 조주선사의 끽다거 고향 백림선사에서 각오인생과 봉헌인생을 통해 생활선을 차 한 잔으로 이끌어낸 선승이다. 한·중 불교지도자의 눈에 비친 다선일미론은 마치 흐르는 물처럼 만년토록 이어질 것으로 확신했다.

제8장

조주의 차, 동쪽으로 가다

01. 끽다거의 생명력을 지니고
한국으로 건너온 조주다풍[1]

조주다풍을 한국으로 이은 철감도윤 선사

선문(禪門)에서 널리 회자된 끽다거라는 화두는 조주종심 선사가 학인들에게 가르친 선어인데 천 년의 세월을 내려오면서 선차의 날개가 되어 금과옥조(金科玉條)처럼 빛나고 있다.

당대 조주선사가 제창한 끽다거는 남전보원 선사의 법맥을 이은 조주종심 선사와의 법형제 지간인 철감도윤 선사를 통해 신라로 건너와 조주의 문풍을 선가에 드날렸다. 고려의 진각국사 혜심의 차시에 '조주선을 시험하네(抉便不易得親是趙老禪)'로 시작하여 조선 중엽 서산(西山) 대사 휴정은 '승려가 일생 동안 차를 달여 조주에게 바친다(衲子一生業烹茶獻趙州)'라고 하였다. 이들 시를 통해 조주의 다풍이 한국 선종사에 영향을 끼치고 있었음이 드러나는 대목들이다.

'조주차약', '조주청다', '조주의 차가 깨우침을 주다' 등이 조선 후기까지 회자되었음을 볼 때 조주의 선풍은 한국 선차의 정신적 근간을 이루고 있었음을 알 수 있다. 그런데 지금까지 조주의 문풍(門風)에만 의존해 온 한국 선종계는 2001년 중국 오백나한(五百羅漢)에 오른 신라왕자 무상선사가 드러나면서 달마 – 혜가 – 승찬 – 도신 – 홍인 – 혜능 – 남악 – 마조 – 남전보원 – 조주로 이어져 온 선종계에 일대 변화를 가져왔다. 이른바 무상선사로 이어진 남종계는 달마 – 혜가 – 승찬 – 도신 – 홍인 – 지선 – 처적 – 무상 – 마조 – 남전 – 철감으로 이어진 계보가 새롭게 드러나면서 한국 선종계는 혜능에만 의존해오다가 신라의 무상선사 등장으로 일대 변화를 가져오게 되었다.

그런데 혜능 – 남악 – 마조계로 이어져 온 한국 선종계는 좀처럼 무상의 존재를 인정하려 하지 않았다. 그러던 중 2004년 쓰촨 청두의 대자사에 한국과 중국이 공동으로 발의하여 〈무상선사 행적비〉를 건립하면서 상황은 달라지기 시작했다. 이때까지만 해도 무상은 한 점(點)에 불과했었는데 중국

선차지법은 신라의 무상선사가 제창.
선차의 큰 바다를 건너 동아시아의 선차문화로 발전했다.

조주의 끽다거는 한국선가에 영향을 끼치면서 차와 선은 한 배를 타게 되었다.

오백나한 중 455번째 조사에 오른 사실이 드러나면서 무상선사의 존재가 세상에 드러났고 잊혀졌던 남전보원 선사의 법맥을 이은 신라의 철감도윤과 당나라의 조주종심이 전면에 드러나게 되었다.

끽다거가 바다를 건너 한국에 전해지게 된 것은 조주와 동문수학한 철감도윤 선사가 남전보원의 선맥뿐 아니라 차맥을 이어와 쌍봉란야에서 선풍을 널리 떨치면서 차를 전해 주었던 것이 후세에 알려졌기 때문이라고 본다.

무상의 차맥 조주로 이어져

2012년 10월 한국 불교의 총 본산 격인 조계사 내의 불교역사문화 기념관의 공연장에서 제7차 세계선차문화교류대회(2012년 10월 18일~20일)가 열리던 날 중국 쓰촨성 대자사 방장인 따이은(大恩) 스님[2]이 단상 위로 올라가 무상선사는 조주선사가 끽다거(喫茶去) 공안을 퍼뜨리기 이전부터 선차지법(禪茶之法)으로 대중을 이끌었다고 폭탄선언을 해 버렸다. 강당을 가득 메운 청중들은 처음에는 어리둥절했다. 끽다거가 선차문화의 시작인 것으로 알려져 왔는데 신라 무상선사의 선차지법을 거쳐 조주종심의 끽다거가 송나라 때 원오극근이 다선일미를 들고 나와 일본에까지 전파된 사실을 밝혀내자 청중들은 경악했다. 그 광경을 유심히 지켜본 불교계의 한 기자는 선차의 시조 무상선사는 조주선사의 끽다거보다 앞선다는 기사를 대대적으로 보도했다.

조주의 끽다거가 신라 무상의 선차지법을 이었다는 청천벽력 같은 선어는 지금까지 조주의 문풍에만 의존해 온 불교계를 충격에 잠기게 했다. 왜! 무상선사의 존재를 잊고 있었느냐는 목소리가 여기저기서 쏟아져 나왔다. 당현종의 칙명으로 무상선사를 대성자사의 주지로 모시면서 무상선사가 인성염불로 대중을 이끌면서 쓰촨의 선종이 부흥케 되었다. 대자사 따이은 스님이 조주의 차맥이 무상선사로 이어져왔다고 폭탄선언을 한 7년 후인 2018년 10월에 서울역사박물관 강당에서 한국의 무상선사, 중국의 조주선사, 일본의 무라타 주코를 선차의 비조로 모시고 헌다의식이 거행되면서 또 다시 한국 선종계에 직격탄을 날렸다. 그 광경을 지켜본 중국의 저명한 차학자인 위웨(余悅) 교수는 다음과 같이 말했다.

"선차조사에게 제를 올리고 조상의 은혜를 생각하며 제사를 정성껏 올리며 미래를 보여준 의식으로 감동을 주었다. 헌다식을 지켜보면서 선과 차가 융합하여 은은한 차향 속에서 선문의 오묘한 뜻을 깨닫게 하였다. 자국 내의 선차 종풍을 열어 널리 알리고, 교류하며, 서로 본받아 학습하였다. 세 선사는 삼국의 선차조사가 되었으며, 세계선차문화에 대해 불후의 공헌을 하였다. 개막식에서 삼국 선차조사의 초상화를 걸고, 한·중·일 선차일맥을 이어받는 뛰어난 법맥과 진한 법의(法誼)를 나타냈다. 한·중·일 삼국을 대표해서 선차조사에게 존경의 예를 올리고, 차와 제를 올려 진심으로 감동시키고 미래에 깨달음을 주었다." [3]

사실 동아시아 선차의 비조에 한국의 무상선사, 중국의 조주선사, 중흥조로는 원오극근, 일본은 무라타 주코를 거론한다. 그 같은 역사적 맥락을 규명하면서 선차조사에게 예를 다하는 것은 선차문화가 인류에게 많은 공헌을 해왔다고 말할 수 있기 때문이다.

많은 선승들이 읊은 조주의 다풍

우리나라에도 조주의 끽다거가 보편화되어 있었다.

중국의 임제종에 의해 조주차가 보편화되었다면 그 정신적 기반은 고려 말의 고승 태고보우 선사에 의해 이루어졌다. 태고보우는 양기방회 – 호구소륭 – 석옥청공으로 이어지는 정통 임제선맥을 이어왔는데, 그가 마지막 관문을 간파해서 깨우친 것이 바로 '조주'라는 화두였다. 〈태고암가〉의 마지막 구절을 보자.

趙州古佛老 坐斷千聖路 조주 옛 늙은이가 앉아서 천성의 길을 끊었소

打破牢關後 淸風吹太古 굳은 관문을 쳐부순 뒤에 맑은 바람 태고에 부네.[4]

태고보우 선사의 행장기에 차를 계송으로 설파한 대목이 있다.

古澗寒泉水 一口飮卽吐 옛 시내의 찬 샘물을 한 입 마셨다가 곧 토하니

却流波波上 趙州眉目露 저 흐르는 물결 위에 조주의 면목 드러났네.[5]

이렇듯 많은 차가(茶家) 사람들은 차와 선이 한맛(一味)라고 말한 바와 같이 조주의 차의 정신은 당대와 송대, 원대를 거쳐 그 사상의 물줄기가 한국을 거쳐 일본으로 전해지면서 조주의 차의 정신은 다선삼매의 경지로 이끌었다. 조주다

풍은 중국 땅에서만 회자되지 않았다. 조선 시대의 대표적 금석학자인 추사 김 정희 선생은 〈초의선사와 조주차를 기다림〉이란 시에서 이를 절절히 노래했다.

眼前白喫趙州茶	눈앞의 흰 잔에 조주차를 마시고
手裏牢指梵志華	손안에는 수행의 꽃을 쥐고 있네
喝後耳飮箇漸	한 소리 가르침 받은 뒤로 점차 새로워져
春風何處不山家	봄바람 부니 어디엔들 산사가 아니리오.[6]

이 시에서 조선 시대까지 조주차가 우리나라에서 상당히 유행했다는 것을 짐 작해 볼 수 있다.

조선 초기의 선승 함허득통(涵虛得通. 1376~1433) 선사는 그와 인연이 깊 은 옥봉선사가 열반에 들자 향과 차와 밥을 올리며 말하길

"이 차 한 잔에 나의 옛정을 담아 조주의 선기가 들어 있으니 그대는 맛보소 서"라고 말했다. 그가 말한 바와 같이 조주차 한 잔이 감로수가 되어 삼천대천 세계로 널리 퍼져 나가길 염원해 보았다.

조선 중엽의 서산휴정대사는 승려가 일생 동안 하는 일은 차를 달여 조주에게 바치는 것이라고 했다. 서산 문도인 소요태능(逍遙太能, 1562~1649)은 '조주 차'라는 시에서 조주차는 사람의 마음을 움직여 깨우치게 하는 차라고 말했다.

추사(秋史) 김정희(金正喜)는 '조주차를 기리며' 라는 시에서 조주의 다풍을 극 명(克明)하게 드러내 보였다. 초의선사 또한 조주를 흠모했다. 초의선사가 《다 신전》을 쓴 연원을 밝히면서 승당에 조주풍이 있으나 다도를 알지 못해 외람되

게 베껴 쓴다고 했다. 조선 말기 다송자로 이름을 떨친 금명보정 선사 또한 조주 선사를 그리워했다. 그의 〈차를 달이다(煎茶)〉라는 시에도 확연히 조주를 그리워한 면모가 드러난다.

有僧來叩趙州扃	스님네가 찾아와서 조주(趙州) 문을 두드리면
自愧茶名就後庭	다송자(茶松子) 이름 값에 후원으로 나간다
曾觀海外草翁頌	해남의 초의선사 동다송을 진작 읽고
更考唐中陸子經	당나라 육우(陸羽)의 다경(茶經)도 살피었네
養精宜點驚雷笑	정신을 깨우려면 경뢰소(驚雷笑)가 알맞겠고
待客須傾紫茸馨	손님을 맞을 때는 자용형(紫茸馨)이 제격이니
土竈銅瓶松雨寂	질화로 동병 속에 솔바람 멎고 나면
一鍾离舌勝醍靈	한잔의 작설차는 제호(醍醐)보다 신령스럽다.[7]

02. 조주차 한 잔이 천 년의 세월을 뛰어넘어 쌍봉란야에서 피어났다

2011년 2월 조주의 고향 산둥성 학향(郝鄕)에서 출발한 천하조주 끽다거 기행이 2년 만인 2012년 7월 한국 땅에서 마무리된 것에는 각별한 사연이 있다.

그 계기는 2001년 10월 백림선사에 건립된 〈한·중 우의 조주고불 선차기념비〉에 새겨진 '조주와 철감도윤은 남전보원을 스승으로 동문수학한 법형제지간'이라는 인연에 있었다. 1999년 여름 〈천하조주 선차기념비〉를 백림선사에 세우려고 발원한 이후 2000년 봄 징후이 노스님을 백림선사 방장실에서 만났을 때 그는

"왜 백림선사에 선차기념비를 세우려 하느냐"고 물었다. 그때 징후이 노스님에게 철감도윤과 조주가 남전보원 선사 밑에서 수행을 했던 동문이며 그 정신을 영구히 후세에 남기기 위하여 기념비를 세우겠다는 발원을 하게 되었다고 말씀드렸다. 그때서야 징후이 노스님은 흔쾌히 승낙하면서 선차기념비가 극적으로 백림선사에 건립되게 되었다. 사실 일본에서 몇 차례에 걸쳐 비석을 세우겠다는 계획을 추진했으나 명분 없는 비는 의미가 없다고 거절했다는 것이다. 그러

쌍봉산 아래 철감도윤 부도 앞에는 지금도 차나무가 자라고 있다.

나 〈한·중 우의 조주고불 선차기념비〉 건립은 그렇게 순탄치 않았다. 2년에 걸쳐 허베이성 스좌장시 자오현 종교국의 승인을 얻은 끝에야 마침내 2001년 10월 건립되었다.

2년간의 기다림 끝에 백림선사 탑전에 조주고불 선차기념비가 건립되고 한·중의 끊어진 선맥이 다시 이어지게 된 모습을 보면서 감격에 젖었다.

조주와 철감은 법형제

조주와 법형제인 신라의 철감도윤 선사[8]는 28세 때인 헌덕왕 17년(825) 사

〈철감선사탑비〉. 비신(碑身)은 없어지고 귀부와 이수만 남아 있다. 우측은 철감도윤 부도.

신 행차의 배를 타고 안후이성 남전사에 선법을 떨치고 있는 남전을 찾아갔다. 그를 보자마자 남전을 제자로 맞이했다. 남전의 수많은 제자 중 당대의 조주와 신라의 철감도윤이 두드러진 까닭은 조주종심은 끽다거를 제창하여 스승의 평상심을 실천해 갔고 철감도윤은 스승인 남전의 평상심의 도의 정신을 차와 선으로 실천해 갔다. 철감은 스승을 모시고 수행하다가 당 무종이 845년에 회창법난(회창 5년)을 일으키자 문성왕 9년(847) 50세의 나이로 귀국선에 올랐다. 조주와 철감은 한 스승 밑에서 20년간(825~845년)을 동문수학한 사이였다. 지금도 남전산에는 차나무가 있다. 조주의 차 정신에 감화되어 귀국한 뒤에 남전은 쌍봉란야에서 쌍봉산문을 열고 평상심을 실천해 갔다. 지금도 철감도윤 부도 주변에 있는 차나무들을 통해 철감도윤이 얼마나 차 정신을 일으켰는지 실감할 수 있다.

철감의 다선 정신이 살아 있는 쌍봉사

조주기행 순례단이 조주와 철감의 인연이 있는 쌍봉사를 찾게 된 계기는 쌍봉산 자락에서 은거하며 차를 법제하고 있는 다선거사와 다담을 나누면서였다. 조주기행의 대미를 원오극근의 열반 도량인 쓰촨성 청두 소각사에서 장식하겠다고 말하자 거사가 손사래를 치는 것이었다.

"아닙니다. 당연히 쌍봉사로 해야 하지 않습니까? 쌍봉사의 새로운 주지 시공스님은 철감의 정신을 잇고자 노력하고 있습니다. 꼭 한번 다녀가는 것이 좋을 듯합니다."라고 권유했다. 거사의 말에 지금까지와는 다른 의식을 갖고 있다는 주지의 등장이 내심 궁금했고 그것보다 호성전에 모신 조주, 철감 양 선사의 진영을 어찌 조성했기에 사람들의 입에 오르내리는가 궁금해서 꼭 한번 진영을 살펴보고 싶었다. 그리고 마침내 쌍봉사를 찾아갔다.

비가 온 다음이라 습도는 높았고 이글거리는 더위에 바람은 잦아들었다. 전남 화순 중리에 있는 쌍봉사에 이른 저자를 산문 앞에서 미리 기다리고 있던 다선거사가 반갑게 맞았다. 먼저 대웅전에 나가 부처님께 삼배를 올린 뒤 제가 막 끝난 4시쯤에야 주지실로 올라가 시공스님을 만났다. 스님은 잔잔한 미소를 지었고 찻물이 끓자 능숙한 솜씨로 차를 우려냈다. 차향이 코끝을 스쳐갈 즈음 스님은 철감의 차향이 온 우주를 적셔 주었다고 말문을 열었다.

"제가 쌍봉사와 전생부터 인연이 있었던가 봅니다. 20대 청년 시절에 〈한가위 새벽에〉라는 초의선사의 시를 읽고 감명을 받았습니다. 그때는 쌍봉사에서 쓴 시인지 미처 몰랐습니다. 초의선사가 22살(정묘년 1807년) 때에 쓴 시(詩)라는 사실을 알고 감동했습니다. 그처럼 많은 수행자가 철감의 정신을 잇기 위해 수행하며 쌍봉사를 거쳐갔다.

쌍봉산 자락에 아늑히 안긴 철감선사의 부도와 비는 천 년의 비바람 속에서도 버텨 오고 있다. 철감선사의 비신은 사라지고 귀부(龜趺)와 이수(螭首)만 남아 있다. 이수 정면 중앙에 '쌍봉산 고 철감선사 비명'이란 전액이 두 줄로 쓰여 있다. 최치원이 지은 〈대당신라국 고희양산봉암사 교시지증대사 적조지탑 비명 병서(大唐新羅國故曦陽山鳳巖寺教諡智證大師寂照之塔碑銘幷序)〉에 쌍봉사 운(雲)이라고 가리키는 대목은 철감을 말한다. 철감의 약전은 《조당집》 17권에 자세히 전해 온다.

"선사의 휘(諱)는 도윤이요, 성은 박씨이며, 한주 후암인(현 황해도 봉산군) 사람이다. 여러 대를 호족으로 지내 온 집안으로 원성왕(元聖王) 14년(798)에 태어났다. 어머니 고 씨가 꿈에 이상한 광채가 방안에 가득 비치는 것을 보고 놀라 깨니 태기를 느꼈다. 부부가 서로 말하기를 '꿈이 예사롭지 않으니 아들을 낳으면 승려가 되도록 합시다'라고 하였다. 태기가 있은 뒤 16개월 만에 탄생한 철감은 그 모습이 학과 같이 빼어났고 봉황의 자태를 갖추었으며 기동이 예사롭지 않고 풍채가 남달랐다. 그의 나이 18세 때 양진에게 승려가 되기를 간절히 청하여 마침내 귀신사에서 출가, 10년간 화엄학을 익혔다. 이후 28세 때인 헌덕왕 17년(825)에 사신 행차하는 배를 타고 당나라로 건너가 남전보원 선사를 찾아가 제자의 예를 갖추니 남전은 첫눈에 철감이 도가 있음을 알고 '우리 종의 법인이 몽땅 동국으로 가는구나' 탄식한 바 있다." [9]

철감은 남전선사를 찾아가 도가 계합되어 그로부터 인가를 받고 귀국하여 쌍봉란야에서 쌍봉산문을 여니 제자들이 구름처럼 모여들었다. 철감탑비 옆에 철감선사의 탑도 있었는데 통일신라 시대 팔각당형묘탑 중 가장 화려하고 세련된 조각으로 경문왕 10년(870)에서 진성여왕 5년(891) 사이에 세워진 것으로 추정된다. 시공스님을 따라 부도전 오르는 길을 걷다보니 유난히 차나무에 열매가 많이 달린 것이 예사롭지 않았다. 이러한 현상은 남전산으로부터 연원된 차맥이 쌍봉에서 활짝 펼쳐진 것으로 보인다.

쌍봉사 경내 호성전에는 조주와 철감을 나란히 모시고 있다. 철감과 조주가 법형제 인연으로 천 년이 지난 오늘에도 후학들에게 차 공양을 받고 있으니 얼마나 기쁜 일인가. 조주기행의 대미가 쌍봉산에서 이루어진 것은 조주의 선이 해동에서 꽃피었다는 뜻이기도 하다. 조주기행을 떠나면서 조주차가 천 년의 세월을 뛰어넘어 끽다거라는 종교철학적 사고로 우리 마음속에 살아있음을 실감했다.

03. 근현대로 이어진 조주의 차맥

　조선 후기 한국 차문화를 중흥시킨 초의선사의 《다신전》에 "승당에 조주풍이 있으나 다도를 알지 못해 외람되게 베껴쓴다"고 말했다. 이 같은 내용을 살펴보면 조선 후기에도 선승들과 차인들이 조주의 차 정신을 흠모했음이 드러나는 대목이다. 일반적으로 조주의 화두인 '차나 한 잔 마시게(喫茶去)'가 불문에 회자되면서 불가에서나 차가에서 강렬한 생명력을 지니고 천 년의 세월 동안 이어져갔다.

조주의 차 정신 근세로 이어졌다

　근세에 조주다풍을 가장 극적으로 드러낸 사람은 함허득통이었다. 함허득통 선사는 차를 두 가지로 압축했는데, 그는 첫 잔에는 나의 옛정을 담고 두 번째 잔에는 조주의 다풍이 들어 있다고 했다. 이처럼 조주차는 근세로 이어지면서 조주의 끽다거 정신을 확연히 드러냈다.

　경허 – 만공으로 이어지는 근세의 선지식 만공은 〈끽다헌다(喫茶獻茶)〉에서 조주차의 정신을 드러내 보였다.

소치가 그린 초의선사

어느 날 스님이 차를 마시다가 고봉
스님이 들어오는 것을 보고 말했다.
"여보게! 나 차 마시네."
하니 고봉이 말없이 앞에 나아가 차를
한 잔 따라 올리고 합장한 뒤 물러났다.
스님은 아무 말 없이 문득 쉬었다.
[평] 꽃 피고 새 노래하는 평화로운
봄이로다. [10)

이처럼 조주의 다풍은 신라, 고
려, 조선을 거치면서 확연히 드러남
을 알 수 있다. 차를 마시면서 수행
자들은 조주선사의 화두로 탁마를 했
듯이 조주선사의 차시 속에서 차와
선이 일미(一味)로 이어져 왔음이 드러나고 있다.

수많은 선승과 문사들이 조주를 그리워했듯이 조주의 끽다거는 승속을 막론
하고 널리 회자되었다.

근현대로 접어들면서 경봉(鏡峰, 1892~1982) 선사는 조주의 끽다거에 견
주어 염다래(拈茶來)라는 화두를 남겼다. 경봉선사는 끽다거를 염다래로 전승시

김시남 교수가 서각한 '끽다거래'

컸다. 차를 달여서 영혼의 길을 통해 줄 수 있는, 뜻이 통하고 말귀를 알아듣는 눈 밝은 납승(衲僧＝禪僧)이 찾아오면 노스님은 이르신다.

"시자야, 염다래(拈茶來: 차 달여 와라) 하라."

실로 동도동격(同道同格)의 눈 열린 이에게 최상의 대접은 일완청다(一椀淸茶)인가 보다. '시자야 차 달여 와라'라는 말은 조주선사의 '차 한 잔 마시게'라는 말과 일맥상통한다.

해인사 지족암에 주석했던 일타스님은 끽다거래를 즐겼다. 일타스님의 영향을 받은 금당 최규용 선생은 끽다래를 즐겨 썼다. 조주의 끽다거는 한국으로 건너오면서 염다래-끽다거래-끽다래로 조주의 다풍이 이어졌다.

금당 최규용(金堂 崔圭用)은 많은 차인들에게 '차나 한 잔 마시러 오게' (끽다래[喫茶來])를 많은 차인에게서 회자되었다. 금당의 끽다래비는 1998년 저장성 후저우시에 있는 묘봉산에 가로 50cm 세로 70cm의 대리석에 음각한 끽다래 비가 세워졌다. 그의 정행검덕의 정신이 중국 땅에까지 퍼져 나가게 되었다. 그 뒤 뜻있는 차인들이 성금을 모아 2008년 11월에 부산 구덕문화공원에 높이 2.6m 너비 1.3m의 화강석에 금당이 즐겨 쓴 끽다래 글을 집자하여 그 아래에 찻잔 그림을 새겼다. 이로써 끽다래비는 중국 후저우 묘봉산을 시작으로 해인사 지족암, 부산 삼광사에 이어 네 번째로 세워졌다. 참으로 금당의 차 정신이 헛되지 않은 결과라고 말할 수 있다. 그처럼 금당의 끽다래는 차사에 많은 영향을 끼치

조주의 끽다거를 끽다래로 선양한 금당 최규용의 끽다래는 자실의 다래로 쓰여지고 있다. 아래글은 금당이 타계하기 1개월 전에 쓴 '끽다래'이다.

면서 조주의 끽다래는 근대 한국 선 차문화 발전에 영향을 끼쳤다고 말할 수 있다.

커우단 선생은 '가다[去]와 오다 [來]에 무슨 영향 관계가 있겠느냐마 는 모두 조주를 흠모한 말'이라고 해 석했다. 그리고 송으로 회답했다.

조주 스님은 '끽다거'라 하셨고

최규용 선생은 '끽다래'라 하시니

찻잔은 마치 밝은 달처럼 둥그니

서북쪽을 알려면 동남쪽으로 가라.

趙州和尚喫茶去

韓國茶星喫茶來

茶碗圓團似明月

欲知西北卽東南[11]

이렇듯 조주 다풍이 한국에 미친 영향은 지대하다. 게다가 〈조주차〉, 〈조주다풍〉, 〈끽다거〉는 차인들에 의해 회자되면서 차샘 최정수는 차를 즐기면 일상이 행복하다(끽다지유[喫茶之遊])로 차계에 조주의 끽다거를 널리 알렸다. 그렇게 천 년 전 조주가 읊었던 끽다거가 한국으로 건너와 조주다풍으로 이어져 오고 있음은 기쁜 일이 아닐 수 없다.

햇차가 나올 때마다 다신(茶神)에게 차를 올리는 의식은 2,000여 년 전 감로보혜 선사에게 차를 공차하는 의식으로부터 시작되어 신농과 다성(茶聖), 육우까지 이어졌다. 근래 다신제(茶神祭)라는 이름으로 차의 풍년을 비는 의식이 행해지기도 했다. 역대 조사에게 차를 공양하는 의식은 2018년 가을, 서울에서 열린 제12차 세계선차문화교류대회 개막식에서 한국의 무상선사, 중국의 조주선사, 일본의 무라타 주코에게 차를 올리는 의식으로부터 시작되었다. 그 후 2019년 가을, 세계명차품다회가 개최되었는데 조주고불의 은덕을 기리기 위해 조주선사의 영정을 모시고 헌다의식을 거행하면서 헌다에 대한 관심이 높아졌다. 2018년 가을 서울에서 열린 제12차 세계선차대회 개막식에 선차의 비조에게 올리는 헌다의식의 영향을 받아 한국보다 중국이 먼저 깨어나게 했다. 2019년 11월 상하이 충밍섬에서 열린 제19차 세계 선차아회에서 달마, 교연, 원표대사를 추모하는 헌다의식이 열려 감동을 주었다. 조주고불을 흠모하여 조주상 앞에 차를 올리는 후학들의 물결이 이어지면서 감동을 안겨 주었다. 천 년 전 조주가 읊었던 끽다거가 선향에 실어 만리장천(萬里長天)으로 퍼져 나가고 있다고 말할 수 있겠다.

조주선사는 천 년의 세월을 뛰어넘어 여전히 조주고불로 존경받고 있다.

차의 고향인 중국에서는 오랜 세월이 흐르면서 끽다거는 잊혀 갔다. 1999년 끽다거의 근원을 찾아 백림선사를 찾아가 조주고불의 탑전에 차를 올리게 되면서 조주의 차가 해외 차인에 의해 다시 되살아나는 계기가 마련되었다. 끽다거의 자취를 쫓아 차 한 잔의 공덕이 중국 선차계를 깨우면서 마침내 2001년 10월 백림선사 경내에 건립된 〈조주고불 선차기념비〉에는 다음과 같이 쓰여 있다.

"한·중의 불교는 한 뿌리이니 예로부터 한 집안이며 선풍을 함께 하니 법맥 또한 서로 전함이다. 정중무상은 일찍이 서촉 땅의 주인이 되어 문하에 고족으로 마조도일이 있다. 마곡은 무념에게 인가하고 서당은 도의에게 전하고 염관은 범일을 배출하여 사자상승의 법계를 이었다. 태고는 청공에게 법을 받으니 임제의 법손이며 조주와 도윤은 동문의 법형제이다(韓中連體 千古休戚 禪風與共 法脈相襲 靜衆無相 曾主獨度 門下高徒 馬祖道一 麻谷無染 西堂道義 鹽官梵日 師資承繼 淸珙普愚 源出臨濟 趙州道允 更爲昆季)."[12]

이렇게 조주와 철감 두 선승은 남전의 법형제 지간의 인연으로 백림선사에 〈조주고불선차 기념비〉가 건립되면서 선차의 의미를 새롭게 했다. 선차기념비가 건립된 이후 세계 각국의 차인들이 찬탄하면서 조주의 차의 정신을 높이 받들고 있다. 〈조주고불 선차기념비〉의 가치를 높이 평가한 명원문화재단의 김의정 이사장은 기념비가 건립된 2년 후인 2004년 제9회 명원차문화상의 수상자로 백림선사 방장인 징후이 스님에게 수여하면서 끽다거의 의미를 새롭게 했다.

짱칭(張菁)이 지은 〈끽다거〉는 명원 차문화상의 의미를 다음과 같이 말하고 있다.

'명원문화상'은 세계에서 선차문화를 위해 공헌한 문화 명인(名人)을 장려하며 수상자는 매년 두 명으로 한 명은 한국인, 다른 한 명은 외국인에게 수여한다. 이번에는 조주선차비 건립에 공헌한 공로로 징후이 스님이 그 영광을 얻었다. 2년간의 추진 끝에 2001년 10월 19일 한국의 불교춘추사의 최석환 선생이 백림사 징후이 스님과 공동발의하여 한중우의 선차기념비를 조주탑 앞에 세웠다.

수여식은 2004년 10월 19일 저녁 서울 하얏트호텔에서 진행되었다. 징후이 스님은 제9회 명원 차문화상의 영예를 얻었다. 그는 스스로 상을 받은 것에 송구해하면서 한·중 양국 불교계, 문화계의 우의를 위해 미약한 힘이지만 계속 보태겠다고 했다.

징후이 스님은 조주조정과 한·중 선차문화교류를 부흥시킨 공헌으로 한국선문화계와 차문화계의 칭송을 받으며 '명원차문화상'의 영광을 얻었다.[13]

징후이 스님의 명원상 수상 소감은 다음과 같이 말하였다.

조주고불선차기념비 건립에 앞장선 징후이 스님은 제9회 명원상을 수상하면서 한국의 선차를 널리 전하는데 앞장섰다. 제9회 명원상 수상자의 얼굴들.

"상을 받게 되어 송구스럽게 생각합니다. 이번 수상을 계기로 한·중 양국 불교계 문화계 우의를 위해 미약한 힘이지만 최선을 다해 한중 교류에 앞장서 나가겠습니다. 2001년 10월 19일 백림선사에 건립한 〈조주고불 선차기념비〉에 정중무상 선사가 기록되어 있는데 한국 땅에서 무상의 선다례를 다례로 보니 감회가 새롭습니다"고 말했다.[14)]

제9회 명원문화상을 징후이 스님에게 전하는 김의정 이사장

1,200년 전 끽다거

공안으로 천하 사람들의 눈을 열게 했던 조주선사는 생활과 선도(禪道)를 둘로 보지 않았으며 선다일체론적 끽다를 주창하여 대중을 이끌었다고 역설했다.

백림선사에 건립한 〈조주고불 선차기념비〉로 인해 징후이 스님은 2004년 10월 명원상 수상을 계기로 한국을 찾게 되었는데 징후이 스님은 첫 일성을 다음과 같이 말하였다.

"다선일미를 한국 땅에 전하기 위해 왔다"고 말문을 열었다. 백림선사 주지에 승좌한 밍하이 스님, 허베이성 민족종교 사무청의 주우예엔쩡(朱延增) 처장, 허베이성 불교협회의 샤오잔쥔(肖占軍) 비서장이 징후이 스님과 함께 방한했다. 징후이 스님은 사조도신 선사가 선풍을 연 4조사의 비조탑전에 법랑(法朗) 선사의 조상을 모시고 한국 선종과 중국 선종의 친연성을 강조했다. 법랑은 북종선의 맥을 계승했으며 한국에 선을 맨 먼저 전파했다. 징후이 스님은 4조사 방장에 추대되었기 때문에 그의 행보에 따라 한국 선종이 지각변동을 일으키는 것은 당연한 일이었다.

조주 끽다거를 널리 선양해온 징후이 스님은
"다선일미를 한국에 전하러 왔다"고 말한 바 있다.

운문종의 13세 종통을 계승한 징후이 스님의 방한은 여러 가지 면에서 상징성이 매우 크다. 바야흐로 동양 삼국이 선차(禪茶) 문화 열풍에 휩싸였고 사찰 행사 때마다 빠지지 않고 등장하는 선차행다 시연이 이를 잘 반영해준다.

2004년 8월 27일 중국 후베이성 황매현 4조사에서 뜻깊은 행사가 열렸다. 선학학술 좌담회가 열린 것이다. 그 자리에서 징후이 스님은 다선일미에 대하여

"끽다거의 '거'는 공간의 전환이나 시간의 흐름을 의미하는 것은 아니다. 당하(當下)를 의미하는 것으로 당시 음차의 기풍이 얼마나 성행했는지를 알 수 있다."라고 정의했다.

징후이 스님은 한국 선차문화계를 둘러본 뒤 〈한국차문화유감(韓國茶文化有感)〉[15]이란 7언 12수의 차어(茶語)를 남겼다. 차시에 대한 송은 다음과 같다.

茶香禪意海東情	차의 글과 선의 뜻에 해동의 정 있으니
不惜殘年夢里身	남은 생애 꿈속의 몸이 애석치 않도다.
千載黃金新紐帶	천 년 역사에 황금 같은 새로운 유대 맺으니
一杯淸茗亨和平	한 잔의 맑은 찻잎에 화평을 누리도다.

茶道傳心愧趙州	차의 도에 마음을 전하자니 조주에 부끄럽고
難將一味酬高猷	한 맛을 받아 높은 길을 가지기 어렵도다.
西窓殘日無他事	서창에 남은 해는 다른 일이 없으니
坐聽禪河泪泪流	앉아서 빙그레 웃으니 선의 강은 흐르고 흐르도다.

趙州茶味是禪心	조주의 차 맛은 바로 선의 마음이니
一种平怀寬古今	한 가지로 평탄한 마음 고금을 꿰었도다.
活到离言眞實義	말을 떠나 진실한 곳에 이르러 살아서 손잡으니
庭前柏子最傳神	뜰 앞의 측백나무는 가장 신묘함을 전하도다.

04. 천 년의 세월을 뛰어넘은 끽다거 동아시아로 건너갔다

일본 교토의 다이도쿠지 차실 벽면에 걸린 '끽다거'

일본 교토의 다이토쿠지 즈이호인(瑞峯院) 차실 벽면에 끽다거라고 쓴 족자가 걸려 있다. 그 족자 앞의 쪽문을 열면 더 이상 건널 수 없는 돌이 놓여 있다. 천 년 전 조주는 깨닫지 않는 사람은 더 이상 돌다리를 건널 수 없다는 의미심장한 말을 내뱉은 바 있다. 조주의 끽다거가 일본에까지 전파된 것은 원오극근의 다선일미가 일본에까지 전해지면서 조주차에 담긴 끽다거가 대중에게 다가갔기 때문인 것 같다.

그러나 1998년 여름 처음 끽다거의

일본 교토의 즈이호인(瑞峰院) 차실 벽면에 걸린 조주선사의 '끽다거'라는 선어를 한국의 차인이 바라보고 있다.

발원지인 백림선사를 찾아갔을 때에는 끽다거란 화두가 유행하지 않았다. 설상
가상으로 사람들도 그 의미를 깨닫지 못하고 있었다. 그러나 15년이 지난 지금
끽다거는 살아있는 선어로 다가오면서 가는 곳마다 끽다거를 읊고 있었다.

조주선사가 열반에 들자 그를 흠모했던 조왕이 친히 조주스님에게 진찬을 올
렸다.

2000년대 중반 선암사에서 한 스님과 조주의 선어를 놓고 일대 논쟁을 벌였
다. 그 스님은

"조주는 '끽다거' 말고도 '주인공아', '뜰 앞의 측백나무', '조주의 돌다리' 등 수
많은 화두가 있는데 왜 끽다거인가?"라고 반문했다. 그때 그 논쟁을 지켜본 뒤
이렇게 말했다. 끽다거는 천 년간 흐르는 물처럼 변함없는 화두가 되어 버렸다

고 말했다. 그러나 논쟁은 쉽게 사그라지지 않았다. 조주를 보는 눈도 불가에서 보는 시각과 차가에서 보는 시각이 다름을 발견했다.

지난 2년간 조주기행을 떠난 것은 2001년 10월 허베이성 백림선사에 세워진 〈조주고불 선차기념비〉 때문이다. 이후 조주의 끽다거는 널리 알려지게 되었다.

동아시아로 퍼져 나간 끽다거

끽다거란 말은 비단 중국 땅에서만 머무르지 않았다. 350년 전 은원선사는 일본에 건너갔을 때 우지(宇治)에 만푸쿠지(萬福寺)를 건립하고 중국에서 유행한 전다도를 전파했다. 당시 일본은 송나라에서 유행하는 말차도를 신봉하고 있었다. 그러나 은원은 자사로 된 은원호를 들고 일본에 차를 전파했다. 지금도 매년 5월 18~19일 열리는 일본 전다도 대회가 그 맥을 이어가고 있다. 은원선사가 81세에 쓴 〈설중자차(雪中煮茶)〉는 조주의 살림살이를 한눈에 드러내고 있다.

雪水間烹趙老茶　　눈으로 조주차를 끓이고

殷勤奉獻法王家　　정성스럽게 법왕가에 올린다

舌頭香潔彈高品　　혀끝에 향기롭고 깨끗한 높은 품격이 퍼지고

道眼円明肯著花　　도안원명이 꽃이 피게 한다.[16]

〈전다가(煎茶歌)〉에도 다음과 같이 나와 있다.

趙州一味驗來者　　조주일미를 경험한 사람은

端的分明孰承當　　과연 분명히 무엇을 책임지는가.[17]

　일본에 끽다거가 유행한 것은 은원선사가 일본에 전다도를 전파한 뒤 물결처럼 흘러갔기 때문인 것 같다.

　어디 일본뿐이겠는가. 조주의 법형제 되는 철감선사는 쌍봉사에서 선차일미를 실천한 선승이다. 근세 한국차의 중심에 섰던 추사 김정희는 〈초의선사를 기다림〉이란 시에서 '눈 앞의 흰 잔에 조주차를 마신다'고 했고, 근세 선차를 중흥시킨 경봉선사는 '가장 깊고 오묘한 해탈의 진리가, 가장 고귀한 나무들이 이러한 일상생활 속에 있다. 그래서 천하의 노고추(老古錐) 조주의 청다(淸茶)'라고 했다. 그리고 '시자야 차를 끓여 오라'는 뜻의 염다래를 통해 조주의 차 정신을 실천에 옮겼다.

　조주기행을 떠나면서 느낀 점은 가는 곳마다 차나 한 잔 마시고 가라는 끽다거라는 화두가 살아있다는 것이었다. 조주가 말한 끽다거를 전파한 백림선사는 세계선차문화교류대회를 태동시킨 땅으로 자부심이 크다. 그 대회가 10월 한국 땅에서 열리면서 조주의 끽다거는 세계로 향해 나아가고 있다. 끽다거는 우리 곁에 살아있음이 가는 곳마다 입증되고 있다.

조주의 끽다거 공안의
전승과 전망

조주의 끽다거라는 공안은 수십만 번을 불러도 조금도 변함이 없다. 2010년 1월 천하조주 끽다거 화두의 현장을 찾아 순례한 지 2년 만에 대미를 장식한 곳은 다선일미를 제창한 원오극근의 묘탑이 있는 중국 쓰촨성 청두에 있는 소각사

제7차 세계선차문화교류대회에 조주상을 들고 온 백림선사 감원 밍잉스님

였다. 원오극근의 묘탑 앞에서 헌다공양을 올리고 조주 이후 다선일미를 전해준 원오극근 선사에게 차와 향을 올려 후학들은 그 은혜에 보답했다.

조주기행은 조주의 고향 산둥성(山東省) 린쯔시를 출발해 다선일미를 제창한 소각사에서 마무리되었다. 저자는 조주가 걸었던 5만 리 길을 따라 산둥(山東), 후난(湖南), 후베이(湖北), 안후이(安徽), 허베이(河北), 쓰촨(四川), 장시의 7개 성과 조주의 끽다거가 남아 있는 한국 전남 화순, 일본 교토까지 장장 10만 리를 순례했다. 이전에도 없었고 이후에도 없을 차의 역사를 쓴 셈이다.

조주기행에 얽힌 미담들

조주기행을 떠나면서 느낀 점은 만나는 사람마다 끽다거를 모르는 사람이 없을 정도로 지금까지 끽다거의 정신이 살아있다는 사실이다. 조주의 끽다거는 단순한 선어가 아니라 차를 통해 선과 차를 이어 주는 징검다리였다. 2005년 가을 백림선사에서 제1차 천하조주 선차문화 교류대회를 개최했을 당시 측백나무가 무성한 관음전 앞에서 각 나라마다 독특한 다법으로 차를 우려냈다. 사람들은 차를 마시며 선의를 일으켰다.

그로부터 10년이 지난 2011년 9월 조주기행 순례단은 백림선사를 찾아 한·중 선차문화 10년을 결산하는 자리를 마련했다. 그 자리에서 나는 다음과 같이 말했다.

"처음으로 조주원을 찾은 1999년 8월, 일본팀은 다도 행사를 제의했지만 실현되지 않았습니다. 그러나 한 달 뒤 백림선사를 찾아가 남전과 법형제 지간인 조주의 인연을 밝혀 중국의 선차가 한국으로 이어져야 한다는 당위성을 내세워 징후이 스님과 논의한 끝에 2년 만에 〈조주고불 선차기념비〉를 건립할 수 있었습니다. 일본 차인들에 의해 차맥까지 일본으로 빼앗길 뻔한 순간을 모면할 수 있었던 것은 참으로 다행한 일이었습니다.

또한 끽다거의 본고장 조주 관음원에 〈조주고불 선차기념비〉를 세운 것은 단순히 차맥을 이으려는 의지뿐 아니라 정중무상(淨衆無相, 684~762) 선사를 연원으로 한 선맥을 복원했다는 점에서 중요한 의미가 담겨 있습니다."

그 자리에는 징후이 스님을 비롯 한국의 진제(眞際), 동광(東光), 백운(白雲) 스님과 중국의 첸윈쥔(陳雲君), 위웨(余悅) 등 내로라하는 학자들이 참가했다.

한·중 신지교규 10주년을 맞아 2011년 9월 백림선사에서 가진 선차교류회

한·중은 조주를 주제로 다선일미에 관한 학술회의를 최초로 연 것으로 기록되었다. 당시 문수각을 가득 메운 청중의 열기를 보고 '불법의 땅은 언제나 사람들에게 평온한 느낌을 준다'는 말들이 들려왔다.

그 후 10년이 흐른 뒤 2011년 백림선사에서 한·중 선차문화 교류회 10주년 기념행사가 진행되었는데 백림사 감원 밍영스님은

"2001년 조주비를 건립하고 그 기념으로 10년이 지난 뒤 이 같은 자리가 마련되어 뜻이 깊습니다. 2005년 천하조주 선차문화 교류대회(天下趙州禪茶文化交流大會)에서 중흥백림선사(中興栢林禪寺)의 징후이(淨慧) 장로가 '정(正)·청(淸)·화(和)·아(雅)'를 중국 다선문화(茶禪文化)의 정신으로 나타내면서 차문화계에서 광범위한 공명(共鳴)을 일으켰습니다.

나는 '정·청·화·아'의 4대 다선 정신과 같이 자신의 생각을 이야기해 보고 싶어요. 모두 알고 있듯이 일본 다도는 다선의 전통을 계승하고 전파하며, 한국의 다례는 풍부한 수행 내용을 포함하고 있습다. 중국의 차문화는 일종의 선의 수행법문으로 올라가게 하고 매번 차사 행사(茶事行事)는 '다선일미' 생명 경계의 실제 체험 추구로 올리는 것이 현재 중국 차문화계와 불교계의 일대 사명입니다."라고 말했다.

조주기행은 가는 곳마다 헌다식이 이루어졌고 정딩현 임제사의 스님은 조주기행의 깃발이 하늘 위로 높게 펄럭이자 감격해 하기도 했다. 징후이 스님은

"조주는 차의 산지가 아니지만 당나라 때 조주선사가 주석하면서 조주선사의 차는 무궁한 의미를 지닌 채 천고에 길이 전해졌다"고 《다선일미》 서문에서 밝힌 바 있다. 징후이 스님 또한 진여선사에 차 묘목을 가져와 허베이 땅에 심어 남차

북이를 실현시킨 바 있다.

저자는 2년간 조주 끽다거의 자취를 따라 중국 전역을 순례했다. 지난 15년 간 조주의 끽다거 화두에 빠져 조주를 흠모했다. 까닭은 조주 이전 신라의 무상 선사가 선차지법을 들고나와 선차의 비조가 되면서 그 연원을 밝혀보려 했기 때 문이다. 아마도 전생에 조주선사에게 진 빚이 많았던 모양이다. 10년 전(2011) 조주기행을 떠나면서 여전히 끽다거 정신이 살아있음을 보고 감격했다. 2011 년 9월 조주탑 앞에서 헌다식을 마치고 조주탑을 한 바퀴 돌 때 탑 앞에 올린 차 향이 코끝을 스치자 비로소 조주차를 온몸으로 느낄 수 있었다.

끽다거가 후세에 미친 영향

조주가 읊었던 삼자선(三字禪)은 후세의 많은 사람들에 의해 회자되었다. 당 시 중국불교협회 회장으로 있던 자오푸추 거사는 1986년 부인과 함께 허물어 져 버린 백림선사 탑을 보고 크게 감명 받아 조주탑이란 시를 남겼다. 또한 조주 선사 어록의 제시에는 '수천수만 마디 말도, 차 한 잔 마시는 것에 다름 아니지 (萬語與千言 不外喫茶去)'라고 하였는데, 이는 조주선사의 수많은 법어 가운데 '끽다거'라는 말이 가장 유명하다고 여긴 것이다. 안상(安上)스님이 벽라춘을 선 물하자, 자오푸추는 '조주스님의 차에 오묘한 뜻을 섞으니, 청아한 그 맛은 선 가를 이끈다(好參微旨趙州茶, 清味領禪家)'는 시를 지어 세상 사람들을 깨웠다. 첸원쥔 선생은 '천 년 동안 전해 온 차향이 아직도 식지 않았네(千年茶未涼)'라는 시를 읊어 자오푸추의 차 한 잔의 의미에 회답했다.

조주의 끽다거는 중국 땅에서만 머무르지 않았다. 근세에 고승 경봉선사가 일으킨 염다래를 통해 선가의 가풍이 되더니 그 영향을 받은 금당 최규용 선생이 끽다래를 즐겨 쓰면서 대중 곁으로 다가섰다. 그런데도 불구하고 조주차는 깨어나지 않았다.수십 차례에 걸쳐 백림선사를 오가며 끽다거의 발원지인 허베이 백림선사를 찾아가 조주탑 앞에 조배를 한 뒤 천 년 간 전해져온 끽다거의 중요성을 깨우면서 중국 선차계가 깨어나 끽다거가 세상에 드러났다. 한 사람의 노력으로 이렇게 빛을 보기까지 수많은 사람의 뒷받침이 있었기에 가능했다. 조주기행을 마무리 짓기까지 아낌없는 질책과 격려를 해주신 국내외 지지자와 독자에게 감사를 드리면서 조주의 차가 우리 마음속에 영원히 살아있기를 간절히 바란다.

조주기행에 얽힌 뒷이야기들

2011년 1월부터 장장 20개월에 걸쳐 월간 《차의 세계》 잡지에 연재한 〈천하조주 끽다거 기행〉은 2012년 10월 대단원의 막을 내렸다. 그러나 끽다거 기행이 끝난 후 이어지는 뒷이야기를 차마 묻어둘 수 없었다.

이 글은 〈천하조주 끽다거 기행〉과 관련된 일화들을 재구성한 것이다.

조주상 들고 한국에 온 밍영(明影) 스님

2012년 10월 18일 한국불교 역사문화 기념관에서 제7차 세계선차문화교류대회 개막식이 열리던 날 초이 김혜정 시인의 개막 축시 낭송이 끝난 뒤 중국 측과 선물 교환이 있었다. 그 자리에서 허베이(河北) 백림선사 감원 밍영스님이 두루마리를 들고 단상으로 올라왔다. 두루마리를 펼치니 조주상이 드러났다. 그것을 제7차 세계선차 교류대회의 대회장에게 건네줬다. 조주상을 받자 청중들의 힘찬 박수 소리가 울려 퍼졌다. 밍영스님은 징후이(淨慧) 스님의 친서까지 들고 왔다. 친서에는 다음과 같이 씌여 있었다.

崔锡焕先生并

第七届世界禅茶文化交流大会:

　　承邀出席第七届世界禅茶文化交流大会，不胜感谢！因法务鞅掌，不克抽身参与盛会，深感抱歉！谨致芜笺，预祝此次世界禅茶文化交流盛会取得丰硕成果，为发扬禅茶和谐文化传统，构建和谐世界作出应有的贡献！遥祝

大会圆满成功！

与会诸位善知识禅悦法喜，六时吉祥！

　　　　　前住赵州柏林、现住黄梅四祖净慧合掌

　　　　　2012 年 10 月 15 日于四祖丈室

최석환 선생께서 제7회 세계선차문화교류대회에 초청해 주셔서 대단히 감사합니다. 법무(法務)가 바빠서 대회에 참석할 수 없게 되어 매우 죄송합니다. 삼가 글로나마 이번 세계선차문화교류대회가 풍부한 성과를 얻고 선차와 전통문화의 조화를 이루어 발양하고 세계 평화에 공헌하기를 바랍니다. 대회가 원만하게 성공하기를 바랍니다. 대회의 모든 선지식이 선열법희(禪悅法喜)를 느끼며 항상 순조롭기를!

전 조주 백림선사 방장, 현 황매 사조 방장 징후이 합장 2012년 10월 15일 사조 방장실에서 밍영스님은 감격의 말을 잊지 않았다.

"중국 불교계는 10년 전 월간 《차의 세계》 발행인이 백림사를 찾아와 선차문화를 일깨운 그 공로를 잊을 수 없습니다. 더욱이 조주 조정 백림사는 끽다거 공안의 발생지로 익히 알려졌습니다. 이번에 송대 석비 탁본의 조주종심선사법상(趙州從諗 禪師法像)을 한국에 기증하게 되어 조주의 차향이 끊어지지 않고 해동까지 이어지게 되었습니다."

1999년 6월 조주탑을 처음 찾아 조주차의 정신을 세상에 알려야겠다고 발원한 것이 2001년이 되어서야 이루어졌다. 22년 전 저자는 남전사지를 처음 찾았을 때 허물진 절터에서 차나무의 향기를 느끼고 감격한 바 있다. 그리고 대숲을 헤치고 '남전지묘(南泉之墓)'라고 쓴 묘탑을 발견했던 순간을 잊을 수가 없다. 그런 인연이 있었기에 조주기행이 이루어졌으리라고 생각한다.

조주기행 순례단은 2011년 2월 조주의 고향인 산둥성 린쯔시를 찾아가던 날 용흥사 쓰궈청(釋果澄) 스님과 마주앉아 밤늦도록 이야기를 나누었던 기억을 잊을 수가 없다. 그는 능숙한 솜씨로 차를 우려냈다. 갖가지 차를 앞에 놓고 다담이 오가는 도중 필자가 끽다거 공안 이야기를 넌지시 꺼냈다. 그러자 스님은 "그 끽다거 공안 말입니까. 린쯔시가 바로 조주가 끽다거 공안을 탄생시킨 고향인데 어찌 외국인이 천 년 전 조주의 끽다거의 향기를 찾아 여기까지 왔습니까?"라고 물었다. 저자가 "숙세의 인연이 아니겠습니까"라고 말하자

"조주선사는 출가한 뒤 허베이로 들어가 조주관음원에서 그 같은 공안을 일으켰는데 찾아오는 학인에게 '차나 한 잔 드시라'고 권하며 시작된 끽다거 공안은 여전히 우리들의 마음속에 살아 있습니다"라고 답했다. 스님과 밤늦도록 다담을 나눈 뒤 다음을 기약하고 용흥사를 나와 칭다오로 향했다.

끽다거 공안 태동시킨 허베이 백림선사

조주의 끽다거와 백림선사와의 깊은 인연을 맺게 된 연유는 1999년 처음 백림선사를 찾아 품었던 작은 바람이 이루어져 〈조주고불 선차기념비〉가 백림선사에 세워짐으로써 조주선사가 세상에 다시 드러났기 때문이다. 〈조주고불 선차기념비〉 건립기념일은 세계선차문화교류대회 발의로 이어졌다. 이 모든 것을 가능하게 한 배경에는 한결같은 징후이 스님의 성원이 있었다.

정신적으로 지지해 온 징후이 스님은 2012년 10월 서울에서 열린 제7차 세계선차문화교류대회를 축하하는 친서를 보내와 지지를 아끼지 않았다. 이번 중국 정부 회의 등으로 제7차 세계선차 문화교류대회에 참여하지 못함을 아쉬워

하며 백림선사, 4조사의 제자들을 보내 선차대회의 지지를 아끼지 않았다. 징후이 스님은 저자가 한·중 양국 불교계와 차계에 노고를 아끼지 않았다고 말하며 정신적 노력과 원대한 식견에 감동했다고〔崔錫煥先生多年來奔走于中韓佛教界與茶文化界之間, 爲推動茶文化與禪文化的傳播不辭勞苦, 辛勤耕耘. 我十分欽佩他的獻身精神與遠見卓識〕늘 말해 왔다.

제7차 선차대회에 쏠린 눈

2003년 5월 한국이 세계선차문화교류대회를 발의하고 단 한 번도 열리지 않다가 2012년에 개최하면서 여러 가지 부작용도 컸다. 한국에 '선차'라는 브랜드가 전무한 데다가 자신의 밥그릇이 위협을 받는다고 여긴 차계의 기득권 세력에 의해 전방위로 공략이 이루어졌다.

그러던 중 효봉선사 제사 때 송광사 사문인 동진스님이 쌍봉사의 철감은 조주선사와 법형제인 인연이 있다고 말하자 송광사 스님들은 처음 듣는 이야기라며 놀라워했다. 2001년 10월 〈조주고불 선차기념비〉를 세울 때 철감과 조주가 법형제의 인연이어서 비를 세웠는데 12년이 지난 아직까지 모르고 있다는 사실이 놀라웠다.

이번 제7차 선차대회에서 천한동 교수는 〈남전의 사자산문 발원지(發源地)〉라는 글을 발표하여 우리를 또 한 번 놀라게 했다.

그 글에는 다음과 같이 나와 있다.

중국 안후이성 퉁싼진 남전산은 중국 선종사에 중요한 요충지이다. 그 남전산을 일으킨 선승은 남전보원 선사로 그 문하에 중국의 조주와 신라의 철감을 길러 냈다. 특히 쌍봉도윤은 신라인으로 보원의 명성을 듣고 중국으로 가 그의 가르침을 받아 귀국하였다. 보원은 쌍봉도윤을 보고 흥에 겨워 "나의 법(法)이 동국에 돌아가는구나!"라고 말했다고 한다. 도윤은 남전보원의 선법을 신라에 널리 전파했다. 그와 그의 제자들은 신라 사자산 흥녕사에 보원의 법을 전하였고, 이는 국왕의 주목을 받았다. 국왕은 도윤을 국사로 예후하였으나 그는 불법을 전하는 데에만 전념하였다. 남전의 법을 이은 자만 하여도 천여 명에 이르며 이들은 신라 구산선문의 사자산학파(獅子山學派)를 형성하였고, 그 영향력은 지대하였다.

아무튼 중국은 이번 세계선차문화교류대회에서 남전과 조주를 내세워 기선을 제압하는 듯했다. 예전부터 선차대회에 관심을 보여 온 송광사 현봉스님은

"우리가 잊고 있던 고승을 깨우쳐 준 중국인의 혜안이 놀랍다"고 평했다.

그 밖에도 쓰촨성 대자사 방장 따이은(大恩) 스님이 무상의 '선차지법'을 들고 나와 또 한 번 우리를 놀라게 했다.

조주기행을 떠나면서 느낀 점은 천 년 전이나 지금이나 여전히 끽다거는 살아 있다는 사실이다. 이번 선차대회 기간 중 유독 조주가 부각된 까닭은 그가 끽다거를 통해 대중을 이끌어 왔기 때문이다. 아직 한국의 선차문화는 10년 전 중국의 선차문화 수준에 머물러 있는 것 같아 안타까웠다. 그러나 근세의 고승 경봉선사의 염다래, 일타(日陀) 스님의 끽다거래(喫茶去來), 금당 최규용 선생의 끽다래를 통해 조주의 다풍이 한국적으로 되살아났다는 사실은 주목할 만하다.

조주선사의 가르침이 담긴
천하조주 끽다거 기행

밍하이(明海 · 中國 栢林禪寺 方丈)

내가 최석환 선생을 안 지 벌써 15여 년이 됐습니다. 많은 시간 그는 혼자 분주히 오가며, 중국의 선종조정(禪宗祖庭)을 뛰어다녔습니다. 나는 몇 년 전 그가 백림사(栢林寺)에 도착해서 쓰촨(四川) 스팡(什邡) 마조사(馬祖寺)의 사진을 보여줬던 것을 기억합니다. 적막하게 파괴된 사원은 선종 일대대덕(一代大德)이 탄생했던 지방이라고는 상상할 수도 없었습니다. 최 선생의 조정에 대한 매우 깊은 감정이 언사와 기색에 나타나 나를 감동시켰습니다.

최 선생은 선차문화에 대해 특별한 열정을 가지고 있습니다. 그래서 그는 다년간 한·중을 오가며 선차문화 교류의 촉진을 위해 전력을 기울였습니다. 2001년 그는 한국 차문화계와 연합하여 백림사에 조례(朝禮)를 올리고 '한중우의 선차기념비'를 세웠습니다. 2005년 우리 두 사람이 발기하여 스좌장(石家庄) 백림선사에서 처음으로 천하조주 세계선차문화교류대회를 열었고 매년 쉬지 않고 개최하여 올해로 벌써 10회가 되었습니다. 10년 전의 어려움을 회상하면 현재의 호응은 구름과 같습니다. 선차문화를 점차 사람들이 접하게 된 데에는 최 선생의 공이 크다고 하겠습니다.

중국 고대의 선사 중에 조주선사는 선차문화의 비조(鼻祖)입니다. 최 선생의 이번 《천하조주 끽다거 기행》은 분명 많은 사람들의 관심을 조주선사에게로 끌어들일 것입니다. 선차문화에 대한 열렬한 사랑에 진심으로 수희찬탄(隨喜贊嘆)을 나타냅니다.

2015년 9월 25일

明海

我認識崔錫煥先生已經有十五年多了. 多時候他都是孤身一人, 來去, 奔走在中國的禪宗祖庭之間. 我記得多年前他到柏林寺, 給我看四川什邡 馬祖寺的照片. 廖落的破院, 想象不到這里是禪宗一代大德誕生的地方. 崔先生對祖庭深厚的感情溢于言表, 令我動容.

崔先生對禪茶文化情有獨鐘, 所以他多年來往返中韓之間, 爲推動禪茶文化的交流不遺余力. 2001年他聯合韓國茶文化界來朝 柏林寺, 立下"韓中友好禪茶紀念碑". 2005年, 主要由我們兩人發起, 在石家庄 栢林禪寺舉辦了首 天下趙州國際禪茶文化交流大會, 由此每年不間斷, 到今年已滿十. 回想十年前的舉步維艱, 到現在的響應如云, 禪茶文化在逐漸被人們所接受, 其中崔先生功不可沒！在中國古代的禪師中, 趙州禪師是禪茶文化的鼻祖 崔先生這本《天下趙州吃茶去紀引》一定會引發更多人對趙州禪師的關注, 對禪茶文化的熱愛, 我表示由衷的隨喜贊嘆！

2015年9月25日

조주종심 선사 연보

연대	주요 내용
778	산둥성(山東省) 원주부(袁州府) 학향(郝鄕)출생
790	어린 나이에 고향 인근 용흥사(龍興寺)에서 출가한 후 숭산(崇山) 유리계단에서 구족계(具足戒)를 받았다.
795	안후이성(安徽省) 지양(池陽: 지금은 안후이성 츠저우[池州])으로 남전보원(南泉普願) 선사를 찾아가 스승의 예를 갖추고 남전의 제자가 되길 간청. 남전은 조주의 입실(入室)을 허락했다.
795	남전산(南泉山)에 선암(禪庵)을 짓고 수행(修行)했다.
800~810	조주(趙州)가 남전산에 주석(駐錫)하고 있을 때 동당(東堂)과 서당(書堂)의 고양이 한 마리를 놓고 일대 논쟁이 벌어졌다. 그때 조주가 있었다면 고양이 목숨을 살릴 수 있었다는 유명한 고사가 남전사에서 이루어졌다.
834	남전선사 원적(圓寂)
834–857	남전선사가 원적에 들자 조주는 남전산을 떠나 순례길에 오른다.
850–853	조주의 순례길에서 장시성(江西省) 용창선원에 들러 도응선사를 만나 서로의 기어로 응대했다. 진여선사 산문 앞에 조주관이 조동종(曹洞宗)의 조사(祖師) 도응과 인연에서 탄생했다.
858	조주종심 선사는 행각(行脚)을 멈추고 허베이성 자오현(趙縣) 관음원에 주석했다.
897	조주종심 선사 120세로 입적했다. 조주선사가 입적(入寂)에 들자 조왕(趙王)이 조주선사께 진찬(眞贊)을 지어 바쳤다. 碧溪之月 淸鏡中頭 我師我化 天下趙州
1115–1234	중국 금나라 시기 계사(戒師) 화상이 대전(大殿)을 중수하고 당대의 관음원이자 송나라 초기 영안선원을 금나라 때 백림선원(柏林禪院)으로 개명(改名)했다.
1330	조주고불 진제광조 국사지탑(趙州古佛 眞際光祖 國師之塔) 건립
1547	명나라 가정 26년 영안선원의 주지였던 노봉(魯峰) 스님이 대자전(大慈殿)을 짓고 진제선사 석각(石刻)과 영정(影幀)을 봉안했다.
1938–1945	친미법사(親味法師, 1888–1970)가 단신으로 거주하며 조석으로 향을 피우고 염불하며 백림선사 중흥을 발원했다.
1986	자오푸추(趙朴初. 1907–2000) 당시 중국불교협회 회장이 부인의 손을 붙잡고 폐허나 다름없는 백림선사를 찾아 조주탑 시를 남겼다. 이 시로 인해 백림선사가 깨어났다.

1987	중국불교협회 상무이사인 징후이(淨慧) 스님이 일중 우호림황협회의 단체를 이끌고 조현의 조주탑(趙州塔)을 참배했다.
1988	허베이성 불교협회 회장에 취임한 징후이 스님이 백림사 부흥에 전면에 나서면서 백림사 중흥의 길로 접어들었다.
1988-2003	징후이 선사가 백림선사를 맞아 생활선 근본 도량으로 자리잡아갔다. 해마다 여름, 겨울 방학기간을 이용. 생활선 수련회를 개최, 중국의 모범적 선종사찰이 되었다.
1999	1999 여름 한국의 불교춘추사가 조주의 끽다거 자취를 쫓아 백림선사를 찾아와 차공의식을 올리면서 비로소 백림선사가 다선도량의 정통을 되찾게 되었다.
2000	한국의 선차 순례단이 허베이 곳곳을 찾아가 조주의 끽다거를 파헤치면서 비로소 끽다거의 정통을 되찾아 갔다.
2001	백림선사 경내에 <한중 우의 조주고불 선차기념비> 건립을 계기로 백림선사는 다선의 정통을 세우게 되었다.
2001	다선일미 학술대회를 중국 최초 백림선사에서 거행.
2005	백림선사에서 제1회 천하조주 세계선차문화 교류대회를 개최하면서 선차가 깨어나기 시작했다.
2011	한중 선차문화교류 10주년 기념행사 백림선사에서 거행
2015	제10회 세계선차문화 교류대회를 백림선사에서 개최.
2021	조주의 위대한 생애를 담은 《천하조주 끽다거 기행》 출간.

부록

조주진제선사 행장
趙州眞際禪師 行狀

스님은 남전(南泉, 748~835) 스님의 문인이다. 속성은 학(郝)씨이며, 본시 조주(曹州) 학향(郝鄉) 사람으로 법명은 종심(從諗)이다.

師即南泉門人也 俗姓郝氏 本曹州郝鄉人也 諱從諗

진부(鎭府)에 있는 탑에는 다음과 같은 기록이 있다.

스님께서는 칠백 갑자나 살았다. 무종(武宗)의 폐불법난(廢佛法難, 842~845)이 있자, 저래산(岨崍山)으로 피신하여 나무열매를 먹고 풀옷을 입으면서도 승려로서의 위의(威儀)를 바꾸지 않으셨다.

鎭府有塔 記云 師得七百甲子歟 值武王微沐 避地岨崍 木食草衣 僧儀不易

스님께서 처음 은사스님을 따라 행각하다가 남전스님 회하에 이르렀다. 은사스님이 먼저 인사를 드리고 나서 스님(조주)이 인사를 드렸는데, 남전스님은 그

때 누워 있다가 스님이 오는 것을 보고는 불쑥 물었다.

"어디서 왔느냐?"

"서상원(瑞像院)에서 왔습니다."

"상서로운 모습(瑞像)은 보았느냐?"

"상서로운 모습은 보지 못했습니다만 누워 계신 여래를 뵈옵니다."

남전스님은 이에 벌떡 일어나 물었다.

"너는 주인 있는 사미냐, 주인 없는 사미냐?"

"주인 있는 사미입니다."

"누가 너의 주인이냐?"

"정월이라 아직도 날씨가 차갑습니다. 바라옵건대, 스님께서는 기거하심에
만복하소서."

남전스님은 이에 유나(維那)를 불러 말씀하셨다.

"이 사미에게는 특별한 곳에 자리를 주도록 하라."

師初隨本師行脚　到南泉　本師先人事了　師方乃人事　南泉在方丈內臥次　見師來參
便問　近離什麼處　師云　瑞像院　南泉云　還見瑞像麼　師云　瑞像即不見　即見臥如來
南泉乃起問　你是有主沙彌　無主沙彌　師對云　有主沙彌　泉云　那個是你主　師云　孟
春猶寒　伏惟和尚尊體　起居萬福　泉乃喚維那云　此沙彌別處安排

스님께서는 구족계를 받고 난 다음, 은사스님이 조주(趙州)의 서쪽 호국원(護
國院)에 계시다는 소식을 듣고 그곳으로 돌아가 은사스님을 찾아 뵈었다. 스님
이 도착하자 은사스님은 사람을 시켜서 학씨에게 알렸다.

"귀댁의 자제가 행각길에서 돌아왔습니다."

학씨 집안 친척들은 몹시 기뻐하며 다음 날을 기다렸다가 함께 보러 가기로 하였다. 스님께서는 이를 듣고 말씀하셨다.

"속세의 티끌과 애정의 그물은 다할 날이 없다. 이미 양친을 하직하고 출가하였는데 다시 만나고 싶지 않다."

그리고는 그날 밤으로 짐을 챙겨 다시 행각에 나섰다. 그 후 물병과 석장을 지니고 제방을 두루 다니면서 항상 스스로에게 말했다.

"일곱 살 먹은 어린아이도 나보다 나은 이는 내가 그에게 물을 것이요, 백 살 먹은 이라도 나보다 못한 이는 내가 그를 가르치리라."

師受戒後 聞受業師在曹州西 住護國院 乃歸院省覲 到後 本師令郝氏云 君家之子 遊方己回 其家親屬 忻懌不已 祇候來日 咸往觀焉 師聞之 乃云 俗塵愛網 無有了期 已辭出家 不願再見 乃於是夜 結束前邁 其後自攜瓶錫 遍歷諸方 常自謂曰 七歲童兒勝我者 我即問伊 百歲老翁不及我者 我即教他

스님께서는 나이 80세가 되어서야 조주(趙州) 동쪽 관음원(觀音院)에 머물렀는데, 돌다리[石橋]에서 10리 정도 되는 곳이었다.

그때부터 주지살이를 하셨는데, 궁한 살림에도 옛사람의 뜻을 본받아 승당에는 전가나 후가도 없었고, 겨우 공양을 마련해 먹을 정도였다. 스님은 다리 하나가 부러져서 타다 남은 부지깽이를 노끈으로 묶어 두었는데, 누가 새로 만들어 드리려 하면 그때마다 허락지 않으셨다. 40년 주지하는 동안 편지 한 통을 시주에게 보낸 일이 없었다.

年至八十 方住趙州城東觀音院 去石橋十里已來 住持枯槁 志效古人 僧堂無前後
架 旋營齋食 繩床一腳折 以燒斷薪 用繩繫之 每有別制新者 師不許也 住持四十年
來 未嘗齎一封書 告其檀越

한번은 남방에서 한 스님이 와서 설봉(雪峰, 822~908) 스님과 있었던 일을
거론하였다.

설봉스님에게 물었다.

"태고적 개울에 찬 샘이 솟을 때는 어떻습니까?"

설봉스님이 말했다.

"눈을 똑바로 뜨고 보아도 밑바닥이 보이지 않는다."

"마시는 이는 어떻습니까?"

"입으로 들이마시지 않는다."

스님께서 이 이야기를 듣고 말했다.

"입으로 들이마시지 않으면 콧구멍으로 들이마시겠군."

그 스님이 스님(조주)께 물었다.

"태고적 개울에 찬 샘이 솟을 때는 어떻습니까?"

"쓰다〔苦〕."

"마시는 이는 어떻습니까?"

"죽는다."

설봉스님은 이 말을 듣고 찬탄하였다.

"옛 부처님이시다. 옛 부처님이시다!"

설봉스님은 이런 일이 있은 뒤로 학인들의 물음에 대답하지 않았다.

因有南方僧來擧 問雪峰 古澗寒泉時如何 雪峰云 瞪目不見底 學云 飮者如何 峰 云 不從口入 師聞之曰 不從口入 從鼻孔裏入 其僧却問師 古澗寒泉時如何 師云 苦 學云 飮者如何 師云 死 雪峰聞師此語 賛云 古佛古佛 雪峰後因此不答話矣

그 뒤로 한번은 허베이(河北)의 연왕(燕王)이 군사를 이끌고 진부(鎭府)를 점 령하기 위하여 경계까지 이르렀는데, 기상(氣象)을 보는 사람이 아뢰었다.

"조주 땅은 성인이 사는 곳이라 싸우면 반드시 패할 것입니다."

연왕과 조왕(趙王)은 연희를 베풀고 싸우기를 그만두었다. 그리고는 연왕이 물었다.

"조나라에 훌륭한 분이 누구인가?"

어떤 사람이 말하였다.

"화엄경을 강의하시는 대사님이 계신데, 절개와 수행이 높으십니다. 만약 그 해에 가뭄이 들어 모두 오대산에 가서 기도해 주기를 청하면, 대사께서 돌아오 기 전에 감로 같은 비가 억수처럼 쏟아져 내립니다."

이에 연왕이 말하였다.

"그다지 훌륭한 것 같지 않다."

그러자 어떤 한 사람이 말하였다.

"여기서 120리를 가면 조주 관음원이란 곳이 있습니다. 그곳에 선사(禪師) 한 분이 계시는데, 나이와 승랍이 높고 도를 보는 안목이 밝습니다."

그러자 모두 말하였다.

"이것이야말로 상서로운 징조가 아니겠는가."

厥後因河北燕王 領兵收鎭府 既到界上 有觀氣象者奏曰 趙州有聖人所居 戰必不

勝 燕趙二王 因展筵會 俱息交鋒 乃問 趙之金地上士何人 或曰 有講華嚴經大師

節行孤邈 若歲大旱 鹹命往臺山祈禱 大師未廻 甘澤如瀉 乃曰 恐未盡善 或云 此

去一百二十里 有趙州觀音院 有禪師年臘高邈 道眼明白 僉曰 此可應兆乎

두 왕이 수레를 풀고 이미 절 안에 이르렀는데, 스님께서는 똑바로 앉은 채 자리에서 일어나지 않으셨다. 연왕이 물었다.

"인왕(人王)이 높습니까, 법왕(法王)이 높습니까?"

"인왕이라면 인왕 가운데서 높고, 법왕이라면 법왕 가운데서 높습니다."

연왕은 그렇다고 하였다.

스님께서 한참을 잠자코 있다가 물으셨다.

"어느 분이 진부의 대왕입니까?"

조왕이 대답하였다.

"저올시다."

스님께서 말씀하셨다.

"노승은 그저 산야에서 남루하게 지내다 보니 미처 찾아뵙지도 못했습니다."

二王稅駕觀焉 既屆院內 師乃端坐不起 燕王問曰 人王尊耶 法王尊耶 師云 若在

人王 人王中尊 若在法王 法王中尊 燕王唯然矣 師良久中間問 阿那個是鎭府大王

趙王應諾 弟子－緣趙州屬鎭府 以表知重之禮－師云 老僧濫在山河 不及趨面

잠시 후 주위 사람들이 대왕을 위하여 설법을 청하니 스님께서 말씀하셨다.

"대왕께서는 주위 사람들이 많은데 어찌 노승더러 설법하라고 하십니까?"

이에 주위 사람에게 명하여 스님 주변에서 물러나게 하였다.

그러자 문원(文遠)이라는 사미가 큰 소리로 말하였다.

"대왕께 아룁니다. 그 주위 사람이 아닙니다."

대왕이 물었다.

"어떤 주위 사람 말입니까?"

"대왕에게 존호(尊號)가 많아서 스님께서는 그 때문에 설법하시지 못하는 것입니다."

연왕이 말하였다.

"선사께서는 이름 따위는 개의치 마시고 설법해 주십시오."

스님께서 말씀하셨다.

"그러므로 대왕께서는 아십시오. 과거세의 권속은 모두가 원수입니다. 우리 부처님 세존의 명호는 한 번만 불러도 죄가 소멸하고 복이 생기는데, 대왕의 선조들은 사람들이 이름을 입에 담기만 해도 금방 성을 냅니다."

스님은 자비롭게도 지치는 줄 모르고 많은 설법을 하셨다. 그때 두 대왕은 머리를 조아리고 찬탄하며 존경해 마지않았다.

須臾左右　請師為大王說法　師云　大王左右多　爭教老僧說法　乃約令左右退　師身畔　時有沙彌文遠　高聲云　啟大王　不是者個左右　大王乃問　是什麼左右　對曰　大王尊諱多　和尚所以不敢說法　燕王乃云　請禪師去諱說法　師云　故知大王曩劫眷屬俱是冤　家佛世尊　一稱名號　罪滅福生　大王先祖　纔有人觸著名字　便生嗔怒　師慈悲非倦

說法多時 二王稽首讚歎 珍敬無盡

　다음 날 두 왕이 돌아가려고 하는데, 스님이 자리에서 일어나지 않았다는 말을 듣고 연왕 휘하의 선봉장이 임금에게 오만하게 대하였음을 힐책하기 위하여 새벽에 절 안으로 들어왔다. 스님께서 이 말을 듣고 나가서 영접하니 선봉장이 물었다.

　"어제는 두 대왕이 오는 것을 보고도 일어나지 않으시더니, 오늘은 어째서 제가 오는 것을 보고 일어나서 맞아 주십니까?"

　"그대가 대왕만 같다면 노승도 일어나 맞이하지는 않았을 것이오."

　선봉장은 이 말을 듣고 스님께 두 번 세 번 절하고 물러갔다.

　來日將廻 燕王下先鋒使 聞師不起 淩晨入院 責師傲亢君侯 師聞之 乃出迎接 先鋒乃問曰 昨日見二王來 不起 今日見某甲來 因何起接 師云 待都衙得似大王 老僧亦不起接 先鋒聆師此語 再三拜而去

　그 뒤 조왕은 사신을 보내 스님을 모시고 공양을 올리고자 하였다. 스님께서 성문에 다다르자 온 성안이 모두 예의를 갖추고 영접하였다. 스님께서 성 안에 들어와 보배수레에서 내리자마자 왕은 절을 올리고 스님께 전각[殿]의 가운데 자리에 앉으시라고 청하였다. 스님께서는 한참을 잠자코 있다가 이마에 손을 대고 내다보면서 말하였다.

　"계단 아래 서 있는 이들은 무슨 관청의 책임자입니까?"

　주위 사람들이 말하였다.

"여러 절의 노스님과 대사 대덕들입니다."

"저분들도 각기 한 지방을 맡아 가르침을 펴는 분들인데, 그분들이 계단 아래에 서 있다면 노승도 일어나겠습니다."

그러자 왕은 모두 전각 위로 오르도록 하였다.

尋後趙王發使 取師供養 既拂城門 闔城威儀 迎之入內 師纔下寶輦 王乃設拜 請師上殿 正位而坐 師良久以手斫額云 階下立者是何官長 左右云 是諸院尊宿 並大師大德 師云 他各是一方化主 若在階下 老僧亦起 王乃命上殿

이날 법회(齋宴)가 끝나려고 할 때, 승려든 관원이든 위로부터 아래까지 차례차례 한 사람씩 질문을 하도록 하였다.

한 사람이 불법에 대해 묻자 스님께서는 멀리 바라보면서 물었다.

"무얼 하는 건가?"

"불법을 묻고 있습니다."

"노승이 이미 여기에 앉아 있는데, 어디에 무슨 법을 묻는 건가? 두 부처님은 함께 교화하지 않는 법이오."

왕은 여기서 그만두도록 하였다.

是日齋筵將罷 僧官排定 從上至下 一人一問 一人問佛法 師既望見 乃問 作什麼云 問佛法 師云 這裏已坐却老僧 那裏問什麼法 二尊不並化 ―此乃語之詞也― 王乃令止

그때 왕비〔王后〕가 왕과 함께 곁에서 스님을 모시고 서 있다가 말했다.

"선사께서는 대왕을 위하여 마정수기(摩頂受記: 부처님께서 수기하시면서 제
자의 이마를 만져줌)를 내려 주시기 바랍니다."

스님께서는 손으로 대왕의 이마를 어루만지면서 말했다.

"대왕께서는 노승만큼 장수하소서."

其時國後 與王俱在 左右侍立 國後云 請禪師為大王摩頂授記 師以手摩大王頂云
願大王與老僧齊年

이때 스님을 가까운 절에 임시로 거처하도록 하고, 날짜와 장소를 택하여 선원
을 세우기로 하였다. 이 이야기를 듣고 스님께서는 사람을 시켜 대왕에게 알렸
다.

"만약 풀 한 포기라도 건드리면 노승은 다시 조주로 돌아갈 것이오."

그때 두행군(竇行軍)이란 사람이 과수원 한 곳을 희사하였다.

그 곳은 만 오천 관의 값이 나가는 땅이었는데, '진제선원(眞際禪院)' 또는 '두
씨네 동산〔竇家園〕'이라고 불렀다.

스님께서 그 절에 들어오자 대중이 구름처럼 모여들었다. 이때 조왕은 예의를
다하여 연왕이 유주(幽州)에서 조정에 아뢰어 받은 금란가사〔命服〕를 바쳤으며,
진부(鎭府)에서는 위의를 갖추어 이를 영접하였다. 스님께서는 굳이 사양하며
받지 않으니, 곁에 있던 사람들이 상자를 스님 앞에 옮겨 놓으면서 말하였다.

"대왕께서 선사님의 불법을 위하시기 때문이니, 이 옷을 꼭 입으시기 바랍니
다."

"노승은 불법을 위하여 이 옷을 입지 않습니다."

곁에서 말하였다.

"그렇지만 대왕의 체면을 보아 주십시오."

"그게 속관(俗官)에게 무슨 상관이 있단 말이오?"

마침내 대왕이 몸소 옷을 들어 스님 몸 위에 걸쳐 드리면서 두 번 세 번 절하고 축복해 드리자, 스님께서는 그저 받기만 할 뿐이었다.

是時迎師權在近院駐泊　獲時選地　建造禪宮　師聞之　令人謂王曰　若動著一莖草
老僧卻歸趙州　其時竇行軍　願捨菜園一所　直一萬五千貫　號爲眞際禪院　亦云竇家園
也　師入院後　海衆云臻　是時趙王　禮奉燕王從幽州奏到命服　鎭府具威儀迎接　師堅
讓不受　左右舁箱　至師面前云　大王爲禪師佛法故　堅請師著此衣　師云　老僧爲佛法
故　所以不著此衣　左右云　且看大王面　師云　又幹俗官什麼事　王乃躬自取衣掛身上
禮賀再三　師惟　知應諾而已

스님께서는 조주(趙州)에 2년을 살았는데, 세연을 마치려 하면서 제자들에게 말했다.

"내가 세상을 뜨고 나면 태워버리되 사리를 골라둘 것 없다. 종사의 제자는 세속 사람들과는 다르다. 더군다나 몸뚱이는 허깨비니, 무슨 사리가 생기겠느냐. 이런 일은 가당치 않다."

스님께서는 제자를 시켜 불자(拂子)를 조왕에게 보내면서 말을 전하였다.

"이것은 노승이 일생 동안 쓰고도 다 쓰지 못한 것입니다."

스님께서는 무자(戊子)년 11월 10일에 단정히 앉은 채로 임종하였다. 그때 두

씨네 동산에는 승속의 수레를 끄는 말과 수많은 사람의 슬피 우는 소리로 천지가 진동하였다. 예를 다하여 장례를 치렀는데, 비탄의 눈물은 쿠시나가라(부처님이 열반하신 곳)에서 황금관(棺)이 빛을 잃은 것과 다름 없었다.

높다란 안탑(雁塔)을 세우고 특별히 커다란 비석을 세웠는데, '진제선사광조지탑(眞際禪師光祖之塔)'이라 시호하였다.

후당 보대(保大) 11년(953) 4월 13일에 한 학인이 동도(東都) 동원(東院) 선사께 옛 스승 조주스님께서 교화하신 유적을 찾아 묻고는 절하고 물러나오자, 이에 붓을 주어 기록토록 하였다.

師住趙州二年 將謝世時 謂弟子曰 吾去世之後 焚燒了 不用淨淘舍利 宗師弟子不同浮俗 且身是幻 舍利何生 斯不可也 令小師送拂子一枝與趙王 傳語云 此是老僧一生用不盡底 師於戊子歲十一月十日 端坐而終 于時竇家園 道俗車馬 數萬餘人哀聲振動原野 趙王於時盡送終之禮 感歎之泣 無異金棺匿彩於俱尸矣 莫不高營鴈塔 特豎豐碑 諡號曰眞際禪師光祖之塔 後唐保大十一年 孟夏月旬有三日 有學者咨聞 東都東院惠通禪師 趙州先人行化厥由 作禮而退乃授筆錄之具實矣

조주고불당기趙州古佛堂記

元·왕익(王翊)

'조주고불(趙州古佛)'은 세상 사람들이 진제대사(眞際大師)를 추존하여 부르는 별호이다. 선사의 본명은 종심(從諗)이며, 조주(曹州) 학향(郝鄕) 출신으로, 속성은 학씨(郝氏)이다. 타고난 성품은 영리하였고 깨달음은 마치 빛나는 옥돌처럼 반짝였다. 어린 시절 조주(趙州)에 자리잡은 호통원(扈通院)에서 머리를 깎았다.

장성해서는 남전(南泉) 스님의 도가 당대에 으뜸이라는 소문에 지양(池陽)으로 달려가 찾아뵈었다. 스님과 한 마디를 나누는 순간 남다르다는 것을 발견하고 서로 기쁨을 느꼈다. 이리하여 현관(玄關)의 비밀을 푸는 열쇠를 찾고 고갈(叩喝)을 찾다가 홀연히 '평상심이 도이다[平常心是道]'라는 사실을 깨닫게 되었다. 이로부터 세상을 두루 유력하고, 법문의 경지에 들어섰으며, 얻고 잃음에 전혀 구애받지 않게 되었다. 지난날과는 나날이 멀어지고 잘못된 것을 이어받아 탐닉하면서 스스로 헤어나지 못하는 것을 안타까이 여겼다. 이에 자비심으로 가득찬 배를 저어 지혜의 횃불을 높이 들고 사방을 두루 다니며 대중을 구제하고 인도하였다.

그는 "어린아이일지라도 나보다 나은 사람이라면 스승으로 모실 것이다. 아무리 나이가 많은 사람일지라도 나보다 못하다면 내가 가르칠 것이다."라고 하였다. 또 "도는 눈앞에 있으니 누구에게나 있는 것이다. 만약 마음으로 받아들인다면 부처님께서는 나를 저버리지 않으실 것이다."라고 하였다. 자상하게 일러 인도함이 이러하여, 일일이 거론하기 어려울 정도이다.

마침 회창(會昌)에서 사태(沙汰)의 법난이 일어났을 때에도 달리 굴하지 않고 저래산(岨崍山)에 몸을 숨겼다. 누더기를 걸치고 초근목피로 연명하였지만 의법(儀法)은 한층 엄격히 지켰다. 법난이 풀리자 다시 지난날의 뜻을 따랐다. 그리하여 그는 가는 곳마다 사람들에게 존경을 받았으며, 그의 말에 감격하여 대답조차 하지 못하는 사람도 있었다. 조주선사는 세속의 나이가 80세에 가까워서도 정력적이고 편안한 모습이었다. 자신의 뜻대로 교화를 행하였고 또 고령임에도 정착할 곳을 찾으려 하지 않았다. 무릇 큰 자비심으로 행하는 것을 대중들은 알 수 없었다.

후에 조주에 자리 잡은 관음원(觀音院)에서 비로소 주석(駐錫)하였는데, 그곳은 오늘날의 백림사(柏林寺)로, 동원(東院)으로도 불렀다. 스님은 측백나무를 가지고 학인들을 가르치셨다. 그 후로 총림은 날로 번창하여 금원씨(金源氏)에게 전해졌다. 송나라 때에는 '영안선원(永安禪院)'이라고 하였는데, 이는 황제의 이름을 피하여 유언에 따라 명명된 것이다. 언젠가 '인연의 법이오, 복된 땅'이라고 말한 적이 있기에 묵묵히 맞아 떨어져 미리 정해둔 곳이 있었겠지만 대사와 같은 영명함을 지닌 것이 아니기에 그것을 미리 알 수는 없다. 그렇지 않았다면 천하를 두루 다니는 동안에는 경관이 빼어난 곳도 많았을 것인데 어떻게 갑자기 이곳에 와서 머물렀겠는가! 이에 세상에는 '조주고불의 도량(道場)'이라는 말이 생겨났다.

당시 당나라는 덕(德)이 쇠퇴하고 번진(藩鎭)이 세력을 키우고 있었는데 그들은 불교의 영향을 조금씩 받고 있었다. 그리하여 연왕(燕王)과 조왕(趙王)은 정성을 다하여 그를 받들었고, 불법을 청하여 듣느라 바빴으며, 시종 자리를 지키고 맞이하며 전송하였다. 두 왕(王)은 갈수록 공경과 믿음이 깊어졌는데, 교만하고 사나운 기세를 꺼려하게 되었다. 짧은 시간에 복이 내렸음을 알 수 있는데, 안타깝게도 기록이 남아 있지 않다.

조주에 거처한 지 근 40년 동안 왕용(王熔)이 누차 진부(鎭府)의 자리에 오르기를 청하였지만 그때마다 병을 핑계로 사양하였다. 건녕(乾寧) 연간 정사(丁巳)년에 한층 간절하게 청하자 비로소 한 번 나아갔다. 기쁨을 견딜 수 없었던 왕용은 사찰을 짓고 조주선사를 그곳에 머물도록 할 요량이었다. 그러나 선사께서는 이를 사양하며

"풀 한 포기라도 손대면 지름길로 돌아갈 것이오"라고 하였다. 왕용은 겁을 먹고 포기하였다. 두행군(竇行軍)이라는 사람이 자신의 과수원을 바치고 거기에 머물게 하였다. 왕용은 이런 행적을 적어서 상주하니, 황제는 자사(紫裟)를 하사하고 아울러 '진제대사(眞際大師)'라는 호를 내렸다. 그리하여 그 곳에는 '진제선원(眞際禪院)'이라는 현판을 내걸게 되었고, 두씨의 이름도 인멸되지 않게 되었다. 이는 영광스럽고 기쁜 일이지만 선사는 별로 마음에 두지 않았다.

하루는 선사가 느닷없이 제자에게

"내 곧 '진(眞)'으로 돌아갈 것이다"라고 하였다. 그러더니 그해 겨울 11월 10일에 서쪽을 향하고 오른쪽으로 누워 세상을 떠났다.

대사께서 입적한 이래 오대(五代) 말기와 송(宋)·금(金)을 거쳐 이미 4백 년의 세월이 지났다. 다행히 비석은 있지만 모실 불당이 없었으니 주지의 심정이

어떠했겠는가?

원명보조월계대사(圓明普照月溪大師) 낭보비(朗甫丕)는 법당의 오른쪽에 불당을 짓고 대중들에게 이렇게 말했다.

"내가 바라던 불당을 완성했다. 비석에 글을 새겨 영원히 인멸되지 않게 할 것이다. 여기에 지을 사람이 없는 것은 아니지만 전문 분야라는 것이 있는 법이니 전문가에게 맡기는 것이 옳겠다. 그래서 이리도 번거롭게 하는 것이다."

그러나 끝내 사람을 찾지 못하자,《전등록(傳燈錄)》과 실록(實錄) 등의 기록을 대략 참조하여 기술하고 아울러 "나는 선(禪)수행이 깊은 자가 아니다. 그러니 어찌 선사의 가르침을 높이 내보이겠는가!"라고 하였다. 하지만 오묘한 의미는 많은 사람들에게 퍼져 나갔으며 후세에도 전해져 많은 사람들이 이를 본보기로 삼았다.

그는 남다른 자질을 지니고 태어났고, 올바르게 배우고 가르쳤으며, 조예가 깊고, 널리 이끌어 달마선사께서 서쪽에서 오신 뜻에 부합되지 않음이 없었기에 육신은 갔어도 가르침은 남아 이를 배우는 자들은 세월이 갈수록 더욱 기뻐하며 탄복한다. 이제껏 시방세계 참배객들의 발길이 끊이지 않고 있다. 찾아오는 사람들이 진정으로 대사를 우러르는 마음을 갖고 있다면 문풍(門風)은 세상을 뒤덮게 될 것이며 이를 듣는 자는 공경하게 될 것이다. 진심에서 우러나지 않은 사람도 이 불당을 밟고서 잠시 반성하면서 감히 속이지는 못할 것이니 이 불당이 세워짐으로써 어찌 보탬이 적은 것이겠는가! 그렇지 못하다면 부질없이 향이나 사르는 수고를 하는 꼴일 뿐이며 낭공(朗公)의 의도도 부질없게 될 것이다. 때문에 후대의 사람들이 볼 수 있도록 아울러 언급해 둔다.

한중우의 조주고불 선차기념비명

달마대사가 동토에 와서 교외별전·불립문자·직지인심·견성성불로 표현되는 불심인을 전한 이래 육조 혜능에 이르러 남종 돈오문이 열렸다. 또한 마조의 '즉심즉불(卽心卽佛)'·'도불용수(道不用修)'·'평상심시도(平常心是道)'를 내용으로 하는 홍주선이 만개하여 그 문하에 수많은 용상대덕이 배출하며 전등의 심지를 이어 나갔다.

마조의 상족인 남전 문하에 '고불(古佛)'로 부른 조주종심이 있으니, 신라 구산산문 가운데 사굴산문의 개창조인 도윤과는 동문수학한 법형제이다. 그리고 도의·홍척·혜철·범일·무념·현욱 등도 또한 마조의 상족인 서당·마곡·염관·회해 등에게 인가받고 귀국하여 선문을 개산하니, 이들이 신라 구산선문의 개산조들이다. 이들 선맥이 모두 마조 홍주선의 동류지설을 잇고 있다. 특히 조주의 '끽다거'·'세발거'·'구자무불성'·'정전백수자' 등의 공안이 화두의 효시일 뿐만 아니라, 한국선 납자들의 실참 화두로 참구되고 있기에 조주는 분명 한국

선의 조사로 숭앙받고 있는 것이다.

백림선사는 조주고불의 조정으로 조주차의 전통을 이어받아 차향이 넘쳐나고, 조주선의 본찰로 선기가 무궁한 도량이다. 현 백림사 방장 징후이대사의 자비 은덕에 힘입어, 한국 불교춘추사와 명원차문화재단의 공동발원으로 '한중우의 조주고불 선차기념비'를 조주탑 옆에 나란히 세우게 되니, 이는 불조사의 은혜에 보답함이며, 한·중 불교 황금유대(정의)를 공고히 다짐이다. 이 비를 세움으로써 '선차일미', '임운자재'의 생활선 선풍을 발양하여 새로운 시대 인류의 정신문명으로 승화시키고자 발원한다.

비명에 이르기를,

우뚝하게 높구나, 선종이여! 법계 소식을 알리는 시작이다.

칠불이 수기하니, 석가가 홀로 높다.

달마, 혜능이 서천과 동토를 꿰뚫었고 한 송이 꽃에 다섯 잎이 피어나니,

당조로부터 조계선의 천하가 되었다.

누가 있어 조주고불의 은혜를 갚으며 뜰 앞의 측백나무 천하에 가을 소식을 알린다.

개에게 불성이 없음이여 오묘한 뜻 갖추었고, 오대산 노파 길 일러줌에 친소가 없다.

천 칠백 공안 가운데 '끽다거'가 으뜸이니 온 적이 있든 없든 모두에게 차나 한 잔 하세.

오고 감에 걸린 원주에게도 차 한 잔 마시게 하니, 선차일미는 고금이 함께 찬

양함이로다.

한중의 불교는 한 뿌리이니 예로부터 한 집안이며,

선풍을 함께 하니 법맥 또한 서로 전함이다.

정중무상은 일찍이 서촉 땅의 주인 되어 문하에 고족으로 마조도일이 있다.

마곡은 무념에게 인가하고 서당은 도의에게 전하고

염관은 범일을 배출하여 사자상승 법계를 이었다.

태고는 청공에게 법을 받으니 임제의 법손이며 조주와 도윤은 동문의 법형제이다.

오늘 백림사에 와서 조주선의 조정을 참배하니

종풍은 의구하며 전탑의 면모 또한 일신됨을 본다.

오늘을 보고 옛을 회상하니 오로지 일편 선심뿐이니

비를 세워 영원히 잊지 않고 도의가 오래도록 푸르게 하리라.

대한불교 조계종 백양사 방장 서옹선사 송왈,

여래가 누워 있음이여 상서로운 모양이 아니며

온 기틀과 큰 쓰임 성인도 측량하기 어렵다.

세 치의 연한 혀가 방과 할을 뛰어넘으니

조주선사의 차 한 잔 영원히 끊이지 않도다.

불기 2545년 10월 19일 불교춘추사 경립

동참자 명단 이서옹 임진제 차동꽝 김의성 서무공 최석환

韓中友誼趙州古佛禪茶紀念碑銘

達摩西來 授佛心印 '教外別傳 不立文字 直指心人 見性成佛' 至六祖而開南宗頓門 經馬祖而傳 '卽心卽佛' '道不用修' '平常心是道' 是爲洪州宗 座下龍象 燈焰廣傳. 其嗣南泉出趙州從 有古佛之稱 新羅道允國師與爲昆李焉. 至如道義 洪陟 惠哲 無染等新羅高僧 亦皆得馬祖門下印可而歸 宗風所至 遂肇九山之禪派, 心印東流 實承一脈于洪州. 因趙州 '喫茶去' '洗鉢去' '狗子無佛性' '庭前柏林子' 諸公案 爲 '話頭嚆矢 乃尊趙州爲韓國曹溪禪祖師.

柏林禪寺 古佛祖庭 於此飲茶 則茶香四溢, 於此參禪 則禪趣無窮. 蒙方丈淨慧大師慈悲恩德 由韓國佛敎春秋社, 茗園茶文化財團共同發源 建韓中友誼趙州古佛禪茶紀念碑于祖塔之側. 報佛祖法乳覃恩, 固韓中黃金情誼. 以發揚禪茶一味 任運自在之生活禪風 昇華新時代人類之精神文明. 銘曰:

巍哉禪宗 起自鴻 七佛有記 釋迦獨崇. 達摩慧能 東西貫通 一花五葉 自庸而弘.

古佛趙州 誰當與酬 庭前柏子 天下知秋. 狗子佛性 奧趣盡收 臺山婆子 路莫爲仇.

千七百則 獨盛吃茶 新到吃茶 曾到吃茶. 若問吃茶 還去吃茶 禪茶一味 古今同誇.

韓中連體 千古休戚 禪風與共 法脈相襲. 淨衆無相 曾主蜀度 門下高徒 馬祖道一.

麻谷無染 西堂道義 鹽官梵日 師資承繼. 淸珙普愚 源出臨濟 趙州道允 更爲毘李.

今來趙州 瞻禮祖庭 宗風依舊 殿塔一新. 撫今思昔 一片禪心 立碑誌盛 道誼長靑.

大韓佛敎曹溪宗白羊寺方丈西翁禪師頌曰:

如來臥兮非瑞像 全機大用聖罔測.

三寸軟舌超棒喝 趙州吃茶永不息.

　　　　　　　　　佛紀元 2545年 10月19日 佛敎春秋社 敬立

　　　　　同參者名單　李西翁 林眞際 車東光 金宜正 徐無空 崔錫煥

제1장. 조주의 고향을 찾아 (83~104쪽)

1.《천하조주 끽다거 기행(天下趙州喫茶去 紀行)》은 2011년 1월 조주의 고향 산둥성(山東省) 쯔보시(淄博市) 임치(臨淄)를 출발하여 안후이성(安徽省), 장시성(江西省), 산시성(陝西省), 허베이성(河北省) 스자좡(石家莊) 등 조주종심 선사와 관련있는 5개 성(省)을 돌았다. 2012년 10월까지 조주의 끽다거 공안(公案)의 현장을 찾아 장장 22개월간에 걸쳐 조주의 생애를 추적했다. 천하조주 끽다거 순례단을 이끌고 조주의 자취를 쫓아 중국 전역을 순례하여 꼼꼼하게 기록했다.

2.《조주록(趙州錄)》에는 조주의 고향을 학향(郝鄕) 임치현(臨淄縣)으로 보고 있는데 현재의 청사(靑社) 치구(淄丘)는 현재의 임치시이다. 그런데 원대의 왕익(王翊)이 쓴 〈조주고불당기(趙州古佛堂記)〉에는 학향으로 기록했다.

3.《조주록》'행장(行狀)' 師初隨本師行脚 到南泉 本師先人事了 師方乃人事 南泉在方丈内臥次 見師來參 便問 近離什麼處 師云 瑞像院 南泉云 還見瑞像麼 師云 瑞像即不見 即見臥如來 南泉乃起問 你是有主沙彌 無主沙彌 師對云 有主沙彌 泉云 那箇是儞主 師云 孟春猶寒 伏惟和尚尊體 起居萬福 泉乃喚維那云 此沙彌別處安排

4.《조주록》'행장' 七歲童兒勝我者 我即問伊 百歲老翁不及我者 我即敎他

5.《조주록》'행장' 曹州西住護國院乃歸院省覲到後本師今郝氏云君家之子遊方

已廻其家親屬忻懌不已秖候來日咸往觀焉師聞之乃云俗塵愛網無有了期已辭出家不

6. 용흥사 쓰궈청(釋果澄) 주지 증언

7. 최석환(崔錫煥), 〈중국 선차가 시작된 땅 태산 영암사〉, 월간《선문화》, 2002년 5월

8. 봉연(封演), 《봉씨문견기(封氏聞見記)》: 〈음다〉 편에 "茶, 早采者为茶, 晚采者为茗. 《本草》 云: "止渴, 令人不眠." 南人好饮之, 北人初不多饮. 开元中, 泰山灵岩寺有降魔师大兴禅教, 学禅务于不寐, 又不夕食, 皆许其饮茶. 人自怀挟, 到处煮饮. 从此转相仿效, 逐成风俗. 起自邹, 齐, 沧, 棣, 渐至京邑. 城市多开店铺, 煎茶卖之, 不问道俗, 投钱取饮. 其茶自江淮而来, 舟车相继, 所在山积, 色类甚多. 楚人陆鸿渐为 《茶论》, 说茶之功效, 并煎茶炙茶之法, 造茶具二十四事, 以都统笼贮之. 远近倾慕, 好事者家藏一副. 有常伯熊者, 又因鸿渐之论广润色之. 于是茶道大行, 王公朝士无不饮者. 御史大夫李季卿宣慰江南, 至临淮县馆, 或言伯熊善茶者, 李公请为之. 伯熊着黄衫, 戴乌纱帽, 手执茶器, 口通茶名, 区分指点, 左右刮目. 茶熟, 李公为歠两杯而止. 既到江外, 又言鸿渐能茶者, 李公复请为之. 鸿渐身衣野服, 随茶具而入. 既坐, 教摊如伯熊故事. 李公心鄙之, 茶毕, 命奴子取钱三十文酬煎茶博士. 鸿渐游江介, 通狎胜流, 及此羞愧, 复著 《毁茶论》. 伯熊饮茶过度, 遂患风气, 晚节亦不劝人多饮也. 吴主孙皓每宴群臣, 皆令尽醉. 韦昭饮酒不多, 皓密使茶茗以自代. 晋时, 谢安诣陆纳, 纳无所供办, 设茶果而已. 按: 此古人亦饮茶耳, 但不如今人溺之甚, 穷日尽夜, 殆成风俗. 始自中地, 流于塞外"《봉씨문견기》를 저술한 봉연은 허베이 찡쌘(景縣) 사람으로(지금은 허베이 형수이[衡水] 지역에 속하다) 예부랑중(禮部郎中), 어사중

승(御史中丞)을 맡았다. 허베이 찡쌘은 봉성망족(封性望族)으로 북조(北朝) 시기 매우 흥성하였고 수나라와 당나라에 이르러 많은 관환사족(官宦士族)이 나타났다. 당나라 때 봉연이 지은 《봉씨문견기》 제6 〈음다〉 편은 매우 높은 사료적 가치를 가진 중국 차문화 역사서로 칭송받으며 중국 차문화, 차학 전문가의 높은 관심과 추종을 얻고 있다.

  9. 영암사 주지 쓰홍언(釋紅恩) 스님 증언

제2장. 구도의 길을 걷다 (105~160쪽)

  1. 《조주록(趙州錄)》 '行狀' 師初隨本師行脚 到南泉 本師先人事了 師方乃人事 南泉在方丈内臥次 見師來參 便問 近離什麼處 師云 瑞像院 南泉云 還見瑞像麼 師云 瑞像即不見 即見臥如來 南泉乃起問 你是有主沙彌 無主沙彌 師對云 有主沙彌 泉云 那箇是儞主 師云 孟春猶寒 伏惟和尚尊體 起居萬福 泉乃喚維那云 此沙彌別處安排

  2. 《조주록》 상당(上堂)

  3. 《조주록》 상당

  4. 《무문관(無門關)》 14칙(則) '남전참묘(南泉斬猫)'

  南泉和尚이 因 東西兩堂에 爭猫兒하여 泉乃提起云하되 大衆아 道得하면 即救요 道不得하면 即斬也리라 衆無對하니 泉이 遂斬之러니 晩趙州外歸어늘 泉擧似州한대 州가 乃脫履安頭上하고 而出하니 泉云하되 子가 若在런들 即救得猫兒라

하다.

5. 일본 고마자와 대학(駒澤大學), 《선학대사전(禪學大辭典)》, 편찬위원회

6. 서암스님, 〈인생귀로(人生歸路)〉, 불교영상회보사

7. 천동각(天童覺) 선사 게송(偈頌)

8. 시중법어 《마조록(馬祖錄)》 '평상심시도(平常心是道)' 云道不用脩但莫汚染
何爲汚染但有生死心造作趣向皆是汚染若欲直會其道平常心是道何謂平常心無造
作無是非無取捨無斷常無凡無聖經云非凡夫行非聖賢行是菩薩行只如

9. 《조주록》 권상 《조주록》 '상당': 師問南泉 如何是道 泉云 平常心是 師云 還
可趣向不 泉云 擬向卽乖 師云 不擬 爭知是道 泉云 道不屬知不知 知是妄覺 不知
是無記 若眞達不擬之道 猶如太虛 廓然蕩豁 豈可强是非也 師於言下 頓悟玄旨 心
如朗月.

10. 《송고승전(宋高僧傳)》 권11 〈당지주 남전보원전〉

貞元十一年, 挂錫池陽南泉山, 堙谷刊木, 以構禪宇, 蓑笠飯牛, 溷于牧童.

11. 민영규(閔泳圭), 《사천강단(四川講壇)》, 우반(又半), 1994

12. 《오등회원(五燈會元)》 권3

南泉山下有一庵主, 人謂曰.「近日南泉和尙出世, 何不去禮見?」主曰.「非但南
泉出世, 直饒千佛出興, 我亦不去.」師聞, 乃今趙州去勘. 州去便設拜, 主不顧.
州從西過東, 又從東過西, 主亦不顧.

州曰.「草賊大敗..」遂拽下簾子, 便歸擧似師. 師曰.「我從來疑着這漢.」次日,
師與沙彌携茶一瓶, 盞三隻, 到庵擲向地上. 乃曰.「昨日底! 昨日底!」主曰.「昨日
底是甚麽?」師於沙彌背上拍一下曰.「賺我來, 賺我來!」拂袖便回.

13. 1998년 겨울 남전촌에서 농부와 나눈 대화

《조주록》상권: 至晚間 師從外歸來 問訊次 泉乃擧前話了云 你作麼生救得猫兒 師遂將一隻鞋戴在頭上出去 泉云子若在救得猫兒

14. 《조당집(祖堂集)》권16 〈남전장〉師行脚次問村路此路到什麼憲村云對云 脚下底是什麼師云到岳不村公如許多時又覓在師云有茶不對云有師云覓一坑茶得 不對云覓則不得但来師

15. 《송고승전》권11 〈당지주남전보원전〉: 南泉普願 貞元十一年, 挂錫池陽 南泉山, 堙谷 (四) 刊木, 以構禪宇, 蓑笠飯牛; 溷于牧童 斫山畬田, 種食以饒 足不下南泉三十年矣.

16. 최석환, 《남전과 조주의 다선일미》, 2003년 12월 중·한 남전보원학술 연토회. 중국 츠저우 사범대 구화산 불교문화 연구중심. 한국《선문화》잡지사 공동주최

17. 인웬한(尹文漢) 교수는 2003년 12월 안후이성 츠저우시에서 열린 제1 차 중한 남전보원 선학학술연토회에서 최석환의 〈조주의 다선일미〉 논고를 읽 고 자신의 〈다선일미 소고〉라는 논고에서 필자의 논고가 중한 선차문화의 발전 에 중대한 작용을 하였다고 기술했다.

18. 《조당집 16권》〈남전장〉

19. 《벽암록》40則: '陸亘天地同根'이란 문답을 통해 남전은 육긍을 깨우쳤다.

20. 《귀지현지(貴池縣志)》

21. 《조주록》〈상당〉

22. 유수선사와 조주선사의 문답

23. 천싱쵸(陳星橋), 〈조주선과 백림선사〉, 《조주선사와 끽다거》, 동아시아 선학연구소 편저, 차의세계, 2003

24. 《조주록》

25. 최석환, 〈수미산문의 조정 운거산 진여선사의 과거와 현재〉, 《조동선학논총》, 사단법인 한국불교조동선림 편저, 불교춘추사, 2004

필자의 논고 운거산문의 조정 〈운거산 진여선사의 과거와 현재〉의 논고에 다음과 같이 기술했다.

진여선사의 개산 배경에는 풍수와 선(禪)의 만남이 있었다. 운거사의 실질적 개산주는 도용 선사인데 스님은 운거산 남쪽 산록인 요전사에 거주하면서 선정을 닦고 있었다. 어느 날 풍수지리의 달인 사마두타가 도용 선사를 찾아와 참문하면서 말했다.

"제가 전세에 배움이 있어 풍수지리를 배웠는데 스님을 위해 좋은 터를 잡아드릴까 합니다. 여기서 약 15리를 들어가면 남쪽에 승지가 될 만한 터가 있습니다. 그곳은 예부터 신인(神人)이 상주했던 곳으로 대선찰이 들어설 만한 길지입니다. 선사께서 그곳에 가시어 선법(禪法)을 크게 일으켜 주십시오."

"그대가 그렇게 찬탄하니 내 한번 가서 봄세."

도용 선사는 운거산을 답사한 후 매우 만족해하며 당 원화(元和, 806~820) 시기에 운거사를 선종의 도량으로 개산하였다.

제3장. 중국의 선이 모두 동국으로 가는구나 (161~208쪽)

1. 1998년 겨울, 한국 선종 고찰단을 이끌고 남전사 옛터를 찾아가면서 남전보원의 선풍이 세상에 드러나게 되었다. 《불교춘추》 1999년 4월호.

2. 《조당집(趙州錄)》, 〈남전장〉 師行脚次問村路此路到什摩村公對云脚下底是什摩師云到岳不村公如許多時又覓在師云有茶不對云有師云覓一玩茶得不對云覓則不得但來師

3. 《마조록(馬祖錄)》, 〈시중, 감변〉 편: 〈馬祖錄〉에

西堂百丈南泉侍祖翫月次祖曰 正恁麼時如何西堂云 正好供養 百丈云 正好脩行南泉拂袖便去 祖云 經入藏 禪歸海 唯有普願 獨超物外

4. 당나라 시기 달마 선종이 꽃을 피우고 있을 때 신라의 구법승이 대거 당나라로 건너가 조사(祖師)의 심인을 얻어 달마의 정통을 이으려 했다. 그 당시 중국의 선법이 동쪽으로 흘러간다는 참설이 유행했다. 마조의 법을 이은 서당지장(西堂智藏), 마곡보철(麻谷寶徹), 염관제안(鹽官齊安), 석상경제(石霜慶諸), 운거도응(雲居道膺)이 신라인을 인가함으로써 동류지설이 실현되었다. 많은 구법승 중 철감도윤이 있는데 철감은 남전으로부터 인가를 받았는데 남전은 '우리 선종이 동국으로 건나간다'는 유명한 말을 남겼다.

5. "중·한 남전보원 학술연토회(中韓南泉普願學術研討會)"는 한국의 월간 선문화(月刊《禪文化》)와 중국 지주사범대(地州師範大) 구화산불교문화연구중심(九華山佛敎文化硏究中心)과 2003년 12월 26일 중국 안후이성 츠저우시 추포빈관에서 중국 학자 9명, 한국 학자 5명과 츠저우시 정부 관리와 일반인들이 참

가하고 중국 최초로 개최된 〈남전보원 학술연토회〉로 관심을 끌었다.

6. 최석환, 〈남전과 조주의 다선일미〉라는 논고에서 남전과 조주의 다선일미의 연원을 구체적으로 밝혔다. 중한 남전보원학술연토회, 2003년 12월 츠저우 사범대 구화산불교문화연구중심, 한국 월간《선문화》잡지사 공동주최.

7. 왕리이씬(王立新), 〈남전보원의 인생의 지혜와 호상학파와 선종의 관계〉, 중한 학술연토회, 2003년 츠저우

8. 《인웬한(尹文漢) 총평》

9. 2010년 겨울 남전사지가 역사 속에 사라진다는 소식을 듣고 다음해 '천하조주 끽다거 순례단'을 이끌고 츠저우 퉁링시(銅陵市)의 남전사지를 찾아가 선화가인 야선 박정희 씨의 포퍼먼스와 유학생인 김지영 씨의 헌다의식이 이루어졌다. 헌다의식이 열리던 날 나비 한 마리가 날아와 주변을 맴돌았다. 그렇게 남전선사에서 올린 한 잔의 차는 천 년을 뛰어넘었다.

10. 남전보원 선사가 평상심의 도를 실천한 남전사는 문화혁명 이전까지만 해도 승은사(承恩寺)라는 절터가 있었다. 그 후 역사 속으로 사라졌다. 저자의 노력으로 츠저우에서 중한 남전보원 학술연토회를 개최하면서 비로소 깨어났다.

11. 인웬한, 〈중국 선종사적 요충지 남전산〉, 월간《선문화》, 2003년 1월

12. 최석환 〈한국인의 눈으로 살펴본 중국문화〉 특강을 안후이성 츠저우 사범대학의 500여 명의 학생들 앞에 특강했다.

13. 량사오쨩(相小江) 츠저우 학원 교학처 처장의 중한남전선문화연구소의 설립 배경을 설명하고 있다.

14. '중한 남전선학연구소 설립기여' 2003년 12월 한국의 국세 선자문화 연

구회와 중국 안후이성 츠저우학원 중한 남전 선문화연구소와 공동으로 중한 남전 선문화연구소가 설립되었다. 공동 소장에 중국의 인웬한 교수와 한국의 최석환 회장이 추대되었다.

15. 허어건하이(河根海) 講話

16. 최석환 講話

17. 중쉬에(宗學) 스님 講話

18. 〈청대의 남전당조사영묘비〉

19. 제2차 〈중한 남전 국제 학술회의〉가 2015년 10월 10~11일 안후이성 츠저우 구화산 풍경구 오계산색에서 개최되었다.

20. 중쉬에(宗學) 스님 개막축사

21. 최석환 '남전과 철감의 다선일미회통' 제2차 중·한 남전보원 국제학술회의 및 제9차 세계선차아회 중국 중한남전선학연구소, 한국 차의세계 공동주최. 안후이성 츠저우 구화산 풍경구 오계산색.

제4장. 조주고불을 만나다 (209~256쪽)

1. 중국 오종 가풍종 운문종의 13세 법자에 오른 징후이(淨慧, 1933~2013) 선사는 1933년 8월 27일 후난성(湖南省) 후베이(湖北) 신주(新州)에서 태어나 2013년 4월 20일 81세 법랍 67안거를 성만하고 열반하기까지 생활선(生活禪) 제창에 온몸을 바쳐 앞장서왔다. 선사는 14살 때 불문(佛門)에 몸을 던지며 중

국 근현대의 대전란과 대혼란, 대변혁을 겪어 왔다.

그는 외진 향촌의 작은 암자에서 시방총림으로 나와 사미(沙彌) 시절 선문의 거장 허운(虛雲) 노화상의 제자가 되면서 선의 세계에 깊숙이 빠져들어가게 되었다. 그리고 마침내 허운 노화상에 이끌려 신중국불학원(新中國佛學院)의 학승이 되었다. 극단적 좌익시대의 우파가 되어 10여 년간 정처 없이 떠돌며 고난을 겪어 왔다.

11회 제3차 중국공산당 중앙위원회 전체 회의 이후, 그는 직접 조국의 대전환, 대비약, 대발전을 경험했다. 그는 자오푸추(趙樸初, 1907~2000), 쥐짠(巨贊, 1908~1984), 정구어(正果, 1913~1987) 등 선배 대덕 장로와 함께 중국불교협회 문화혁명 후의 부흥 사업에 참여하기도 했다. 징후이 스님에게 있어서 생활선은 그를 떠받치는 커다란 기둥이 되었다. 그리고 잡지를 편찬하고, 여러 사원도 중수(重修)하고 생활선을 제창했다. 그리고 그가 오랜 시간을 들여 중흥시킨 백림선사를 제자인 밍하이(明海) 스님에게 물려주고 말년에는 4조사와 5조사 방장을 맞아 선풍을 진작시켰다.

징후이 스님은 한국 선종과도 밀접했다. 2001년 10월 백림선사에 〈조주고불선차기념비〉가 세워졌을 때 징후이 스님의 원력이 없었다면 이루어질 수 없는 일대 사건이었다. 한중 선차문화의 다리를 놓은 징후이 스님은 선차문화의 공헌 인물로 평가하고 있다.

2. 청대 심운존 "백림사벽화수"

殿門呀開浩洶涌 怒流撼壁壁欲動 相傳妙手出吳生 丁甲千年遞呵擁 筆鋒騰蹴九地坼 墨花浪舞百怪竦 我因訪古來祇園 曈曉日臨風幡 選佛場荒遍搜剔 斗見此畵淸心魂 若言畵水定非水 目中何以波濤飜 若言畵水却是水 壁上那有涓滴存 是

一是二不可說 趙州和尙嗔饒舌.

3. 일중우호임황협회는 일본의 임제와 황벽파인데 1987년 10월 15일 일본의 선종 순례단을 이끌고 백림선사를 찾게 되었다. 당시 중국불교협회 상무이사인 징후이 스님이 일본의 단체를 이끌고 백림선사를 찾게 되면서 조주의 자취가 하나씩 드러나게 되었다.

4. 《조주록》 '행장': 厥後因河北燕王 領兵收鎭府 旣到界上 有觀氣象者奏曰 趙州有聖人所居 戰必不勝 燕趙二王 因展筵會 俱息交鋒 乃問 趙之金地上士何人 或曰 有講華嚴經大師 節行孤邈 若歲大旱 咸命往台山祈禱 大師未廻 甘澤如瀉 乃曰 恐未盡善 或云 此去 一百二十里 有趙州觀音院 有禪師年臘高邈 道眼明白 僉曰 此可應兆乎. 二王稅駕 觀焉 旣屆院內 師乃端坐不起 燕王遂問曰 人王尊耶 法王尊耶 師云 若在人王 人王中尊 若在法王 法王中尊 燕王唯然矣 師良久中間問 阿那箇是鎭府大王 趙王應諾 弟子 ― 緣趙川屬鎭府 以表知重之禮 ― 師云 老僧濫在山河 不及趨面. 須臾左右 請師爲大王說法 師云 大王左右多 爭教老僧說法 乃約令左右退 師身畔 時有沙彌文遠 高聲云 啓大王 不是者箇左右 大王乃問 是什麽左右 對曰 大王尊諱多 和尚所以不敢說法 燕王乃云 講禪師去諱說法 師云 故知大王曩劫眷屬俱是冤家 我佛世尊 一稱名號 罪滅福生 大王先祖 纔有人觸著名字 便生嗔怒師慈悲非倦 說法多時 二王稽首讚嘆 珍敬無盡

5. 조주선사〈열반송(涅槃頌)〉

趙州二年將謝世時謂弟子日吾去世之後焚燒了不用淨淘舍利宗師弟子不同浮俗且身是幻舍利何生斯不可也

6. 趙州石橋: 백림선사에서 4km 떨어진 이 돌다리는 수나라 때 건립된 아치

형 돌다리인데 이응이라는 석공이 건축했다. 이 다리는 조주의 화두 '조주석교'
로 유명하다.

7.《조주록》: 台山路上 有一婆子 要問僧 僧問 台山路 向什麼處去 云 驀直去
僧繞行 婆云 又與麼去也 師聞後 便去問 台山路 向什麼處去 云 驀直去 師繞行 婆
云 又與麼去也 師便歸 擧似大衆云 婆子今日 被老僧勘破了也

8.《조주록》, 師問新到 近離甚處 云 台山 師云 還見文殊也無 僧展手 師云 展
手頗多 文殊誰覩 云 只守氣急殺人 師云 不覩雲中鴈 焉知沙塞寒

9. 庭前柏樹. 한자어 원문에서는 대부분 측백나무 백(柏) 자를 쓰고 있다. 유
독 한국에서만 백나무(柏)를 잣나무(栢)로 읽고 있는 실정이다. 측백나무는 알
칼리 토양에서 자란다. 중원 땅은 석회석 토양이기 때문에 잣나무가 자라지 않
고 거의 측백나무 숲을 이룬다. 따라서 '뜰 앞의 잣나무'는 '뜰 앞의 측백나무'로
바로잡아야 한다.

10. 밍하이 스님과 백림선사에서 측백나무 앞에 대화

11.《조주록》

12. 시인 박정진의 〈측백나무 앞에서〉

13.《조주록》 상권. 師問二新到 上座曾到此間否 云 不曾到 師云 喫茶去 又問
那一人曾到此間否 云 曾到 師云 喫茶去 院主問 和尙 不曾到 敎伊喫茶去即且置
爲什麼敎伊喫茶去 師云 院主 院主應諾 師云 喫茶去.

14. 〈목주어록(睦州語錄)〉

15. 〈동산양개어록(洞山良价語錄)〉

16. 앙산혜적 선사와 삼성혜연 선사와 나눈 문답

17. 〈문개수지 선사 어록〉

18. 송원선사 頌

19. 황룡혜남 선사의 "조주끽다"

20. 《조주록》有新羅院主請師齋 師到門首問 此是什麼院 云 新羅院 師云 我與你隔海

21. 《조당집》범일국사와 염관제안 선사의 선문답

22. 2001년 허베이성 백림선사에서 한국의 해운정사조실 진제스님과 중국 백림선사 방장 징후이 스님과 백림선사에서 선문답이 이루어졌다. 진제스님이 접견실에 걸린 '끽다거' 글을 보고 "조주선사께서 누가 와서 물으면 '차나 한잔 먹게'라고 하였는데 조주선사의 뜻이 어디에 있습니까." 그러자 징후이 스님은 진제스님에게 찻잔을 가르키며 무언으로 '차 한잔 드십시오'라고 빙그레 미소지었다. 진제스님은 그때 '산승도 차를 받아 먹지만 화상도 나의 차 한잔을 받아 먹어야 옳습니다'라고 대화가 이어졌다. 이 같은 선문답은 2001년 봄 한국의 선승과 중국의 선승이 나눈 선문답으로 역사의 한 페이지를 장식했다. 진제스님 〈중국으로 건너가 선의 안목을 점검하다〉, 월간《선문화》2012년 7월호

23. 자오푸추 거사는 중국 불교계의 지도자로 중국 불교협회 회장을 지낸 인물이다. 자오푸추 거사는 부인의 손을 이끌고 폐허나 다름없는 백림선사를 찾아가 쓸쓸히 남겨진 조주탑을 보고 참담한 심정으로 〈조주탑〉이란 시를 남겨 비로소 백림선사가 깨어나기 시작했다.

24. 張士俊 "趙州塔"

寂寂趙州塔 空空絕依傍 不見臥如來 只見立瑞像 平生一拂子 何殊臨濟棒 會看

重竪起 人天作榜樣.

25. 징후이 스님 〈조주종심 선사의 탑을 참배하다(參拜趙州從諗禪寺塔)〉. 징후이 스님은 1987년 10월 15일 백림선사를 찾아가 조주탑을 보고 한 편의 시를 남겼다.

제5장. 잊고 있던 끽다거를 깨우다 (257~290쪽)

1. 한중 선차문화 교류단을 이끌고 1998년 8월 끽다거의 자취를 쫓아 허베이성 스좌장을 거쳐 백림선사를 찾아갔을 때 끽다거의 존재는 알려지지 않았다. 당시 백림선사 감원인 밍하이 스님과 만나 차에 대한 담론을 나누었다. 그때가 비로소 조주차가 깨어나는 순간이었다. 당시 한국에서 가져간 녹차로 조주탑 앞에 차를 올린 뒤 '조주고불 선차기념비' 건립을 제안하면서 중국의 선차가 비로소 깨어났다.

2. 1999년 8월 백림선사를 찾아가 밍하이 스님과 나눈 끽다거에 관한 대화

3. 《허운어록》. 중국 불교를 중흥시킨 허운대사의 어록을 집대성한 책이다.

4. 2001년 10월 20일 백림선사 경내에 건립된 〈한중우의 조주고불 선차기념비〉는 1999년 6월 불교춘추사의 선종 순례단이 처음으로 백림사를 방문, 비석 건립을 공식 논의하면서 긍정적인 평가를 얻어 허베이성 정부의 승인을 얻은 것으로 비문찬문의 최종 검토는 중국 측에 전적으로 일임하였다. 이 비석이 무게를 더하는 것은 정중무상 선사가 달마로부터 마조도일로 이어지는 중국 정통 선맥의 중심에 서 있다는 사실을 중국 불교계가 처음으로 공식 인정했기 때문이

다. 그뿐 아니라 마조로부터 이어지는 신라 구산선문의 7개 파의 법손 모두를 기록해서 무상 – 마조로 이어지는 신라 선맥을 공고히 했다는 점에서 그 의미가 매우 크다. 이번 비석 건립은 한·중 불교계가 적극 지지하여 백림사 방장 징후이 스님과 힘을 합쳐 이룬 천추에 길이 남을 만한 업적이다.

5. 1999년 여름, 천 년 전 조주선사가 관음원에서 끽다거로 대중을 가르친 끽다거의 흔적을 찾아 헤베이성 자오현에 있는 백림선사를 찾아갔을 때 끽다거는 잊혀져갔다. 그래서 저자는 끽다거를 세상 밖으로 전하겠다는 원력을 세웠다. 그 후 중국 선차계를 깨우면서 끽다거가 세상 밖으로 전해졌다.

6. 2001년 봄, 백림선사 방장실에서 징후이 스님과 저자가 만나 선차문화의 발전에 대해 진지한 대화를 나누었다. 이 자리에서 징후이 스님이 저자의 선차 문화와 차문화 발전을 위한 노고에 대해 경의를 표하고 조주선차 기념비 건립을 지지하면서 허베이성 자오현 정부의 지지를 얻어 조주선차 기념비를 백림선사에 건립하게 되었다.

7. 저자의 한중 선차문화 공헌에 적극 지지한 징후이 스님은 2005년 세계선 차문화교류대회가 태동되면서 공동 발의를 하여 2005년 처음으로 백림선사에서 제1차 세계선차대회를 개최했다. 당시 징후이 스님의 제자인 밍하이 스님과 한국의 월간 차의세계 최석환 발행인과 문화전승의 의미를 담고 공동추진을 해나갔다. 이후 한국과 중국, 대만 등 각국을 돌며 2018(현재)년 12차 선차대회에 이르는 동안 세계 차인의 이목을 집중시키면서 성공적으로 개최했다.

8. 수만(舒曼) 2009년 허베이성 전당차인 스좌장점에서 첸윈쥔(陳雲君), 첸원화(陳文華), 판쩡핑(范增平), 수만(舒曼), 루야오(陸堯) 등을 모아놓고 좌담회

를 가졌는데 11년 전 (1999) 저자가 허베이성 스좌장과 자오현의 백림선사를 찾아가 끽다거 공안을 파헤치자 부끄러워 낯을 들 수 없었다고 수만 차 연구가는 증언했다.

9. 수만 《금추차회》 비화

10. 동아시아 선학 연구소편, 〈조주의 차〉, 《다선일미》, 차의세계, 2005

11. '空持千百頌 不如喫茶去'는 중국불교협회 회장을 지낸 자오푸추 거사가 남긴 명언(名言)이다.

12. 청사 안광석 선생의 뒤를 이어 삼불 김시남 교수가 자오푸추 거사의 不外喫茶去를 書刻으로 남겼다.

13. 징후이(淨慧) 스님 〈제10기 생활선 수련대회〉 인사말, 2001년 여름 허베이성(河北省) 백림선사(栢林禪寺)

14. 징후이 스님은 "허베이는 차의 산지가 아니다. 그러나 조주로 인해 차의 무궁한 발전을 이루었다"고 말했다.

15. (운거산 진여선사) 기록에 찬림차(攢林茶)는 장시성(江西省) 영수현(永修縣) 진여선사(眞如禪寺)에서 나온 차를 말한다.

16. 《운거사지》

17. 1993년 징후이 스님이 진여선사의 차 묘목을 허베이 백림선사에 기증하는 의식이 이청(一誠) 선사의 인도 아래 거행되었다.

18. 이청 선사는 1926년 2월 후난성(湖南省) 청향현에서 출생하여 현대선종의 태두인 허운(虛雲) 화상으로부터 위앙종(潙仰宗)의 10대 전인(傳人)을 이어받았다. 장시성(江西省) 보봉사(寶峰寺)와 진여선사 방장(眞如禪師 方丈)과 장

시성불교협회 회장(江西省佛教協會 會長)과 중국불교협회 회장(中國佛教協會 會長)을 역임했다.

제6장. 천 년을 이어온 조주의 차 (291~390쪽)

1. 당대(唐代) 조주(趙州) 선사가 끽다거(喫茶去)를 제창한 이래 조주의 다풍(茶風)이 한국에서도 널리 전해졌다. 초의의《다신전(茶神傳)》에 '승당에 조주의 가풍이 있으나 다도를 알지 못해 베껴 쓴다'고 했다. 그처럼 조주의 다풍은 조선 후기까지 많은 영향을 끼쳤다.

2. 2001년 10월 백림선사에 건립된〈조주고불 선차기념비〉에 서옹선사의 선다송이 새겨져 있다.

3. 서옹선사의 조주선차기념비 '선다송'

4. 센겐시쓰(千玄室)는 우라센케 15대 직계손으로 일본 최대 다도유파인 우라센케 전(前) 이에모토는 일본 다도의 종풍이 조주탑 아래에서 나왔다고 말한 바 있다.

5. 중국 언론들은 한국의 불교춘추사가 40여 명의 대표단을 이끌고 조주고불 선다일미 기념비에 적극 참여했다고 기술했다.

6. 〈조주고불 선차기념비〉. 2001년 10월 허베이성 백림선사에 건립된 선차기념비는 조주선사와 법형제되는 철감도윤의 인연으로 이 비가 건립되었는데 징후이 스님과 저자의 노력으로 기념비가 건립되어 조주의 끽다거가 세상에 알

려지게 되었다.

7. 징후이 스님의 조주고불 선차기념비 건립 기념사

8. 밍하이 스님 환영사

9. 쥐쯔챵(鞠志强) 허베이성 종교사무청 청장 축사

10. 징후이 스님은 조주고불 선차기념비 제막 법어로 '왔던 이나 처음 온이나 차 한 잔 하라더니 / 곳곳에서 온 노작가들에게서 증명되는구나 / 불자들은 마당의 푸른 잣나무를 높이 들고 / 불당 앞에는 예전대로 뱀들이 기어가누나(曾到初來一杯茶 / 驗倒諸方老作家 / 佛子高擎庭柏翠 / 堂前依舊走龍蛇.].'

11. 진제스님 법어

12. 〈조주고불 선차기념비〉. 2001년 10월 허베이성 자오현 백림선사 경내에 세워짐.

2005년 10월 쓰촨 청두 대자사에 〈무상선사기념비〉가 세월질 때 논란이 많았다. 마조(馬祖)를 무상의 직계로 보느냐였다. 그런데 2001년 백림선사에 〈조주고불 선차기념비〉가 세워질 때 마조를 무상의 직계로 비석에 선오로 남김으로써 쓰촨성 정부도 마조를 무상의 직계로 적극 수용했다. 〈무상선사기념비〉에는 무상선법은 마조, 지장(地藏), 마곡(麻谷), 남전(南泉), 장경(章敬) 등 선사들을 거쳐 도의(道義), 홍척(洪陟), 혜철(惠哲), 범일(梵日), 무염(無染), 현욱(玄昱)에게 전수되었으며 그 뒤에 신라국 구산선문을 이루어 마침내 동쪽으로 선법이 전해졌다고 기록했다.

13. 2001년 다선일미 학술대회가 백림선사에서 처음 열렸다.

14. 천쫑모(陳宗懋) 주편, 《중국차엽대사전》, 中國經工業出版社, 2000

15. 선차가인 첸윈쥔(陳雲君)의 조주 차를 시어로 표현했다.

16. 백운, 《조주의 선이 한국 선종에 미친 영향》, 2001년 한국 다선일미 국제학술대회, 백림선사

17. 김용정, 《불성의 유무문제》, 한·중 다선일미 학술대회, 2001년 백림선사

18. 최석환, 《다선일미 연원이 된 조주의 끽다》, 한·중 다선일미 학술대회, 2001년 백림선사

19. 로우위례, 《다선일미와 평상심》, 한·중 다선일미 학술대회, 2001년 백림선사

20. 징후이 스님 《총평》

21. 다송(茶偈)

22. 명원문화재단 김의정 이사장은 해마다 조주선사 열반일에 조주상 앞에 차를 공양하여 조주의 끽다거 정신을 선양하고 있다.

23. 백림선사 감원 밍잉(明影) 스님은 끽다거 공안의 발생지인 백림선사는 다선문화를 면면히 이어가고 있다고 말했다.

24. 2003년 한국에서 발기한 세계선차문화교류대회는 2005년 중국 허베이성 백림사에서 처음으로 개최한 이래 12회에 이르는 동안 유가(儒家)의 정기(正氣), 도가(道家)의 청기(淸氣), 불가(佛家)의 화기(和氣), 차가(茶家)의 아기(雅氣)가 모여 선차문화의 문화적 전승을 위해 출발한 선차대회는 한국, 중국, 일본, 대만, 싱가포르, 홍콩, 스리랑카 등이 참가하여 세계적 대회로 성장 발전했다.

25. 밍하이 스님은 징후이 스님의 뜻을 받들어 한국의 차의세계(발행인 최석

환)와 백림선사(방장 밍하이)와 공동발의하여 선차대회가 허베이성 자오현 백림선사에서 개최하게 된 데는 문화 전승에 의미를 두고 있다고 밝히고 있다.

26. 세계선차문화교류대회 개막 멘트

27. 황윤슈 자오현부현장 개막 선언

28. 밍하이 스님, 한국의 차의 세계와 선차대회 개최의 배경 설명

29. 징후이 스님 개막선언

30. 최석환 선차대회 발기인은 제1차 세계선차문화교류대회의 스좌장 인민회당에서 열린 개막식에 선차대회 설립 배경을 설명했다.

31. 밍하이 스님의 폐막 선언

32. 조주차오가 탄생하게 된 배경은 2005년 징후이 스님이 선차대회 개막식에 조주선다송을 대중 앞에 드러내면서이다. 조주선다송을 듣고 감명한 허베이 차인들은 조주차오를 탄생시켜 무대예술로 승화했다. 징후이 스님의 조주선다송에

趙州一碗茶 今古味無差 根植菩提種 葉抽智慧芽. 瞿曇會記荊 鴻漸復添蛇 歐注曹溪水 薪燒鷲嶺椏. 虛空爲玉蓋 雲水是生涯 著意嘗來淡 隨緣得處佳. 正淸和雅氣 喜舍慈悲花 上供諸佛祖 平施百姓家. 人人親受用 處處絶塵渣 林下淸和滿 塵中敬寂誇 千年逢盛會 四海頌兼葭 三字禪茶意 和風送邇遐.

33. 징후이 스님 차어(茶語)

34. 징후이 스님의 보차회 법어

35. 조주고불 선차기념비가 건립된 지 10년 후 백림선사에서 한중 선차교류회를 개최했다.

36.《임제록》

37.《임제록》

38.《임제록》

39.《임제록》

40. 〈중건원오극근선사묘비기(重建圜悟克勤禪師墓碑記)〉

제7장. 조주선사의 끽다거 담론 (391∼414쪽)

1. 징후이 스님과 2000년 첫 대면 이후 13년간 스님과 나눈 대화를 정리한 대담록

2. 징후이 스님, 〈끽다의 선적 사유 선(禪)의 미(美)〉 학술강연 후베이성 황매현 사조사(2004년 8월 27일)

3. 쿠라사와 유키히로, 〈조주종심선사의 '끽다거'에 대하여〉, 제19차 세계선차아회, 오련차문화절, 산둥성 우롄현(五蓮縣) 인민정부, 세계선차아회조직위원회, 2019년 5월 25∼26일

4. 징후이 스님, 조주선다송 제1회 세계선차문화교류대회, 허베이성 스좌장 인민회당 2005년

5. 징후이 스님 차와 선

6. 징후이 스님 조주 화상의 공안 '끽다거'

7. 징후이 스님 상당법어

8. 한중의 대표적 선승이 나눈 대담

9. 징후이 스님과 법장스님이 나눈 대담

제8장. 조주의 차, 동쪽으로 가다 (415~443쪽)

1. 조주의 다풍은 조선 후기까지 전승되었다. 초의선사는 승당에 조주의 가풍이 있으나 다도를 알지 못해《다신전》을 저술한다고 했다.

2. 따이은(大恩), 〈무상선사의 대자선차(大慈禪茶)〉, 《제7차 세계선차문화교류대회 논문집》, 2012

3. 위웨(余悅), 〈제12차 세계선차교류대회의 미래의 전망〉, 월간《차의 세계》, 2018년 11월

4. 태고보우 국사 〈태고암가〉

5. 태고보우 국사 〈행장기〉

6. 추사 김정희의 차시 〈초의선사와 조주차를 기리며〉

7. 금명보정 선사의 선시 〈煎茶〉

8. 철감도윤 선사는 남전을 스승으로 인가받고 돌아와 구산선문 중 사자산문을 열고 화순 쌍봉사에서 주석하며 선풍을 일으켰다.

9. 철감도윤 선사의 약전《조당집》17권

10. 만공월면 선사의 〈끽다헌다〉

11. 커우단 선생 〈끽다거 송〉

12. 조주고불 선차기념비

13. 짱칭(張菁), 〈끽다거〉, 《명원 차문화상의 의미》 허운인경공덕장, 2005년

14. 징후이 스님 명원상 수상 소감

15. 징후이 스님의 선시 〈한국차문화 유감〉

16. 은원스님의 선시 〈설중자차〉

17. 은원스님 〈전다가〉

참고문헌

1. 文獻資料

《趙州錄》, 中國古籍出版社, 2001

《古尊宿語錄第14》

《宋高僧傳》券11 唐趙州從諗傳 藏券50, 大正, 775

《宋高僧傳》券50〈唐池州南泉院普願傳〉〈大正藏〉券50

《組堂集》券18〈趙州 和尙〉

《五家正宗贊》〈趙州 眞際 和尙〉

《封氏聞見記》, 封演

2. 碑銘

〈眞際禪師光祖之塔〉, 河北省 栢林禪寺

〈趙州眞際禪師行狀〉

〈栢林寺大雄殿 重修記〉, 明李時陽

〈趙州古佛堂記〉, 元王翊

〈韓中友誼趙州古佛禪茶紀念碑銘〉, 韓國佛敎春秋社敬立

3. 者書

《趙州禪師語錄》, 春秋社, 1996

동아시아선학연구소 편저, 《趙州禪師 喫茶去》, 2003

동아시아선학연구소 편저, 《茶禪一味》, 2003

舒曼, 《喫茶去》, 신세기출판사, 2003

張菁, 《天下趙州喫茶去》, 허운인경 공덕장, 2005

《第8屆 生活禪 하기 수련집》, 2001

淨慧, 《趙州禪師語錄》 증편, 1992

《禪》, 河北者佛敎協會, 1999

崔錫煥, 《淨衆無相評傳》, 차의 세계, 2010

崔錫煥, 《禪과 茶》, 차의 세계, 2011

崔錫煥, 《千年의 茶香》, 차의 세계, 2013

4. 論著

崔錫煥, 〈남전과 조주의 다선일미〉, 남전보원 학술연토회, 츠저우사범대학, 2003

舒曼, 〈조주가 우리에게 던진 끽다거를 마음에 담다〉, 禪文化, 2011

尹文漢, 〈생활선, 끽다거 남전조주도윤〉, 《제7차 세계선차문화교류대회 논집》, 2012

美農部仁, 〈차와 선의 쟁점〉, 《제7차 세계선차문화교류대회 논집》, 2012

〈淨慧法師의 현대 선차문화 공헌의 학술적 의의〉, 제8차 선차문화교류대회, 2013

〈淨慧長老禪燈茶綠〉, 喫茶去, 2013

寇丹, 〈차에 담긴 미와 선〉, 황매산 사조사, 2004

崔錫煥, 〈조주의 끽다거가 한국 선차문화에 끼친 영향〉, 제16회 세계선차아회 수기 오련선차학술연토회, 2019

5. 趙州關聯資料

王有姬, 〈찬림차 백림선사에 우뚝 서다〉, 차의 세계, 2003

崔錫煥, 〈백림선사 보차회〉, 월간《차의 세계》, 2004년 8월

崔錫煥, 〈천하조주 선차문화 교류대회〉, 월간《차의 세계》, 2005년 11월

金相鉉, 〈선가로 계승된 조주다풍〉, 월간《차의 세계》, 2006년 2월

崔錫煥, 〈천하조주 끽다거 기행〉, 월간《차의 세계》, 2011년 12월~2012년 10월

崔錫煥, 〈한·중 우의 조주고불기념비 건립되다〉, 월간《선문화》, 2001년 11월

申東春, 〈조주의 끽다거로 천년을 깨우다〉, 월간《선문화》, 2001년 1월

金容正, 〈조주와 임제에 있어서 불성의 유무〉, 월간《선문화》, 2002년 6월

石泉, 〈조주석교〉, 월간《선문화》, 2005년 6월

陳雲君, 〈끽다거와 다선일미〉, 《제1차 한중 차문화 교류논집》, 2002년 12월

余悅, 〈다선일미와 선차〉, 2012

崔錫煥, 〈천년을 이어온 조주의 끽다거〉, 월간《선문화》, 2002년 12월

禪宗法脈源流圖

初祖菩提達摩

二祖慧可

三祖僧璨

北宗神秀　四祖道信　池州智詵

五祖弘忍　處寂

六祖慧能　無相

南嶽懷讓　無住

馬祖道一

南泉普願

幻有正传	密庵咸杰	百丈怀海	慈明楚圓	赵州从谂	澈鑒道允(新羅)

幻有正传　密庵咸杰　百丈怀海　慈明楚圓　赵州从谂　澈鑒道允(新羅)

天隐圆修　破庵祖先　黄檗希运　黄龍慧南　楊岐方會　严阳善信　澄曉折中

玉林通琇　无准师范　临济义玄　白雲守端　光孝慧觉　慶猷

茆溪行森　雪岩祖钦　兴化存奖　五祖法演　国清奉

形山超宝　高峰元妙　南院惠顯　圆悟克勤　木陈从朗

楚云明慧　中峰明本　风穴延昭　虎丘紹隆　婺州新建

幻住实靖　千岩元长　首山省念　應庵曇華　杭州多福

慧天际觉　万峰时蔚　汾阳善昭　密庵咸傑　益州西睦

智山了愿　宝藏普持　石霜楚圆　破庵祖先　潭州麻谷

印照达听　东明慧品　杨岐方会　無準圓照　观音宝鄂

照千悟亮　海舟普慈　白云守端　雪巖惠朗　宣州宝萍

佛海真觉　宗峰明喧　五祖法演　及庵宗信　太原勉道者

福经空印　天奇本瑞　圆悟克勤　胡钉铰

妙莲觉华　无闻阴聪　虎丘绍隆　文远侍者

虚云性彻　笑岩德宝　应庵昙华　燕王李克威

净慧本宗　赵王王铬

长庆道藏

广孝处微

平山處林　石屋清珙

懶翁慧勤　太古普愚

색인

喫茶去
천하조주 끽다거 기행

지은이 | 최석환
펴낸곳 | 월간 〈차의 세계〉
펴낸이 | 최석환
디자인 | 장효진
2021년 2월 3일 초판 인쇄
2021년 2월 9일 초판 발행

등록 · 1993년 10월 23일 제 01-a1594호
주소 · 서울시 종로구 율곡로 6길 11번지 미래빌딩 4층
전화 · 02) 747-8076~7, 733-8078
팩스 · 02) 747-8079
ISBN 978-89-88417-80-5   03300

값 50,000원